U0861724

旅游产品
策划与营销

主编◎唐伟　杨添天

中国金融出版社

责任编辑：王慧荣
责任校对：刘　明
责任印制：陈晓川

图书在版编目（CIP）数据

旅游产品策划与营销/唐伟，杨添天主编．—北京：中国金融出版社，2023.1
ISBN 978－7－5220－1886－7

Ⅰ.①旅…　Ⅱ.①唐…②杨…　Ⅲ.①旅游产品—市场营销学—高等学校—教材　Ⅳ.①F590.8

中国国家版本馆 CIP 数据核字（2023）第 022717 号

旅游产品策划与营销
LÜYOU CHANPIN CEHUA YU YINGXIAO

出版发行　中国金融出版社
社址　北京市丰台区益泽路 2 号
市场开发部　（010）66024766，63805472，63439533（传真）
网 上 书 店　www.cfph.cn
（010）66024766，63372837（传真）
读者服务部　（010）66070833，62568380
邮编　100071
经销　新华书店
印刷　河北松源印刷有限公司
尺寸　185 毫米×260 毫米
印张　16.5
字数　310 千
版次　2023 年 1 月第 1 版
印次　2023 年 1 月第 1 次印刷
定价　45.00 元
ISBN 978－7－5220－1886－7

目　录

第一章　旅游产品和旅游产品策划认知

单元一　旅游产品的概念和分类

【学习目标】

1. 掌握旅游产品的概念，能够区分旅游产品的内涵和外延；
2. 掌握旅游产品的不同分类，能够识别不同类型的旅游产品并理解它们之间的逻辑关系；
3. 熟悉中国旅游业发展史，提升对本专业的认知和热爱。

【课堂导入】

赏秀美山川
——神奇阿坝八日休闲游路线

时间	行程	游玩景点	住宿	用餐
第 1 天	资阳、阿坝		牟尼印象酒店	早餐：自理；午餐：自理； 晚餐：小欧洲西餐厅
第 2 天	阿坝	黄龙风景名胜区、映彩池、盆景池、岷江	牟尼印象酒店	早餐：自理；午餐：必来客快餐厅； 晚餐：赵小三火锅
第 3 天	阿坝	丹云峡风景区、四沟景区、松潘古城	牟尼印象酒店	早餐：自理；午餐：自理； 晚餐：会友农家乐
第 4 天	阿坝	四姑娘山、猫鼻梁、达维喇嘛寺	阿坝张家宾馆	早餐：自理；午餐：自理； 晚餐：绿色酒店
第 5 天	阿坝	宝镜山、夹金山国家森林公园	阿坝张家宾馆	早餐：自理；午餐：自理； 晚餐：苏大姐餐馆

续表

时间	行程	游玩景点	住宿	用餐
第6天	阿坝	日隆镇、甘海子、川主寺	九通阳光大酒店	早餐：自理；午餐：绿叶饭庄；晚餐：太白楼
第7天	阿坝	九寨沟、诺日朗瀑布、珍珠滩、镜海、天鹅海	九通阳光大酒店	早餐：自理；午餐：锦绣风味川菜；晚餐：杨记家常菜馆
第8天	阿坝、资阳	扎如马道、扎依扎嘎神山		早餐：自理；午餐：自理；晚餐：自理

九寨沟原创文旅产品

让中华优秀传统文化资源“活起来”，把握文化和旅游融合发展的有利契机，提高文创产品质量、用好旅游市场渠道。“九寨有礼”文旅品牌，深挖旅游商品市场需求，以“风光九寨”“人文九寨”“珍稀九寨”为文脉，依托专业化的设计创意体系、品牌营销体系、供应链管理体系，输出符合“全域九寨”整体规划以及九寨沟旅游商品市场消费特点且兼具创意性、文化性、市场性的商品。其中，九寨地道菌菇、藏式天然合香产品、轻奢工艺品产品系列等比较受欢迎。

资料来源：http：//www. recreationchina. cn/.

4~6人为一组，查阅相关资料，思考以下问题：

1. 什么是旅游产品？阿坝休闲旅游线路产品和九寨沟原创文旅产品是否属于旅游产品？

2. 旅游产品和其他普通的产品有什么区别？

提示：旅游产品的概念很广泛，旅游产品不同于普通的产品，旅游者是旅游产品的体验者、消费者和被服务者，旅游者参与了整个旅游产品的生产过程。

【知识讲解】

一、旅游产品的概念

旅游产品是旅游行业一切经营活动的核心。深刻理解旅游产品的概念是做好旅游产品策划与营销的前提和基础。

从旅游者的角度看，旅游产品是一种经历和体验，是旅游者从旅游出发到旅游结束这段时间内所经历和体验的所有活动的总和。旅游不只是一次消费过程，旅游者是这次过程中的经历者和体验者。旅游产品则是这种消费、服务和体验相互渗透的结果，其核心是体验。

从旅游经营者的角度看，旅游产品是一种服务或服务和实体的结合。在旅游经营者提供的旅游产品中，旅游服务占较大比重。换句话说，旅游服务是旅游产品的核心和灵魂，其他实物部分的价值必须通过旅游服务体现出来。旅游者的经历和体验是无形的，需要通过旅游服务这个载体来凝结和感受。

从整体的角度看，旅游产品是一个综合体，是由旅游吸引物、旅游设施、旅游服务、旅游购买品、旅游可获得性等（见图1－1－1）组合而成，是为了满足旅游者物质和精神上的各种需求，向旅游市场提供的一种特殊产品。

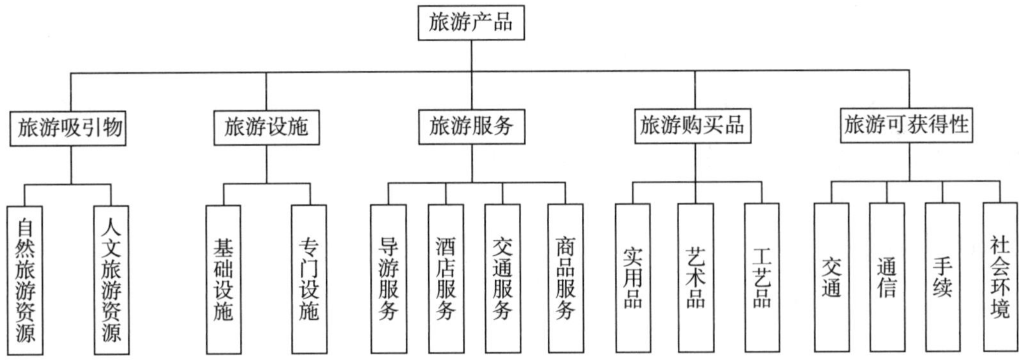

图1－1－1　旅游产品综合体的构成

旅游吸引物也可被称为旅游资源，根据其本身属性可分为自然旅游资源和人文旅游资源两大类。旅游设施是为直接或间接实现旅游活动而必须具备的各种设施、设备和相关的物质条件，如游览设施、住宿设施以及道路、供电等基础设施。旅游服务包括导游服务、酒店服务、交通服务和商品服务等。旅游购买品指旅游者在旅游时购买的商品，部分商品在旅游过程中被消耗掉，部分商品被带回家留作美好的回忆。旅游可获得性指旅游者在旅游目的地之间移动的方便、快捷、通畅的程度，包括顺达的交通条件、便捷的通信条件、简单的办理手续和安全的社会环境等。

二、旅游产品与旅游线路产品

一个旅游目的地的旅游产品实际上包括单项旅游产品、旅游线路产品和区域旅游产品。单项旅游产品是旅游六要素——食、住、行、游、购、娱中的单个要素形成的产品，如一个景点、一间客房、一次晚宴、一件旅游纪念品、一次民族歌舞表演等。单项旅游产品种类丰富、形式多样，是复合旅游产品——旅游线路产品的“原材料”。旅游线路产品指旅游服务机构以旅游吸引物为中心，将食、住、行、游、购、娱等单项服务组合在一起，并以一条旅游路线的形式表现出来，提供给旅游消费者的产品。区域旅游产品指在一个区域内所能提供的各种形式的旅游产品的总和，包括存在于这个区域内的所有单项旅游产品和线路旅游产品。这个区域旅游产品具有突出的特色和风格，成为旅游者心目中的旅游地形象（见图 1－1－2）。

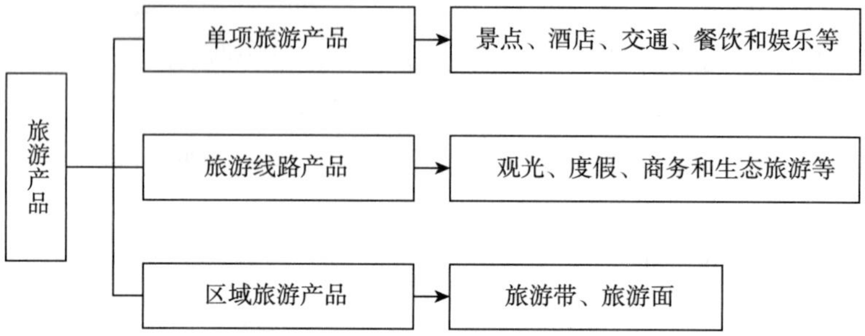

图 1－1－2　旅游产品体系构成

旅游线路产品将旅游六要素串联起来，是单项旅游产品的有机整合，也是区域旅游产品的特色体现，是旅游产品策划的重中之重。

课内阅读

全域旅游

根据原国家旅游局 2017 年发布的《2017 全域旅游发展报告》，全域旅游指在一定区域内，以旅游业为优势产业，通过对区域内经济社会资源尤其是旅游资源、相关产业、生态环境、公共服务、体制机制、政策法规、文明素质等进行全方位、系统化的优化提升，实现区域资源有机整合、产业融合发展、社会共建共享，以旅游业带动和促进经济社会协调发展的一种新的区域协调发展理念和模式。

全域旅游是区域旅游产品基础上的全新升级，是跳出传统旅游谋划现代旅游、跳出小旅游谋划大旅游。全域旅游强调把整个区域作为旅游区进行打造，把全域作为旅游发展的载体和平台，使旅游成为常态化生活方式；从全要素、全行业、全过程、全方位、全时空等角度推进旅游产业发展，实现旅游景观全域优化、旅游服务全域配套、旅游治理全域覆盖、旅游产业全域联动和旅游成果全民共享。

第一，以旅游业为优势产业，必须在全域范围内达成这个共识，并落实到具体实践；第二，必须集全域全力打造出核心旅游吸引物，一个地方的旅游如果没有核心吸引物，哪怕遍地是景区，也无济于事；第三，必须发挥“旅游＋”融合优势，加大旅游与农业、林业、工业、商贸、金融、文化、体育、医药等产业的融合力度，形成真正以旅游为主导渗透各行各业的全方位产业体系；第四，必须实行全社会共建共享，旅游本身就是关联性特别强的行业，需要全社会各行业共同参与，全域旅游更是如此；第五，必须构建全产业经济链，旅游是带动性特别强的行业，除食、住、行、游、购、娱旅游六要素，主动谋划产业链的延展和拓宽，带动更多相关产业的蓬勃发展；第六，全域旅游要能为游客提供全过程服务、全时空的体验，满足游客的全方位旅游需求。

资料来源：国家旅游局．国家旅游局关于印发《全域旅游示范区创建工作导则》的通知［EB/OL］．（2017－06－12）．https：//zwgk. mct. gov. cn/2fxxgkml/zykf/202012/t20201213_919341. html.

以小组为单位，以课内阅读资料为基础进行网络调研，思考以下问题：

1. 全域旅游与区域旅游有什么关系？
2. 发展全域旅游有什么重要意义？

三、旅游线路产品的分类

（一）按照旅游目的地分类

按照旅游目的地分类，我国旅游线路产品可以分为观光旅游产品、度假旅游产品、康体休闲旅游产品、商务旅游产品、文化类旅游产品、专项旅游产品、特色旅游产品七大类（见表1－1－1）。

表1－1－1　旅游线路产品分类方案

1	观光旅游产品	自然观光产品（地表类观光产品、水域类观光产品、生物类观光产品）、人文观光产品（历史遗迹产品、现代观光产品、人造景观产品、观光农园）
2	度假旅游产品	海滨度假旅游产品、乡村度假旅游产品、森林度假旅游产品、野营度假旅游产品、城市度假产品、温泉度假产品、湖滨度假产品
3	康体休闲产品	体育旅游产品、保健旅游产品、生态旅游产品、娱乐休闲类旅游产品
4	商务旅游产品	会议旅游产品（大型会务中心等载体）、奖励旅游产品、大型商务型活动
5	文化类旅游产品	修学旅游产品（博物馆旅游等）、民俗旅游产品、艺术欣赏旅游、宗教旅游产品、怀旧旅游产品、名人故居、墓地游
6	专项旅游产品	登山、潜水、考古、运动、探险、科考
7	特色旅游产品	享受型旅游产品，探险旅游产品，冒险旅游产品、秘境旅游产品、海底旅游产品、沙漠旅游产品、斗兽旅游、狩猎旅游、体育观战旅游

（二）按照旅游者组织形式分类

按照旅游者组织形式分类，旅游产品可以分为团体旅游产品和散客旅游产品。

团体旅游指一般超过 10 人的旅游消费群体，通过旅行社或旅游中介服务机构有组织地按照预订的行程计划，并向该机构支付旅游过程中所消费的交通、住宿、餐饮、游览、参观、娱乐和导游服务等全部或部分费用的旅游方式。散客旅游指旅游者自行安排旅游行程，向旅行社或旅游中介服务机构零星支付各项旅游费用的旅游形式。团体旅游产品和散客旅游产品在旅游方式、人员组合、活动内容及付款方式等方面存在一定的差别。

（三）按照旅游产品组成状况分类

按照旅游产品组成状况分类，旅游产品可以分为全包价旅游产品、部分包价旅游产品、零包价旅游产品、单项旅游服务产品及产品组合等。

全包价旅游产品指超过 10 人组成的旅游团按照计划执行统一的旅游活动，且所有旅游者均采取一次性预付旅费的方式将所有旅游服务全部委托给一家旅行社或旅游中介服务机构办理。

部分包价旅游产品指在全包价的基础上，扣除部分中餐、晚餐的费用，或某些自费活动项目费用的一种包价形式。这种做法可以降低产品的直观价格，提高竞争力，同时旅游餐食和活动的自由度增加，可以满足不同旅游者的需求。

零包价旅游产品指旅游者只需要随团集体统一前往和离开旅游目的地，但在旅游过程中和散客一样完全自由安排。零包价旅游产品的优势在于行程灵活，且能获得团体机票的优惠和统一代办旅游签证的便利。

单项旅游服务产品指旅行社或旅游中介服务机构根据旅游者的需求提供的各种单项有偿服务，包括导游服务，交通集散地接送服务，代购交通票据或文娱票据，代订酒店、餐厅，代办签证、旅游保险等。

此外，旅游者还可以通过在线旅游平台，自由、便捷地选择多个单项旅游产品组合，也可以选择定制旅游服务中介机构，定制自己心仪的旅游活动行程。这种产品组合能够使旅游者获得最大满足，让旅游中介服务机构获得最佳经济效益和社会效益。

（四）按照旅游产品档次等级分类

按照旅游产品档次等级分类，旅游产品可以分为豪华等旅游产品、标准等旅游产品和经济等旅游产品。

豪华等旅游产品一般选取四星级以上的宾馆，餐饮以目的地的特色饮食为主，小交通方式为进口、空调、豪华旅游车，大交通以火车软卧、飞机头等舱为主。对团体旅行来说，旅游机构在提供豪华等产品时，一般要派出业务能力最优秀的导游，让游客获取最佳的旅游感受。

标准等旅游产品一般提供双人标准间（二星级或同档次宾馆），餐饮以标准餐八菜一汤为主，小交通一般选取国内生产的豪华旅游车，大交通一般以火车硬卧、飞机经济舱为主。

经济等旅游产品住宿标准一般为社会饭店或旅行社的 3 人间或 4 人间，餐饮以游客吃饱为基本标准，小交通多采用普通大客车或国内生产的带冷风的旅游车，大交通以火车硬座为主。

当前，随着旅游业朝着品质化、休闲化方向发展，大众对豪华等旅游产品的需求越来越旺盛。同时，受个性化、自主式旅游趋势的影响，旅游者更愿意尝试民宿、当地特色餐食等区别于传统团体旅游的产品，而许多民宿酒店并未参加国家旅游管理部门的评级，特色餐食根据市场供需、品牌影响力的不同，其定价也差别较大，因此旅游产品的等级分类要根据实际情况另行单独区分。

【思政之窗】

中国旅游业发展40年

回顾中国旅游业40年的发展历程，从市场格局均衡发展、产业定位不断提升、旅游功能日益丰富到供给体系逐步健全、游客体验显著提高，再到旅游竞争力快速提高、国际影响力显著增强。中国旅游业正在书写辉煌历史，在改革开放进程中留下浓墨重彩的一笔。

改革开放初期，推动旅游业发展成了对外开放和启动改革的突破口。旅游业改革步伐加快，从行政管理转向行业管理，从直接管理企业转向间接管理企业。随后，旅游业发展突飞猛进。1998 年，中央经济工作会议提出将旅游业确定为国民经济新的增长点，真正实现旅游业从外交事业到经济产业定位的转变。1999 年开始的“黄金周”，使国内游在假日期间出现井喷，与入境游共同成为驱动中国旅游业发展的两大“车轮”。2011 年，国务院将每年的 5 月 19 日确定为“中国旅游日”，旅游业迈入大众化时代。近年来，随着高科技、新技术、新业态的出现，旅游与多领域深度融合发展，“旅游 +”得到了市场认可，形成了多样化、个性化和品质化的旅游新业态。我国全球旅游竞争力快速提升，国际影响力显著增强。在国内，旅游成为带动多行业、多领域发展的经济增长新引擎；在海外，旅游成为世界认识现代中国、开放中国、美丽中国、文明中国的重要窗口。

资料来源：民生周刊．旅游：打开幸福生活一扇窗［EB/OL］．(2018－12－25)．http：//www. msweekly. com/show. html？ id＝105944.

思考问题：如何理解中国旅游业的发展是中国社会经济发展和人民生活水平提高的缩影?

提示：旅游业是服务业的支柱性行业。改革初期，中国民众的旅游多是以探亲或出差的形式。随着国民生产总值的增长和人民生活水平的提高，旅游业成为中国经济新增长点。1999 年“黄金周”，国内旅游迎来“井喷”态势，旅游开始向大众化方向发展。伴随着改革开放的进程和国民经济的快速发展，我国一跃成为世界上最大的旅游客源国。改革开放 40 年，中国旅游业的发展和变迁正是中国社会经济发展和人民生活水平提高的缩影。

【任务执行】

旅游机构提供的不同旅游产品

掌握团体旅游产品、部分包价旅游产品、零包价旅游产品、产品组合等旅游产品的不同特点，能够识别不同分类，并理解旅游机构设计不同类别产品的原因。

第一步：实训前准备。要求学生提前阅读与本单元内容相关的文献资料，熟悉相关知识点。

第二步：4～6 人为一组，调研飞猪网、携程网、穷游网、马蜂窝网等旅游网站，以“泰国游”产品为研究对象，将这些网站提供的团体旅游产品、单项旅游产品、部分包价旅游产品、零包价旅游产品、产品组合进行梳理分类。

第三步：以表格的形式呈现出来，每类产品至少列举三项。按照要求填写表 1－1－2。

表 1－1－2　不同旅游产品类别

产品名称	团体旅游产品	部分包价旅游产品	零包价旅游产品	产品组合	备注
1					
2					
3					

第四步：每个小组讨论各自填写的产品为什么属于对应的类别，以及为什么要设计种类繁多的旅游产品。用自己的话提炼总结不同类型旅游产品的概念和特征并

举例说明。小组讨论形成统一意见，并推荐一位代表发言。

第五步：教师对各小组成员的观点内容进行点评和分析，提炼总结不同类型旅游产品的概念和特点。

【课后作业】

扫码测试

【拓展阅读】

旅游“品质化”和“小团化”成趋势

近年来，我国旅游市场持续保持较高的增长趋势，旅游成为更多老百姓的日常生活方式。在总量增长的同时，个性化和碎片化的需求凸显，越来越多的人不再满足“大锅饭”式的跟团游，而选择品质化的“自由行”“定制行”等“小灶”。

近日，中国旅游研究院、携程旅游大数据联合实验室发布了《出境“新跟团游”大数据报告2019》，宣布“新跟团”品质旅游时代来了。中国游客“小团化”旅游成为趋势。几十年来习惯跟陌生人组成大团队旅游的中国旅游者逐渐喜欢“小团化”，注重私密与回归家庭成为趋势。数据显示，出境“私家团”平均一张订单的人数是3.3人。亲子、情侣和带爸妈出游群体更偏爱“私家团”。亲子占比最高，为43%；情侣居其次，为24%。

随着消费观念的升级，人们更加注重旅行的品质。车轮网与途牛旅游网联合发布的《2019上半年自驾游报告》显示，周末、小长假自驾旅游，成为车主群体放松身心的方式之一。2019上半年，82.6%的车主有过自驾游经历，其中近八成车主选择周边自驾游，另有近六成车主有过长线自驾游的经历。餐饮、住宿是自驾游过程中最大的消费支出。近八成长线自驾游用户选择去西部地区，西部自驾游热门线路主要集中在四川、西藏、新疆和青海等地。

除了“网红”打卡地，一些小众景点也同样受到游客青睐。“避开了人群，可以独自地感受大自然的美景。”这也是不少选择“品质游”的游客的心声。夏天，“避暑游”“休闲游”成了大多数人的最佳选择，乡村、园林、海边、山岳、草原，都成了火热的旅游地。一些业态各异的夏季旅游产品，也为游客提供了多元化的选择。

高价并不影响游客消费的热情，鸿鹄逸游出境游人均单价为7万元，国内游人均单价为1.5万元。这表明更多中国游客会选择更好的飞机舱位、更高品质的酒店、更小众的个性深度游项目，人们正从旅游中获得更多满足感和幸福感。

资料来源：吴铎思．旅游："小团化成趋势"［N］．工人日报，2019-09-14.

《2020世界旅游发展报告》节选

新冠疫情导致国际旅游业断崖式下降。2020年第一季度，全球96%的旅游目的地实行了出行限制措施，其中90%完全或有针对性地关闭边境。受此影响，国际游客的人数在4月降到最低，从5月开始缓慢恢复。从那时起，受各国各地疫情防控效果的影响，国际旅游市场复苏的节奏表现出差异性。总体而言，早防控、严防控的国家国内市场早复苏。中国国庆节假日，共接待6.37亿人次的国内游客，同比恢复了80%。受休闲消费和旅游市场的影响，酿酒体验、博物馆参观、体育赛事、室内就餐和娱乐等，都需要重新设计，以服务更小的旅游集体，满足更多户外活动和社交距离限制的需要。餐厅、酒店、机场以及公共空间开始普及无接触式服务和电子化支付，机器人的使用变得更广泛，对旅游从业人员的文化素质要求提高。

纵观历史，旅游业一直与危机相伴，但从未倒下，每一次成功的应对都是经验的积累，每一次经验的积累都让旅游业变得更好。虽然新冠疫情对旅游业的收入、游客人数等造成影响，但旅游业随着疫情的有效控制正在逐渐恢复。人们对美好旅行生活和文化休闲的向往程度在未来只会越来越高，旅游需求只是被暂时抑制，但是并未消失。

目前，旅游业仍是最具投资价值的优选领域，科技进步也在不断丰富和创新旅游体验方式，特色文化催化旅游业态创新，市场主体积极探索转型升级。与此同时，新型城镇化、新基建和教育培训领域的发展也在有力助推旅游的筑底回升。持续优化的签证政策和普惠制的旅行补助等政策效应正在释放，并正向推动旅游业的复苏与繁荣。旅游业要适应需求变化，善用科学技术、文化创意、艺术时尚引领旅游业的高质量发展。

各国各地区，政府和业界，都要加强经验总结和成就梳理，凝聚发展共识，为全球旅游业繁荣振兴提供思想动能和政策支撑。及时评估疫情防控形势，尽早消除暂时的旅游限制，深化多形式、多层次的旅游合作，引导旅游业走向繁荣、绿色、开放、共享的可持续发展的未来。

资料来源：中国旅游研究院．2020世界旅游发展报告［EB/OL］．(2020-11-24).

https：//www. sohu. com/a/434115354 _ 120209902.

单元二　旅游产品策划的理论基础

【学习目标】

1. 理解旅游产品策划理论的基本原理，区分不同理论的内涵与意义；
2. 熟悉旅游产品策划理论的应用方向，能够用相关理论评价旅游产品的优劣；
3. 通过实践操作，提升对本专业的认知、理解和热爱。

【课堂导入】

拈花湾——无中生有之典范

位于无锡灵山的太湖之滨，有一个叫拈花湾的灵山小镇，小镇整体建筑风格与日本奈良县非常相似，又融入了中国江南小镇特有的水系，打造出一种独有的建筑风格，使整个小镇沉浸在美轮美奂的意境中。小镇靠山面湖，与灵山大佛依山为邻，集翠隐秀、云水天地、气象万千。

“拈花湾”中的“拈花”来自佛教经典当中“拈花微笑”，意思是让所有人从心灵里开始快乐起来。从建筑到景观，到所有的一切都围绕“禅意旅居目的地”这个中心主题打造。拈花湾的成功原因主要包括以下几点。

第一，把准时代的脉搏。中国进入了休闲时代，休闲时代到来的速度和猛烈程度超出了大家的想象，从观光旅游时代向度假旅游时代转换的历史潮流让拈花湾应运而生。第二，找对消费人群。中国进入了全面实现小康社会的阶段，中等收入的人群逐渐增多。目前，中国的休闲度假市场不缺消费者，只缺好产品，优质的休闲旅游产品属于稀缺资源。灵山拈花湾找准的消费人群就是中等收入人群。第三，打造与众不同的产品。无锡灵山以文化起家，从佛教文化中找到一个字——“禅”。灵山找到了当下中等收入人群巨大的工作压力以及需要释放的心灵这个定位、痛点，把“禅”演变成简单、快乐、健康的生活方式，让大家到灵山慢下来、静下来、留下来、住下来、乐起来。

“以文化为魂、以品质为根、以体验为王、以市场为基”，灵山做拈花湾旅游同样传承了灵山的精神，总而言之就是：

第一，创意、创新、创造。主要是“无中生有”的方法，怎样让原来一片荒芜之地、破败之地变成一个大美境界的旅游目的地。没有好的创意策划，就没有好的规划，就没有好的产品，思路决定出路。第二，精致、精细、精美。拈花湾的美体现在细致、细节，从竹篱笆、茅草顶一直到青苔，每一个细节都体现禅意主题。这些都成了拈花湾体现禅意非常重要的载体，也是吸引游客独一无二的制胜法宝。第三，品质、品位、品牌。拈花湾做了30个客栈，每一个客栈都有不同的韵味、不同的格调、不同的体验，30个客栈的名字都以禅诗命名，这对于旅游目的地如何打造升级产品是一个重大的探索。客栈基本是四星级至五星级标准，但比起星级酒店更有一种生活的气息和文化的品位。第四，情景、场景、意境。晚上的拈花湾比白天更漂亮，因为晚上有禅行的表演，就是让所有人在小镇上自在地、慢慢地走，体悟、感悟禅的时光。禅行是旅游目的地必不可少的重要载体，也是体现文化主题内涵的重要表现方法。第五，体验、体会、体悟。拈花湾的关键是内容、活动，拈花湾围绕“禅”，即简单、快乐、健康的生活方式，策划抄经、经行、五道十馆等主题活动和体验馆，无论大人还是孩童都能找到适合自己的休闲体验活动。拈花湾把生活方式和休闲度假结合起来，让游客们真正体会到放松、自在、欢喜、赞叹。

资料来源：吴国平．进一步加大对旅游企业金融政策扶持力度［N］．江南时报，2022－03－10.

4～6人为一组，认真阅读课堂导入资料并查阅网络资料，思考以下问题：

1. 当前中国主体旅游者的需求发生了什么变化？为什么要在旅游产品策划中充分考虑旅游者的需求？
2. “拈花湾”的创新体现在哪里？为什么旅游产品策划要突出创新？

提示：旅游者是旅游产品的服务对象，旅游者行为、需求的变化对旅游产品策划具有重要影响。

【知识讲解】

一、旅游产品生命周期理论

（一）旅游产品生命周期的不同阶段

旅游产品生命周期指一个旅游产品从开发完成，到投放市场，到最后被淘汰退出市场的整个过程。无论是广义还是狭义的旅游产品，如一条旅游路线、一个旅游景点、一个文旅产品、一个旅游地开发大都遵循从无到有、由弱到强，然后衰退、消失的时间过程。旅游产品经历导入期、成长期、成熟期、衰退期四个阶段（见图1－2－1）。

旅游产品首次推出和投放市场被称为导入期，旅游产品市场知名度和市场占有率低，旅游产品有待进一步完善。随着旅游产品知名度提高，市场逐步扩大，进入成长期，旅游吸引物开发初具规模，旅游设施和旅游产品销售量迅速上涨。随着旅游产品进一步完善，旅游产品进入成熟期，游客和旅游产品销售量增长幅度减缓，市场需求逐渐达到饱和状态。最终，由于市场环境和消费需求的变化，新旅游产品逐步替代老产品，原有旅游产品进入衰退期。

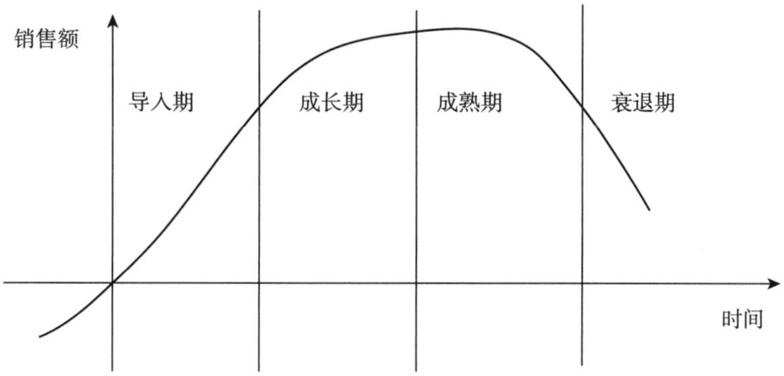

图1－2－1　旅游产品生命周期模型

（二）影响旅游产品生命周期的因素

影响旅游产品生命周期的因素一般包括旅游产品本身、自然与社会环境、旅游消费需求和市场竞争情况等。其中，旅游产品是内部因素，自然与社会环境等是外部因素。

1. 旅游产品的吸引力

旅游产品的核心是旅游吸引物，而旅游吸引物本身的吸引力是影响旅游产品生命周期最重要的因素。一般来说，旅游吸引物越具特色，就越不可被替代，吸引前往的游客就越多，重复旅游的价值就越高，以其为核心而构成的旅游产品生命周期就越长。

2. 自然与社会环境

旅游产品总是处于旅游目的地的特定大环境中，因此，旅游目的地的自然环境和社会环境也是影响旅游产品的重要因素。目的地的居民对游客的态度、目的地的自然环境、居住环境治安和卫生的状况，以及交通是否便捷等都会影响旅游产品的生命周期。例如，尽管伊拉克处于幼发拉底河这一人类文明的重要发源地，有许多文化旅游资源在全世界绝无仅有，客观上对于游客具有吸引力，但是该地区由于连年战乱，人的生命安全得不到保障，游客一般不会贸然前往。

3. 旅游消费需求

旅游消费需求可能会因时尚潮流的变化而发生兴趣转移，从而引起客源市场的变化，导致某地旅游吸引物的吸引力衰减。旅游消费观念的变化、收入的增加、新旅游景点的出现、目的地的环境或者服务质量都会影响消费需求的变化，从而使旅游产品生命周期发生变化。

4. 市场竞争情况

在旅游业市场竞争日趋激烈的今天，旅游产品经营很难垄断。对于旅游产品，潜在竞争者在导入期持观望态度，一旦旅游产品的市场前景明朗，必然吸引竞争者趋之若鹜，相应的替代产品和竞争产品也会随之增多，该旅游产品的市场就会很快饱和，原旅游产品的生命周期相应缩短。

（三）延长旅游产品生命周期的措施

1. 可持续开发

旅游产品的可持续开发就是在满足当代旅游者和旅游地居民的各种需要的同时，保持和增进未来发展机会，其实质是要求旅游与自然、社会、文化和人类的生存环境成为一个整体。旅游产品的可持续开发强调旅游经济发展、自然生态及社会承载力的综合统一，使旅游经济的发展建立在长期支撑体系上。

课内阅读

“绿水青山就是金山银山”——浙江安吉余村

浙江湖州是一座拥有两千多年历史文化的江南古城，湖州安吉的大山深处，隐藏着一个小村落，这里青山和绿水环绕，雨后初晴，云雾弥漫，宛若仙境，这就是安吉余村。这里是习近平总书记“绿水青山就是金山银山”理念诞生地、中国美丽乡村精品示范村。

可是，曾经的安吉余村，矿山、水泥厂遍布，虽然靠“卖石头”致了富，却破坏了山体，污染了水和空气，甚至还会发生矿山事故。余村人也想走生态之路，关停污染企业，可是直线下降的收入又让他们陷入犹豫和彷徨。

2005 年 8 月 15 日，时任浙江省委书记习近平来到余村调研，在座谈会上听了村里对未来发展有些困惑的汇报后，他赞赏关停矿山、水泥厂是高明之举，并首次提出“绿水青山就是金山银山”的科学论断。“两山论”的提出，让余村人吃下了“定心丸”，也指明了发展方向。打定主意的余村人，依托“竹海”资源和优美的自然环境，因地制宜发展白茶、椅业等产业，还开起了民宿、农家乐，办起了漂流，大力发展生态休闲旅游经济，开发了荷塘雅趣、两山会址、隆庆问禅、果园飘香、激流勇进、龙潭碧玉、古树秋思、矿山遗韵、余岭怀古、翠竹幽径“余村十景”。这些年，从杭州、上海等周边城市，甚至是从全国赶来休闲度假的游客络绎不绝。由此，余村人的钱袋子也鼓了起来。

从“卖石头”到“卖风景”，靠着绿水青山，余村人也实现了“金山银山”。

资料来源：新浪看点.“绿水青山就是金山银山”在这里提出，浙江安吉余村成幸福田园［EB/OL］.（2022－07－17）. http：//k. sina. com. cn/article_7453034762_1bc3c490a001012mz3. html.

以小组为单位，以课内阅读资料为基础进行网络调研，思考以下问题：

1. “绿水青山就是金山银山”具有什么含义？
2. 旅游产品可持续开发的重要性是什么？

2. 产品优化提升

为使旅游产品保持不败之地，需要根据消费者的需求变化对旅游产品的质量、功能和形象塑造等各个方面进行持续改进和提升，深化产品内涵，增加产品吸引力。如桂林用夜光照亮自然山水，创造出漓江夜景，形成了仙境般的新景观，使20世纪90年代后连年下滑的桂林旅游走上了复苏之路。张艺谋导演带领团队挖掘桂林山水景观、少数民族文化的深刻内涵，推出了大型山水实景演出“印象·刘三姐”，大大地提升了桂林旅游的吸引力，引领了旅游演艺的潮流。丹霞山借助“世界地质公园”称号，深度挖掘了丹霞地貌和当地客家文化，重塑了丹霞山的旅游目的地形象，带动丹霞山再次迎来旅游热潮。还有的旅游产品提前进行部署规划，如深圳华侨城，从1989年开始相继推出了锦绣中华、中国民俗文化村、世界之窗、“欢乐谷一期”和“欢乐谷二期”等主打产品，每过几年都有新产品问世，产品一步步由陈列观光型、表演欣赏型向参与体验型转化，这也是华侨城旅游品牌项目常年经久不衰的关键原因。

二、旅游者行为理论

旅游者行为研究指通过分析旅游者的旅游需求、动机和决策，为旅游产品开发和旅游市场拓展提供科学依据。

（一）旅游需求

美国心理学家亚伯拉罕·马斯洛在《人类激励理论》中将需求分为生理需求、安全需求、归属需求、尊重需求及自我实现需求五类。马斯洛认为这五种需求像阶梯一样从低到高，按层次逐级递升。需求层次有两个基本原则，一是需求依次递进，某个层次的需求获得满足后，下一层次的需求才出现；二是首先满足迫切需求，该需求满足后，后面层次的需求才显示出其激励作用。

旅游需求是支配旅游行为最根本的动力，也是研究旅游者行为的出发点。因此需要根据不同旅游需求层次采取有针对性的旅游产品策划策略（见表1－2－1）。

表1－2－1　需求层次与旅游产品策划策略

马斯洛需求层次	对应旅游需求	旅游产品策划策略
生理需求	餐食、睡眠、避暑、过冬、健康	注重餐食、住宿、交通、旅游季节的安排以及健康养生需求的满足
安全需求	生命财产安全	购买旅游保险，做好行程安全教育以及活动安排的安全保障工作
归属需求	寻根访祖，结交志同道合的朋友	根据游客需求策划不同旅游主题，精心安排旅游伙伴，策划旅游活动场景，增加旅游同行人员的互动
尊重需求	自我尊重、尊重他人和被他人尊重	策划高质量的旅游线路产品，提供优质的服务，让游客获得完美体验
自我实现需求	创造力、挑战性、获得感	策划探险类、运动娱乐类等高端项目，如南极游、环球游、极限运动等旅游产品

（二）旅游动机

旅游动机指直接推动一个人进行旅游活动的内部动因或者动力。旅游需求是旅游动机产生的基础，在内在需求与外在环境的刺激下，通过各种媒介收集相关旅游地的信息，确定旅游目标，进而产生旅游动机。

旅游动机归纳起来可分为六种：扩展和更新生活、寻找精神慰藉、追求健康娱乐、好奇探索、求知求解、寻求社交和尊重及自我实现。

（三）旅游决策

旅游决策过程可以分解为旅游需求的产生、旅游动机的形成和旅游决策的确定三个阶段。旅游需求指旅游者或潜在旅游者由于对旅游活动或其要素的缺失而产生的一种好奇心理状态，是对旅游的意向和愿望。旅游动机是人们在内在需求和外在环境的作用下，产生离开居住地外出旅游目标的内在驱动力。旅游者通过对旅游地进行分析和对比，确定自己的旅游目的地，最终形成旅游决策。

旅游产品与一般产品的消费过程截然不同。旅游产品的生产与消费同时进行，是旅游者通过吸引力评价后，前往旅游地进行消费活动的过程。在旅游消费过程中，同一旅游地对于不同旅游者的效用评价就形成了旅游地选择偏好，这种偏好是旅游者决策行为活动的根源。

课内阅读

世界那么大，我想去看看

2015 年，一位来自河南实验中学的心理教师顾少强以一份堪称世上最具情怀的辞职信迅速在网上走红，我们生活中也开始流行起了一种说走就走的旅行，一切只为那几个字——“世界那么大，我想去看看”。直到如今，“世界那么大，我想去看看”依然是很多年轻人义无反顾追逐远方的一种理想。

个性鲜明、追求自由、推崇享乐主义的“90 后”有着高涨的旅游热情。北京、上海、南京、天津、深圳、广州、成都、西安、重庆、武汉等城市青年游客出游需求最旺盛。对于“90 后”游客而言，一方面，旅游早已不是一种奢侈品，而变得越发常态化，越来越多的青年将其视作生活的一部分；另一方面，在日新月异的互联网时代，青年消费者深受娱乐化营销的影响，更加容易接受并且尝试新事物。

青年游客出游动机更加单纯、任性。演唱会、音乐节、热门赛事都能促成一次“马上就出发”的旅行。其中，实地探访热门影视剧、综艺节目的取景地成为青年用户旅游新潮流。《花儿与少年》《爸爸去哪儿》《花千骨》《人民的名义》等热门影视综艺带火大批新兴旅游目的地，横店影视城、宁夏沙坡头、北京古北水镇、新西兰皇后镇、泰国清迈、意大利威尼斯等国内外影视综艺取景地人气爆棚。

在全球信息网络日趋发达的情况下，青年游客更容易接收到丰富多样的世界旅游信息，“环球旅游”已然成为“90 后”新一代的“梦想口头禅”，尤其是女性客户表现更明显。青年游客在消费理念上与前几代人也有较为明显的差别。途牛旅游网调研数据显示，比起购物和住宿，青年游客更愿意在美食上花钱，更钟情于当地文化、生活方式的沉浸式体验。青年游客对于旅游个性化、品质化、沉浸感的需求将对整个旅游行业未来发展方向产生重大影响。

资料来源：途牛．青年在线旅游消费报告2017［EB/OL］.（2017－05－04）. http：//www. 199it. com/archives/591740. html.

以小组为单位，以课内阅读资料为基础进行网络调研，思考以下问题：

1. 旅游决策的过程是怎样的？
2. 当前青年游客的旅游动机发生了哪些新变化？在旅游产品策划当中应当如何把握这些新变化？

三、旅游产品创新理论

（一）旅游产品创新的特征

旅游产品创新对于保持产品永久生命力、扩大和巩固市场份额具有重要意义。旅游产品创新具有多维性、持续性、时代性、超前性等特征。旅游产品内涵和外延的多样性和复杂性决定了产品创新的多维性，既可以是物态创新，也可以是精神创意，如旅游线路、旅游项目和产品结构的优化，服务质量的提高，产品种类的增加，产品品牌的提升，旅游大环境的完善和旅游形象的构建等。同时，创新不是一次性的，而是一个持续性过程，只有把握时代脉搏，紧跟时代潮流，应用新科技手段，抓住旅游者消费心理，把握未来消费时尚与潮流，前瞻性地推出创新性的旅游产品，才能在激烈的市场竞争中立于不败之地。

（二）旅游产品创新的内容

1. 类型创新

产品类型的创新是对原有产品的改进、质量的提升和新产品的开发。随着社会的发展，旅游者的需求也在不断地发生变化，呈现出多样化和个性化，求新、求奇、求异的心理日益增强。必须密切关注市场需求变化，不断丰富旅游产品的内容，增加旅游产品的类型，才能满足不断增长和变化的旅游需求。如红色旅游、研学旅游、户外野营旅游等近年来越来越受到关注。

2. 功能创新

根据功能特点，旅游产品功能可分为主导功能、支撑功能和辅助功能。例如，休闲度假产品中主导功能是度假和休闲，支撑功能主要是康体、健身、娱乐，辅助功能是观光和观赏。不同旅游需求需要不同的旅游功能来满足，旅游需求的多样化需要旅游功能的不断拓展。因此，在旅游产品功能创新时，应当围绕不同功能进行创新拓展，做到分层次、有重点。

3. 内容创新

内容创新是旅游产品克服同质化、增加竞争力的重要法宝。要根据市场需求对产品内涵进行系统性挖掘，突出产品创意和系列化开发。同时，应用大数据、信息化、人工智能等新技术手段，提升旅游产品的娱乐性和吸引力。例如，全息投影，主要适合应用在黑暗的环境下或者打造夜游项目；球幕影院，上海迪士尼的“飞跃地平线”长期以来都是排队时间最长、体验感最好的项目；裸眼 3D 巨幕，采用巨型 LED 大屏打造沉浸感裸眼 3D 效果，重庆观音桥的“亚洲之光”裸眼 3D 提供的就是未来城市的视觉体验。

【思政之窗】

旅游业如何实现高质量发展

《“十四五”文化和旅游发展规划》提出，要深化旅游业供给侧结构性改革，深入推进大众旅游、智慧旅游和“旅游 +”“ + 旅游”，提供更多优质旅游产品和服务，加强区域旅游品牌和服务整合，完善综合效益高、带动能力强的现代旅游业体系，努力实现旅游业高质量发展。随着大众旅游、休闲旅游的兴起和文旅融合发展的不断深入，旅游的业态进一步多元化，模式得到更新，同时，科学技术迅猛发展，为旅游业提供了新动力，新的变化和趋势要求旅游业不断加大对技术、产品的创新力度，满足公众对高品质、多样化旅游产品的需求。

“文化 + 旅游”融合更加深入

2020 年以来，旅游业发生了明显变化，国内旅游产品品质提升，总体体现在以下几个方面：一是休闲化、高端化、小团化，二是深度化、精品化、主题化，三是旅游与生活深度融合化。其中，深度化、精品化、主题化的旅游发展方向要求市场深挖旅游目的地人文资源，提供更多文旅融合的主题产品。

“服务 + 旅游”公共属性更加凸显

数据显示，2020 年中国 GDP 总量超过 100 万亿元，人均可支配收入达到 3.2 万元。随着收入水平和消费水平的不断提高，人们对生活质量有了更高要求，中国旅游业的空间不断扩大，模式不断更新。未来，旅游业应该更多地鼓励居民休闲和旅游活动的融合，旅游发展规划应该把当地居民的休闲纳入其中，居民生活以及他们幸福的笑容是最好的城市宣传，就像博物馆、图书馆等公共文化服务机构是城市居民的基本文化设施一样，旅游也应该成为公众享受精神生活的重要途径。

“科技 + 旅游”应用更加广泛

科技在旅游业中的应用可以分为几个不同的类型。一是不直观的隐形科技。如信息化技术、互联网技术、人工智能、大数据等，这些技术主要应用在智慧景区的建设中，目的是把旅游全流程形成万物互联。二是VR虚拟现实和线上直播技术。如新冠疫情发生以来，很多旅游景区和OTA开始推出线上云游服务和直播带货，迪士尼、环球影城在VR互动娱乐方面做了不少尝试。三是能直接提高游客满意度的高科技光影技术。如全息投影、球幕影院、裸眼3D巨幕等。

资料来源：旅游业如何实现高质量发展［N］. 中国文化报，2021－06－19.

思考问题：如何从旅游业供给侧改革的角度理解旅游产品的创新和旅游业的发展变化？

提示：党的十九大报告提出，社会主要矛盾已转化为人民日益增长的美好生活需要和不平衡不充分的发展之间的矛盾。这对旅游业提出了更高的要求，也为旅游高质量发展提供了更为广阔的空间。在市场转型、消费升级的大背景下，人们的消费需求日益多样化、个性化，旅游产品同质化、低端化、老态化等问题日益凸显，无法满足旅游者日趋多元的高质量旅游需求，需要通过供给侧改革，创新旅游产品的内容和形式，打造旅游新业态。“文化＋旅游”“服务＋旅游”“科技＋旅游”都是旅游行业不断从供给侧进行改革创新，满足人民群众对旅游美好生活需求的重要创新。

【任务执行】

运用旅游产品理论评价旅游产品的优劣

理解和掌握旅游产品基础理论，并能应用旅游产品理论评价旅游产品的优劣。

第一步：实训前准备。要求学生提前阅读本单元内容相关的文献资料，熟悉相关知识点。

第二步：4～6人为一组，收集至少3个北京地区5～7日旅游线路产品。

第三步：根据旅游产品生命周期理论、旅游者行为理论和旅游产品创新理论填写表1－2－2。

表1－2－2　北京部分旅游线路产品特点评价

旅游产品1	旅游产品2	旅游产品3	评价内容
			产品路线（具体描述食、住、行、游、娱、购各要素的具体内容）

续表

旅游产品 1	旅游产品 2	旅游产品 3	评价内容
			该产品处于其生命周期的阶段（导入期、成长期、成熟期、衰退期）
			该产品满足了旅游者哪个层次的需求（生理、安全、归属、尊重、自我实现）
			该产品是否创新，创新体现在哪些方面

第四步：在从不同理论角度分析结果的基础上，小组讨论编写每个旅游产品的优势和劣势，并推荐一位代表发言。

表 1－2－3　北京部分旅游线路产品的优劣势评价

优劣势分析	旅游产品 1	旅游产品 2	旅游产品 3
优势			
劣势			

第五步：教师对各小组提交的内容进行点评和分析。

第六步：教师提炼总结如何从不同理论的角度评价旅游产品的优势和劣势。

【课后作业】

扫码测试

【拓展阅读】

“网红”森泊背后的传承和创新

开元森泊度假乐园 2019 年成了“网红”，频频刷爆社交网络。根据官方粗略的统计，抖音、微博、小红书等平台上关于“森泊打卡”的精华内容，平均每月就新增 1000 篇，甚至明星也慕名前来“遛娃”，并在小红书上分享了森泊出游体验，收获了 5000 多条点赞。开元森泊作为开元旅业集团创新打造的“酒店＋乐园”综合体新品牌，走红的背后，情怀和坚持，传承和创新，缺一不可。

森泊指森林和湖泊，是开元新度假乐园项目的核心，也就是很多人都在谈的“IP”。森泊从乡村休闲旅游需求出发，在城市周边精心选取森林与湖泊的交汇点开发项目，不仅要在大自然中建造一个酒店，更是将住宿、游玩、美食、休闲等板块都融入自然中，把大自然变成一个最佳游乐场。围绕大自然这个原点，开元团队对森泊产品单元进行了反复的讨论，最终规划出森泊乐园基础产品模型，总体分为“精品度假”与“奇趣游乐”两大核心板块，包括亲自然度假屋、室内外水乐园、儿童乐园、美食、户外拓展等单元，能够“一站式”满足游客住宿、美食、游乐、教育等度假需求。森泊的度假屋都自然地散布在茶园、湖边、杨梅林中，每个度假屋都有独立的前院和后花园，像是在大自然中给游客造了一个家，这也成为森泊区别于其他酒店最大的特色。根据不同的出游场景，森泊的房型种类更是丰富多样，有精致便捷的湖景大床房、一室一卧的奢华独栋、两卧一厅的家庭套房……甚至有专为20人左右团体设计的派对屋，每个房间均配置现代舒适的客房设施，让顾客可以零负担亲近自然。绿色环保是森泊园区运营的核心理念。对内，森泊极其重视能耗管理。例如，恒温水乐园的设计是可开合的自然穹顶，夏秋季节可以直接采用太阳能，冬季供暖使用的是节能环保的超低氮锅炉，节水节电、无纸化办公等节能措施也实行已久。对外，森泊独家开发了以“环保可持续”为主题的系列活动。例如，与知名教育机构共同研发自然课程，带领小朋友亲近自然认识动植物、参加“完成环保任务、保护春光”主题公益活动，游客完成环保任务就可以获得相应的礼品，还有“保护生物多样性”主题的森泊互动小剧场，游客可以亲身参与垃圾分类、植物种植等趣味活动，在潜移默化中成为环境保护的一分子。

亲子人群是目前出游的主力，这类人群度假需求较为复杂，对产品的硬件要求更高。开元森泊对这类客群的出游特点做了非常深入的研究，从产品设计、亲子服务、教育课程等各角度着手，希望打磨出一个万千家长认可的优质产品。

随着“二胎政策”的开放，“2大2小”的出行结构越来越多，森泊将一部分房间改为亲子房，一个房间就能满足一家四口的住宿需求。除了奇趣的水乐园和儿童乐园，森泊还独创了以自然探索为核心的“森活学院”，内容涵盖植物标本DIY、野外求生、考古探秘等近百项课程。其中最受好评的是寓教于乐的“幻想人生”系列活动，它脱胎于欧式教育，小朋友可以跟随专业的课程老师装扮成消防员或寻宝人员，在沉浸式的妙趣探索中锻炼智慧和勇气。这些趣味课程就像儿童俱乐部，已成为小朋友结交新朋友的重要社交场景。

根植于开元30年沉淀的沃土，森泊始终坚守开元品牌对客户的承诺和价值观，传承开元“人性品质，真挚关爱”的核心价值，同时，也引入了新鲜“血液”。相比商务酒店，森泊的团队更加年轻化，他们接轨“90后”“00后”，甚至“05后”

的思维方式，知道他们在想什么、需要什么，因而在如何做品牌、引“爆款”，甚至“孵化”自己的“网红”等课题上都进行得得心应手。

2019年是森泊元年，年轻的森泊乐园在华东旅游市场激起了一阵不小的浪花，2020年上半年，占地1800亩的莫干山森泊三期和四期项目也会陆续开放，体量更大，产品内容更丰富，更加符合开元森泊对休闲度假目的地的设想，顾客的平均停留时间将会延长至3天甚至更久，也提供了更多的收益增长空间。

资料来源：开元文旅产业运营．传承与创新：开元旅业创始人陈妙林首次深度解读开元森泊度假乐园［EB/OL］.（2019－12－10）．https：//www.sohu.com/a/359516616_120385844.

创意旅游：文旅共赢的旅游产业发展新主张

创意旅游，指用创意产业的思维方式和发展模式整合旅游资源、创新旅游产品、锻造旅游产业链。相对于传统旅游发展模式，创意旅游有以下几个特点。

第一，强调对各类资源的多维化整合，特别是对除传统旅游资源（自然山水、文物古迹等）之外的各类社会资源运用创意手法的整合。以创意转化资源为资本，是突破传统旅游产业边界的新手段，因此，跨越边界实现旅游产业的融合渗透是创意旅游的基本特征。

第二，既要传播传统文化，还要创造未来文化遗产。对传统文化的传播主要通过“一秀一聚”的开发促进旅游产业的发展模式，“秀”就是以创意将传统文化故事表演出来，从而吸引游客。例如，广西表演“印象·刘三姐”，不仅吸引了更多的旅游者，还使游客多住一晚，从而增加了旅游收入。如今全国很多地方旅游业都有“秀”。“聚”就是聚集相关文化办成主题公园，从而吸引游客参观。例如，常州中华恐龙园就聚集了恐龙文化，厦门牛庄聚集了牛文化。从创意产业的视角来看，旅游产品是展示人类创意活动的吸引物，其还应向创造人类的未来文化遗产倾斜，因此，着眼于未来，创造旅游吸引物是创意旅游的基本立足点。

第三，强调对旅游消费潮流的引领和塑造。中国旅游业的发展导向可概括为两个：一是资源导向型，即有什么资源（狭义的旅游资源）就发展什么旅游产品，旅游景点景区是旅游的核心吸引物，也是旅游产业要素配置的中心，旅游产业呈现出“跟着资源走”的格局，这一导向在20世纪90年代之前占主导地位，是旅游产业发展初期的主要模式；二是市场导向型，20世纪90年代中后期至今占主导地位，是当今我国旅游发展的主流模式，得到政府、投资者和企业的广泛认同，旅游产业呈现出“跟着市场走”的格局，由于旅游产品从开发到走向市场有一定的周期，常常出现“规划”赶不上“变化”的市场滞后，造成投资失败，资源浪费。创意旅游是旅游产业发展的新导向，注重对潜在旅游需求的激发和市场消费潮流的引领，缔造市场“跟着创意走”的产业发展格局，是一种高附加值的“酷”旅游产业模式，因此，创造新型旅游市场、培育旅游消费群体是创意旅游发展的基本导向。

第四，强调旅游产业链的拓展和延伸，以及区域整体价值的提升。传统旅游产业被纳入服务业的范畴，其发展重心是为旅游活动提供各项服务，食、住、行、游、购、娱六大要素成为旅游业的主体，旅游产业链的构成也局限在相关服务行业，如旅游信息咨询、旅游金融服务等，属于旅游服务配套或被动延伸，注重旅游产品的价值实现。创意旅游的发展思路是充分发挥旅游产业的关联带动效应，以旅游活动和旅游吸引物为核心，拓展旅游产业链条，主动与“一产”“二产”等融合，构建跨越各个产业部门的多层次旅游产业链，构筑旅游产业价值体系，促进区域（城市）整体功能提升与转型。因此，延伸和拓展价值链，实现价值体系的整体增值是创意旅游发展的基本策略。

资料来源：厉无畏，王慧敏. 发展创意旅游，开启旅游产业的“蓝海”[N]. 中国旅游报，2007－11－09.

单元三　旅游产品策划的理念

【学习目标】

1. 理解旅游产品策划的含义和理念，能够区别不同理念之间的差异；
2. 掌握旅游产品策划理念的内涵，能够根据相关理念设计旅游产品；
3. 把握旅游产品策划的策略，能够熟练应用于旅游产品策划；
4. 通过实践操作，提升对本专业的认知、理解和热爱。

【课堂导入】

跟着韩剧《大长今》去旅游

《大长今》是一部曾在东西两半球均创下收视奇迹的电视剧。2003 年末至 2004 年初，由李秉勋执导、李英爱主演的长篇历史剧《大长今》在韩国 MBC 电视台一经播出，迅速刷新了多项纪录，最高收视率曾高达 50% 以上，并在国内外屡获殊荣。随后《大长今》的综合效应不断扩散，关于《大长今》的纪录片、动画片、专题片及其他音像制品在全球热销。《大长今》凭借唯美的故事情节和演员的高超演技赢得了观众好评，而剧中的实景拍摄地也被韩国观光公社整合成了一条精品旅游线路，被世界各国旅行社采用。

以《大长今》拍摄实景地为主线的旅游产品广受欢迎。在全罗南道推出的八条特色线路中，就有一条是“大长今料理故乡正宗南道美食行”。位于韩国首都首尔的大长今主题公园，又被称为大长今村，游客可以到御膳房、厨房、补给处和管理部门内需司等剧中被观众熟识的建筑布景参观，还可以穿上《大长今》中的传统韩服，拍照留念。

4～6 人为一组，结合课堂导入案例，思考并讨论以下问题：

1. 为什么韩剧《大长今》能带来赴韩旅游热潮？
2. 文化对旅游有什么影响？

【知识讲解】

一、旅游产品策划的含义

策划就是策略、谋划，是有计划地实施。策划的核心是创造性，策划的过程就是创造性思维作用和结果的过程。旅游产品策划指在分析旅游市场的需求和旅游资源优势的基础上，对旅游产品进行设计、研发和不断优化的动态过程。如果没有旅游产品策划，旅游业发展就是无源之水、无本之木。

二、旅游产品策划的理念

（一）以市场为导向

旅游产品策划是否成功、旅游产品是否符合旅游者的需求，最终都将受到市场的检验。因此，市场是旅游产品策划的出发点和落脚点。旅游产品的使用价值必须能够满足旅游者的需求，其价值才能实现，拥有广阔旅游市场的旅游产品才能具有强大的生命力和良好的经济效益。

有需求才会有市场，旅游产品策划需要对旅游市场进行详细调研，开发符合市场需求的特色产品。但在某个特定的市场阶段，许多产品的市场需求并非与生俱来，如果坐等市场需求成熟，就意味着丧失了竞争的有利地位。因此，只有学会创造市场需求，才能赢得生存、发展和壮大机会。

课内阅读

荒岛卖鞋

两个卖鞋的公司要在一个荒岛开辟市场，各自派了一名营销员前去调查。甲公司的营销员去后失望而归，他汇报说："这个岛上的居民祖祖辈辈都没有穿过鞋，他们对鞋没有需求，我们不可能成功。"乙公司的营销员去后却异常兴奋，因为他发现这个岛上的人都没有穿鞋，认为这是一个非常大的市场。他给公司的回复这样写道："这里的人虽然从来不穿鞋，但他们的脚上缺少保护，有许多伤痕，我们一定有市场。但是这里的居民的脚普遍较小，我们应该制造一些小型号的鞋子。"后来，乙公司果然在荒岛上开辟了很大的市场。

认真阅读课内阅读资料，思考以下问题：

1. 如何理解市场的概念？
2. 乙公司营销员对于开拓荒岛卖鞋市场有哪些独到的想法？
3. 旅游市场需求可以创造吗？请结合实例简要说明。

（二）以创意为核心

旅游业是一个典型的创意产业，旅游发展需要创意思维，创意推动旅游发展。在旅游活动日趋个性化和多样化、旅游市场竞争日益激烈的今天，构思和开发创意性的旅游产品具有重要意义。通过创意重组和整合静态的旅游要素，并加以情境化和动态化重新定位和推出，可以进一步增强旅游产品和服务的体验性和吸引力，适应不断更新的市场需求。

旅游创意是创意元素与旅游元素相融合产生的，具有市场价值、富有创造性的想法。旅游创意的特征包括：创造性，表现为原创性、独特性，给人耳目一新、叹为观止的感觉；内隐性，指一种表面看不见、摸不着的内在心理活动和思维活动过程；关联性，旅游创意是各种不同领域和不同形态元素重组或异态混搭的结果；体验性，指旅游创意来源于生活，是一种丰富而独特的体验，是旅游产品向游客提供的核心价值；增值性，指旅游创意可以"无中生有"、变废为宝、点石成金，化腐朽为神奇，变梦想为现实，推进旅游资源价值的实现过程。

（三）以特色为根本

特色是一个事物或一种事物显著区别于其他事物的风格和形式，是由事物赖以产生和发展的特定的、具体的环境因素决定的，是其所属事物独有的特色，是旅游产品的生命力。

突出特色需要深度挖掘本旅游产品的内涵，既可以对产品实体属性，如旅游产品的风格、特色等方面进行差别化设计，强调自己的旅游产品具有竞争者不具备的独到之处（如黄山奇、泰山雄、华山险、庐山秀等）。也可以对旅游产品进行文化包装，突出文化性、娱乐性、生态意识（如野生动物游览），实现产品差异化。

品牌是旅游产品的名片和通行证，往往具有较高的形象认知度，特色化和品牌化发展已成为当今旅游产品开发的潮流。旅游产品的特性决定了它更需要通过品牌形象向消费者传达积极的、实实在在的感受。旅游品牌是承载旅游产品的核心价值，并使之有形化的重要途径。要充分考虑旅游产品的定位、质量和规模，重点开发具有影响力的“拳头”产品和品牌产品，打造旅游产品的品牌和形象，使自己长期立于不败之地。

课内阅读

旅游创意的来源

旅游创意来源于知识、经验和信息。但知识、经验和信息与旅游创意并不具有正相关性，既有经验和思维定式的矛盾问题贯穿了旅游创意始终。

旅游创意与文化、科技和生态紧密关联。文化是旅游创意的素材，以传统文化和时尚文化为代表的文化为旅游创意提供了取之不尽、用之不竭的原料来源；科技是旅游创意的“翅膀”，以网络手段和信息技术为代表的科技为旅游创意提供了异彩纷呈、日新月异的表现手段；生态是旅游创意的基底，以自然环境和社会景观为代表的生态为旅游创意提供了多种多样、变化多端的空间环境。文化、科技与生态为旅游创意活动指明了不同方向。

旅游创意与资源和需求密切联系。旅游创意以需求为导向，以资源为依托。虽然旅游创意讲究“无中生有”，但是其中的“有”并不是凭空产生，多与旅游地的地脉与文脉有关，是潜在旅游资源的显性化和无形旅游资源的物质化。而决定这一转化的首要因素就是旅游需求，它是旅游创意的指挥棒。游客对旅游产品的意见，未被满足的和潜在的旅游需求都是旅游创意的重要来源。

资料来源：王亚杰．基于旅游者需求角度的创意旅游产品开发研究［J］．科技视界，2012（22）：109－110.

（四）以文化为灵魂

文化和旅游天然共存。旅游与文化有极为密切的关系。旅游本身就是一种文化现象，游客旅游是对寻求异质文化的一种体验。文化和旅游相互促进，文化是旅游的灵魂，旅游是文化的重要载体。旅游的优势在于市场，文化的旅游在于内涵。从旅游的角度看，抓住文化就抓住了核心价值。

近年来，文化和旅游呈现出一体化融合发展趋势，旅游品牌与文化品牌深度融合，逐渐成为吸引人们旅游的重要动力。各地涌现出一批特色文化旅游城市和精品旅游景区（如深圳华侨城、杭州宋城集团和浙江横店影视基地等），一系列集旅游、文化和节庆于一体的民俗节庆活动，以及一大批诸如“印象·刘三姐”“宋城千古情”等场面宏大、制作精美、演艺精湛、格调高雅的旅游文化演艺作品。

课内阅读

印象·刘三姐

大型桂林山水实景演出“印象·刘三姐”集漓江山水风情、广西少数民族文化及中国精英艺术家创作之大成，是全世界第一部全新概念的山水实景演出。用总导演张艺谋的话说，“它是一场秀”，它秀的是桂林山水，秀的是民俗风情，秀出了那种天人合一的境界。它启用了国内最大规模的环境艺术灯光工程，独特的烟雾效果工程及其隐藏式的音响展现出了“红色、绿色、蓝色、金色、银色”五大主题色彩系列，将刘三姐的山歌、民族风情、漓江渔火、山水圣地等元素创新组合，不着痕迹地融入山水，还原于自然，给人以强烈的视觉及听觉冲击，达到了如诗如梦的效果。

资料来源：千龙网．观“印象刘三姐”大型实景剧场　看桂林漓江山水[EB/OL].(2018-05-03). https://www.sohu.com/a/230257809_161623.

以小组为单位，从课内阅读资料出发，查阅网络资料，思考“印象·刘三姐”如何体现了当地文化与旅游的融合？

三、旅游产品策划的总体策略

1. 挖掘特色

充分挖掘旅游资源的独特性，使潜在旅游资源变成现实旅游资源。当原有旅游产品特色逐渐失去市场吸引力，旅游产品策划要对旅游资源特色进行再认识，挖掘旅游资源适应旅游市场特色的一面，寻找合理的旅游市场爆发点与释放途径。

2. 突出亮点

旅游市场不断扩大，但游客对产品的自主选择性也越来越强，常规的大众旅游线路已经无法满足多样化的旅游需求。以前属于小众市场的个性旅游，如深度游、定制游等已被越来越多的人接受并喜欢。只有通过旅游产品细分定位，针对不同客户群制定出个性产品，才能满足每一个特定群体的个性化需求。

3. 打造卖点

要创造市场，必先植入观念。当消费者对这一观念认同时，就会形成广阔的市场。这个观念有时是产品与生俱来的，有时是通过策划人的想象力和创造力“无中生有”的。因此，旅游产品策划要从消费者的需求出发，提炼产品的独特卖点。如开元森泊酒店打造“自然派”、ClubMed 集团突出亲子“一站式”服务，都具有独特的市场卖点。

4. 抓住时机

人和社会重大事件或热点都可能蕴藏发展旅游的契机。社会性节日、地方性节庆活动、社会性重大活动和公众关注的热点等，都可以成为旅游活动的重要时机。如 2020 年丁真以纯真朴素的笑容走红网络，成为四川理塘县旅游大使，带火了理塘地区的旅游。

课内阅读

旅游产品的卖点

旅游产品卖点指能够吸引旅游者眼球的独特之处，挖掘旅游产品卖点的核心就是准确判断和概括旅游资源的核心价值。旅游产品卖点应以旅游者为核心，为旅游者挖掘和创造一个到特定旅游目的地进行消费的理由。旅游产品卖点需要从产品特色中梳理、提炼和创造。旅游产品的卖点提炼可以从产品和品牌两个层面入手，从产品层面突出产品独特的个性及与众不同的特色，从品牌层面揭示品牌的精髓和核心价值，从品牌的高度证明其独特性。旅游产品卖点可以包括很多方面，例如，卖"情感"，满足旅游者的怀旧情感等；卖"品质"，以高品质体验取胜；卖"文化"，可以包括明星文化、动漫文化等。

【思政之窗】

在旅游中感悟中华文化增强文化自信

近年来，经过新冠疫情的冲击，人们对健康和安全的认知提高到前所未有的高度，对旅游的期望也从"走马观花"的粗放型向主体化、度假型的深度旅游转变，尤其是在旅游体验中看得更细、更远，看出文化和历史，逐渐成为消费者未来选择的重中之重。

中国是一个历史文化悠久且源远流长的国家，历史事迹与文化应该被铭记与传承，中华五千年的演变与发展过程中为后人留下了许多财富，包括建筑文物、字画、文学、历史文物、区域文化与民族文化等。我们需要进一步深度挖掘国内旅游目的地的文化内涵和特色，创新旅游体验模式，建立内容丰富、游览紧凑、结构合理的游憩式旅游，实现文化与旅游深度融合，创造独具中国特色的文化旅游，促进中国旅游业转型升级。

在继承革命文化方面，把伟大建党精神等融入到线路设计、陈列展示、讲解体验中，讲好革命故事，让人民群众在旅游中接受精神洗礼、传承"红色"基因。在弘扬中华优秀传统文化方面，把国家文化公园建设成为传承中华文明的历史文化走廊、中华民族共同精神家园，提升人民生活品质的文化和旅游体验空间，支持博物馆、文化馆、图书馆、美术馆、非遗馆、书店等文化场所增强旅游休闲功能，推动非物质文化遗产有机融入旅游产品和线路中。

资料来源：新华网．在旅游中感悟中华文化增强文化自信——文化和旅游部负责人解读《"十四五"旅游业发展规划》[EB/OL].(2022－01－21). http://www.xinhuanet.com/travel/20220121/57ecbac5ae604c7fb3f65dc6e03b1195/c.html.

思考问题：为什么要在旅游产品策划中加强中华文化与旅游体验的融合？
提示：在文旅融合的大背景下，文化产业和旅游产业的边界越来越模糊，文化带来独一无二的旅游体验，旅游是文化传承的重要方式。深入挖掘和阐释文化内涵，把历史文化与现代文化融入旅游业发展，让旅游成为人们感悟中华文化、增强文化自信的过程，同时这也是宣传和推介中华文化的重要媒介，让更多的外国人了解博大精深的中国传统文化。

【任务执行】

根据旅游产品策划理念分析产品亮点

理解和掌握旅游产品策划的理念，并能根据旅游产品策划理念分析产品亮点。

第一步：实训前准备。要求学生提前阅读本单元内容相关的文献资料，熟悉相关知识点。

第二步：以4～6人为一组，收集至少3个上海地区5～7日旅游线路产品。

第三步：根据已学旅游产品策划理念的相关内容填写表1－3－1。

表1－3－1 上海部分旅游线路产品特点评价

旅游产品1	旅游产品2	旅游产品3	评价内容
			产品路线（具体描述食、住、行、游、购、娱各要素的具体内容）
			该产品的市场需求分析（如适合的客户群体、满足什么样的需求等）
			该产品的亮点（产品本身特色、品牌影响力、市场竞争等）

第四步：在第三步分析结果的基础上，小组讨论编写每个旅游产品的优势和劣势，完成表1－3－2，并推荐一位代表发言。

表1－3－2 上海部分旅游线路产品优劣势评价

优劣势分析	旅游产品1	旅游产品2	旅游产品3
优势			
劣势			

第五步：教师对各小组提交的内容进行点评和分析。

第六步：教师提炼总结如何从旅游产品策划理念的角度评价旅游产品的优势和劣势。

【课后作业】

扫码测试

【拓展阅读】

古北水镇的特色经营

选址——古北口

论地理环境，古北水镇位于北京市密云区古北口镇，是北京的东北门户，背靠中国最美、最险的司马台长城，有珍贵的军事历史遗存和独特的地方民俗文化资源；近邻鸳鸯湖水库，拥有原生态的优美自然环境，是京郊罕见的山水城有机结合的自然古村落。

论区位交通，古北口镇与河北交界，目前拥有京承高速、京通铁路、101 国道三条主要交通干线，距首都国际机场和北京市区均 1.5 小时车程，距离北京密云区和河北承德市约 45 分钟车程。交通便捷，车程控制在 2.5 小时内，是当前消费升级浪潮下城市周边游相对适宜的标准，古北水镇逐渐成为周边城市家庭节假日休闲度假的第一选择。

论空间区位，我国优质古镇集中分布在南方，如周庄、同里、乌镇、西塘、丽江等，北方的古镇虽然不少，但由于北方缺水，很难找到背山靠水、体量相当且综合美誉度能与江南“六大名镇”并驾齐驱的古镇。

摆脱门票经济

古北水镇在规划时，对景区业态进行了“三三制”划分，门票收入、酒店收入、景区综合收入各占 1/3。门票只是进入古北水镇的门槛，游客在景区里的二次消费才是经营者更为看重的收入来源。景区还包括索道、温泉、餐饮、住宿、娱乐、演艺及展览等项目，收入渠道多样，同时各项目间还能彼此促进，在充分满足游客多种旅游消费需求的同时，极大地降低了门票在整个经营收入中的比例，取得了破解“门票经济”的巨大成功，提升了整体收入规模。

减少淡旺季节差

“夜游 + 冬游”的旅游产品：古北水镇基于对景区普遍存在的淡旺季问题的考虑，推出夜游长城索道、夜游船、温泉、灯光水舞秀、传统戏剧、杂技等常规类项目；以“圣诞小镇”“古北年夜饭”“长城庙会”为冬季主题品牌活动，开发雪地长城观赏、庙会、冰雕节、美食节、温泉等一系列冬季旅游产品，强化冬季氛围，提升景区人气。通过统筹景区内各类资源，有效实施收益管理，以调节北方景区存在较为普遍的淡旺季客流不均衡现象，实现了“淡季不淡、旺季更旺”的经营目标。

提高游客重游率

古北水镇通过生活场景再造的方式，大大提高了游客的旅游体验，从而提高游客重游率。古北水镇通过多个主力店营造的文化韵味与体验感，辐射游客消费的多重场景，景区内的4家五星级酒店、2个高档会所、4家精品酒店、30多个特色民宿、200多家商铺、10多个民俗展示体验区、全长1256米的长城索道以及国内首屈一指的温泉资源都成为游客重要场景体验场所，其中让人印象最深刻的是特色民俗展示体验区，游客可以全程参与从选料、生产、加工到出成品的民俗体验，并将自己制作的产品带回家。此外，各有特色的住宿空间也成为景区的一大亮点，在旺季，酒店住宿率在95%以上，住宿需提前半个月甚至一个月预订，五星级酒店市场价格定位在每晚1500元以上，民宿是每晚500～3000元的价格。古北水镇每一处都是一个景点、一个场景，游客很难一次就能体验到这里的全部活动，丰富的体验场景成为游客重复消费的重要拉力。

提高网络游客满意度和口碑影响力

Tripadvisor统计数据显示，OTA上游客点评的差评率每降低0.1分，酒店预订订单会提高3%。古北水镇通过不断提高网络游客满意度和口碑影响力来提高整个品牌的知名度。通过对携程、途牛、驴妈妈、美团等10多个渠道的游客点评分析数据可知，古北水镇开业第一年，网络口碑影响力很弱，在各大渠道上的口碑总量只有403条，游客满意度也不理想；而到了第二年，网络口碑影响力迅速扩大，口碑影响力提高了6.2倍，游客满意度也提高了近10%；第三年，在保持游客满意度稳步提高的同时，快速提高口碑的影响力，2016年网络口碑影响力是2015年的3.1倍。此外，古北水镇的微信公众号阅读量也从2014年的平均每篇200左右的点击量上升到2016年平均3000的点击量。可见，古北水镇通过网络传播的方式形成了较好的游客口碑传播，对于营收增长起到了较强的正面促进作用。

资料来源：方极规划．古北水镇旅游相关数据分析［EB/OL］.（2017－04－07）. http：//www.fangjigroup.com/？p＝5936.

莆田打造“九大特色旅游产品”

文化是旅游之魂，文化的内涵决定旅游的品位。近年来，越来越多的地方积极推动文化与旅游深度融合。日前，莆田市出台了《关于加快旅游产业发展的实施意见》，构建“南湄洲、北九鲤”的发展格局，打造“九大特色旅游产品”。

到湄洲体验妈祖生活

一提及湄洲岛，就让人想起它独具特色的妈祖文化和优美绝伦的滨海风光，素有“海上布达拉宫”之称的妈祖庙、湄屿潮音、黄金沙滩、鹅尾神石园等闻名四海，不容错过。这几天，湄洲岛好消息不断：跻身国家级风景名胜区，第十四届“中国·湄洲妈祖文化”旅游节成功举办。

如今去湄洲岛，除了拜妈祖，还有了更多理由。位于湄洲岛东环路东海岸港楼村的妈祖文化影视园再现了“海上和平女神”妈祖出生与成长之地的历史原貌。园内不仅有林家、杨家、吴家、平安堡、古井、风车、木桥等宋代渔村民居建筑群，还建有风顺牌坊、妈祖吉祥锁、湄洲古韵、《妈祖》影视展厅、海韵阁等景点。园内仿古建筑与绵延的沙滩、大海相映成趣，构成一幅“积淀千年历史文化的宋代渔家村落”的壮丽画卷。“到这里，你可以体验一下妈祖当年的生活。天妃故里遗址公园主建筑之一——妈祖源流馆用现代多媒体高科技手段尽现妈祖文化古韵神采。源流馆分为七个展厅，即《序》《诞降与行善》《救海与升天》《神迹与褒封》《两岸情缘》《祖庙祭典》《四海共仰》。

到九鲤祈个好梦来

“九鲤飞瀑天下奇”！位于仙游钟山的九鲤湖，与武夷山、玉华洞并称“福建三绝”。相传汉武帝时，有何氏九个兄弟在此炼丹济世，丹成跨九鲤升天，因此得名。九鲤湖风光旖旎，湖光山色，美不胜收，尤以九鲤飞瀑胜景而名扬天下。古往今来，无数游客来此探幽访胜。但他们更重要的目的是来九鲤湖寻梦。正如元代诗人卢琦在《游九鲤湖》一诗中所云：“愿借一枕通仙灵”。从文献志书的记载可知，往昔来这里的游客，都要到九仙宫中睡上一夜，求个梦，祈请九仙卜个凶吉。

自唐宋至今，九鲤湖形成了一种祈梦文化，古人雅称为“卧游”，成为旅游文化中的一种奇特现象。九鲤湖如仙境般清幽，无论达官贵人还是凡夫俗子，到此一宿，万虑皆消，杂念全无，大都能收获一个美妙的梦境。“芸芸众生谁无梦，独在此间梦更幽”，道尽了九鲤湖与祈梦文化的必然关系。经千百年的传承形成了相对固定的祈梦仪程，如戒斋、洁洗、品茗、焚香、赏景、求梦、解梦、圆梦、还愿等。特别是解梦，从古到今都是由道行高深、熟谙世故的道长或高僧解梦，借九仙的名义解释梦的内容，为人们指点迷津、解疑答难、慰藉劝勉，实际上是一种心理暗示或心理疗法。

体验地道红军生活

群山环抱的大洋乡，是典型的革命老区。新中国成立前，大洋乡是南方八省十五块红色游击区之一，是闽中革命的摇篮圣地，也是莆田最早的革命根据地之一，大洋乡至今还存有闽浙赣人民游击纵队闽中支队司令部旧址纪念馆、坂洋村条腾际革命遗址和宗兴村灯炉寨革命活动遗址、瑶山村贵峰岩地下兵工厂遗址等。

据介绍，历史上曾有6000多位革命者常年居住在大洋乡，而且留传了许多革命史诗。随着岁月的流逝，现在大洋乡籍的老游击队员、老交通员等“五老”人员，只剩下近60位，且年事已高。闽中革命司令部旧址围墙外建有闽中司令部革命史诗碑园，保存了上一辈革命者的历史资料。到大洋乡，走一趟红军路，吃一顿红军饭，唱一首红军歌，扮一个红军角色，看一看闽中革命司令部，登一登当年游击队活跃的灯炉寨，再到森林人家吃碗农家饭，感受一下闽中革命精神，体验一把地地道道的红军生活。

南少林雄风再扬

莆田南少林寺是我国佛教禅宗文化遗产和少林南拳的发源地。广泛流传于莆田民间的南少林武术是中国传统武术的主要种类之一。从 2000 年至今，南少林武术文化节已成功举办四届，越来越多的群众参加盛会，在海内外引起极大的反响。禅武文化根在南少林寺，旅游资源也很丰富，红花亭、莲花石值得一游。九堆天然巨石形似莲花，北面有一座红花亭，是当年天地会的武将万云龙和南少林寺五祖和尚反清复明基地。感受完禅武文化魅力，观赏茶园后，品一杯少林禅茶，领悟禅茶文化真谛。南少林周边将发展武术学校。南少林还将和紫霄岩、九华山连为一体，经常性地展示禅武文化，让游客来了有的玩、有的看。

资料来源：莆田文化网．莆田打造“九大特色旅游产品”［EB/OL］.（2012－11－07）. http：//www. ptwhw. com/？ post＝5455.

第二章　旅游产品策划的流程

单元一　旅游市场调研和分析

【学习目标】

1. 理解旅游市场调研的概念、分类和方法，能够有针对性地设计旅游市场调查问卷；

2. 掌握旅游市场调查问卷数据分析的方法，能够对收集的数据信息进行综合分析并撰写调研报告；

3. 在理论和实践学习中，提升对本专业的认知和热爱。

【课堂导入】

杭州旅游市场调研方案

调查背景

“上有天堂，下有苏杭”。钱塘江源，西子湖畔，杭州自古以来就有“人间天堂”的美誉。自然风景令无数游客魂牵梦萦。杭州自秦朝设县以来已有2200多年的历史，曾是吴越国和南宋的首都。杭州人文古迹众多，西湖及其周边有大量的自然及人文景观遗迹。其中，具有主要代表性的独特文化有西湖文化、良渚文化、丝绸文化、茶文化，以及流传下来的许多故事传说。2020年底新冠疫情对杭州旅游业造成一定影响。随着疫情逐渐缓解，以及2023年9月第19届亚运会将在杭州召开，必将带动后疫情时代杭州旅游经济逐步回暖。

确立市场调查方案

调查目的：了解当前杭州旅游服务满意度状况、游客对杭州旅游产品的具体需求，为策划适应新市场需求的杭州旅游产品提供基础资料。

调查时间：2022 年 7－8 月。对来杭旅游者进行抽样调查。在杭州西湖、雷峰塔、西溪湿地等景区向游客发放并回收抽样调查表，计划发布 1000 份。为提高游客积极性，对配合调查的游客赠送小纪念品。

调查内容：来杭州旅游的主要目的、感兴趣的历史文化、旅游时间、停留天数、拟参观地点、消费预算、对现有旅游产品的满意度及意见、对防疫安全保障等方面的需求等。

调研成果：2022 年杭州旅游市场调查报告。

4～6 人为一组，查阅网络资料，思考以下问题：

1. 这个调研的主要目标是什么？
2. 杭州旅游市场调研方案包括哪些内容？

【知识讲解】

一、旅游市场调研概述

旅游市场调研指运用科学的方法和手段，有目的、有系统地收集、记录、整理、分析和总结与旅游市场变化有关的各种旅游消费需求以及旅游营销活动的信息、资料，以了解当前旅游市场和潜在旅游市场，并为旅游策划与营销人员提供客观决策依据。

开展旅游市场调研是进行旅游产品策划和营销的重要基础，为旅游行业从业者的决策提供依据支持。其主要目标包括：通过旅游市场调研，运用规范的调研技术和方法得到定性和定量研究结果，探求旅游者深层次的消费心理和消费习惯；为策划旅游产品，开展可行性分析提供基础资料；通过调研分析了解自身产品的知名度、市场占有率和竞争对手的情况；掌握和预测市场发展趋势，动态制订和调整发展战略和计划。

二、旅游市场调研的分类

1. 按照调研目的和作用分类

按照调研目的和作用分类，旅游市场调研可以分为探测性调研、描述性调研、因果关系调研和预测性调研。探测性调研是企业对旅游市场情况不是很清楚或者对调研的问题不知从何处着手时所采用的方法，主要是发现问题和提出问题，以便确定调研的重点。描述性调研是对已经找出的问题做如实的反映和具体的回答。这项调研必须拥有大量的信息资料，调研前需要有详细的计划和提纲，以保证资料的准确性。描述性调研比探测性调研更加细致具体，但也只是描述出问题的表面原因，要想深刻地揭示其因果关系，还需进一步进行因果关系调研，分析问题的因果关系，并弄清原因和结果之间的数量关系。最后一种是预测性调研，难度最大，对未来市场的需求变化进行预测，为企业制订有效的经营计划，避免企业产生较大风险和损失。

2. 按照调研对象范围分类

按照调研对象范围分类，旅游市场调研可以分为全面调研和非全面调研。全面调研是对调研对象中所有单位进行调研的方式。全面调研能取得比较全面系统的总量资料，适用于对旅游市场进行宏观的了解，如普查、旅游人才规划调研。非全面调研是对调研对象中的部分单位进行调研的方式，所选案例应具有充分的代表性，便于最终获取较全面的总体资料。

三、旅游市场调研的步骤

1. 确定调研目的和调研准备分析

这一步骤主要解决两个方面的问题。一是明确为什么要调研，调研要解决什么问题，受谁委托去调研或调研结果为谁服务等；二是明确调研的范围、时间和方式。可通过召集有关人员针对调查目的进行非正式座谈，还可以向有关专家、用户征求意见，将问题的范围逐渐缩小，使问题集中，最后确定调研主题，如将调研重点集中在旅游产品的质量和服务提升的问题上。

2. 编制调研计划

编制调研计划的具体内容包括：进一步锁定调研目的，选择调研对象，确定调研项目；选定调研方法；编制调研费用预算；安排调研内容和进度，包括调研地点、调研时间、调研人员，提前做好人员培训工作。

3. 设计调研表、记录本或问卷

调研表或问卷一般由有经验的调查研究人员设计。有些调研表设计以后，还要通过试查来验证是否能达到预期的结果。

4. 现场调研，搜集资料

按照计划进行实地调研，在做好充分准备后，按照选定的主题、对象、项目、时间、地点、方法，现场收集所需要的信息资料。

5. 整理分析调研资料

将调研收集到的资料，通过科学的方法进行编辑整理、分类，将调研目的相同的资料归为一类，计算分析，检查误差，剔除虚假成分。

6. 编写调研报告

调研报告一般有两种类型：一种是专业性报告，要求详尽具体，并介绍调研的全过程，说明采用何种方法对信息资料进行取舍，如何得到调研结论；另一种是一般性报告，要求重点突出，介绍情况客观、准确、简明扼要，避免使用调研的专业术语。这两类报告都可以附有必要的图表，以便直观地说明市场情况。

四、旅游市场调研的方法

1. 观察法

观察法是通过观察被调研对象及其背景信息来收集资料的调研方法。这种方法是调查者在调研现场观察被调研对象的行为，不需要被调研对象进行任何配合的调研方式。它的优点是准确性较高，且所得资料深入详细。缺点是观察不到内在因素，有时需要做长时间的观察，工作效率较低。

2. 专题讨论法

专题讨论法是在主持人的引导下，邀请行业专家、消费者等共同讨论一种产品、一项服务、一个组织或其他市场营销话题的一种调研方法。

3. 问卷调查法

问卷调查法是通过调查问卷来收集信息资料的调研方法，根据发放问卷的方式可分为信函问卷调查法、电话问卷调查法、面访问卷调查法和电脑问卷调查法等。

五、旅游市场调查问卷设计和结果分析

问卷调查法是旅游市场调查中最常见、最直接有效的方式，一份完整的调查问卷应从形式和内容两个方面考虑。从形式上看，要求版面整齐、美观，便于阅读和作答；从内容上看，问卷设计要围绕调查目标，整体结构合理，问题具体，表述清楚，重点突出，且便于统计整理。

（一）调查问卷的基本结构

一是问卷说明，指调研的目的、意义、选择方法以及填写说明等，一般放在问卷的开头。二是问卷内容，即提出的各类问题、问题的回答方式及相关说明。三是结束语，一般放在问卷最后，向被调研者表达感谢。但在线网络调查问卷一般将结束语与问卷说明一并放在问卷的开头。问卷结束时会出现类似抽奖的小游戏。

（二）调查问卷设计

1. 确定所需信息

调研者在设计问卷之前，需要围绕调研目标确定需要收集的信息，并决定分析这些信息的方法，如频率分布、统计占比等。确定需要收集的信息时，首先要进行框架搭建，梳理需要收集信息的大类，如旅游目的、旅游目的地选择、旅游时间、旅游消费偏好等，然后在此基础上对每大类信息进行细化的问题设计。

2. 确定问题的内容和类型

（1）开放式问题。回答这类问题时，被调查者可以自由回答，不受任何限制。换句话说，就是事先不规定答案。如“您为什么选择团队游？”这类问题的优点是被调查者可以根据自己的想法回答，不受任何限制。调查者收集到的信息较为全面。缺点是答案可能过于分散，不利于统计分析。开放式问题一般用于以下几种情况：某个问题的答案太多或根本无法预料；由于调研需要，必须在调研分析报告中引用被调研者的原话，如“您对此次亲子游产品有哪些意见和建议”。

（2）封闭式问题。这类问题与开放式问题相反，它的答案已经事先由调研者设计好，被调研者只要在备选答案中选择合适的答案即可。封闭式问题又可以分为两项选择问题和多项选择问题。例如：

您是否准备在今年“十一黄金周”与家人一起外出旅游？（　　）

A. 是　　　　B. 否

以上是一个两项选择问题，这类问题通常列出完全相反的两种答案，有时也可以增加一个模糊答案，如增加一个 C 选项“不确定”。

下面是一个多项选择问题：

您选择甲旅行社参加团队游的原因是（　　）

A. 朋友推荐　　　　B. 价格实惠

C. 服务优质　　　　D. 随意选择，没有特别原因

封闭式问题的答案都是事先拟定，便于统计分析和被调查者选择，能够节省调查时间。但封闭式问题也有缺陷，如限制了被调查者的自由发挥。被调查者的答案可能不在所拟定的答案中，他们可能会随意选择一个并非真正代表自己意见的答案。因此，在选择采用开放式问题还是封闭式问题时，必须考虑问题答案的分散程度。如果可能的答案较多，用封闭式问题会使答案的范围过于狭窄。在实际调研中，旅游调研人员常常结合开放式问题的特点，通过在问卷末尾安排开放式问题的方式来解决这一问题。例如：

您选择乙旅行社团队游的原因是（　　）

A. 朋友介绍　　　　　　　B. 价格实惠

C. 服务优质　　　　　　　D. 其他__________

D 选项使这个问题成为开放式问题，如果被调查者由于其他原因选择了该旅行社，就可以选择答案 D，并加以说明。

（3）态度测量问题。态度测量是市场调研中一个很重要的内容，设计问题的具体形式有顺位式问题、语意差别式问题、数值尺度式问题等。

顺位式问题，即先列举若干答案，被调查对象根据自己的看法定出先后顺序。例如：

请根据服务质量，为下列旅游景点评定等级。在服务质量最高的旅游景点旁写上 1，在服务质量第二的旅游景点旁写上 2……在服务质量最差的旅游景点旁写上 5。

A. 旅游景点__________　　B. 旅游景点__________

C. 旅游景点__________　　D. 旅游景点__________

E. 旅游景点__________

顺位式问题的优点是给予被调查者一系列项目进行选择，旅游调研人员很容易对调查结果进行列表。缺点是被调查者对众多项目往往很难排定等级；项目排列顺序可能会引起倾向性，被调查者可能会偏爱第一项和最后一项；调研人员无法了解被调查者为什么这样排列顺序。

语意差别式问题，即通过文字的不同含义区分态度强度。例如：

您今年“十一黄金周”想出去旅游吗？（　　）

A. 很想去　　B. 想去　　C. 不一定　　D. 不想去　　E. 很不想去

数值尺度式问题，即用数值表示态度强度。例如：

您对丙旅行社的服务质量的评分是多少？（　　）

A. 3　　B. 2　　C. 1　　D. －1　　E. －2　　F. －3

课内阅读

调查问卷问题设计技巧

问题围绕主题展开。问卷中所有问题都要密切围绕调研目标展开，不提没有意义的问题。

问题表述清晰易懂。尽量用浅显易懂的方式表达，避免使用晦涩、纯商业或者幽默等容易引起误解或有歧义的语言，避免使用专业术语或缩写语。

问题数量得当。问题数量是保证问卷调查成功的关键因素之一，人们一般不愿意接受一份繁杂冗长的问卷，因此问题设计一般不超过 20 个，封闭问题给出备选答案，开放问题不超过 3 个。

问题的排序科学合理。问卷中的问题设计要有清晰的思路，其排列要遵循逻辑顺序。调研中应当把被调研者的个人信息问题放在最前面；把最需要了解的信息放在问卷的前半部分；问题设置应遵循先易后难，先封闭后开放的顺序；同类问题应归类在一起。

问题明确，能够精准给出答案。问题的时间范围必须明确，被调查者能在记忆范围内回答；不能一开始就把问题设计得过细，而应该层层细分，逐步深入进行提问。

问题不应存在偏见或误导，不能诱导人们回答。

资料来源：根据网络资料整理。

以小组为单位，认真阅读课内资料进行网络调研，思考以下问题：

1. 调查问卷设计中要考虑哪些因素？
2. 在调查问卷设计中最重要的是什么？为什么？

六、调查结果分析和报告撰写

（一）结果分析

调查问卷完成后，可以将收集到的数据信息进行整理、分析。一般可以利用 Excel 软件，或在线“问卷星”小程序的图表功能，将数据做成柱状图、饼状图或折线图可视化展示，然后对数据进行文字描述和说明。

例如，出游目的中选择观光的最多，占被调查者总人数的一半，选择增长见闻和散心的分别占 30% 和 20%（见图 2－1－1）。被调查者一日游花费在 300 元以上的占 20%，100～300 元的占 40%，100 元以下的占 40%（见图 2－1－2）。价格是被调查者考虑出行与否的最大因素，占 50%，所列四个考虑因素中，被调查者对出游时间最不敏感（见图 2－1－3）。被调查者中长期旅游时间一般选择在寒暑假，一日游更多选择在周末（见图 2－1－4）。

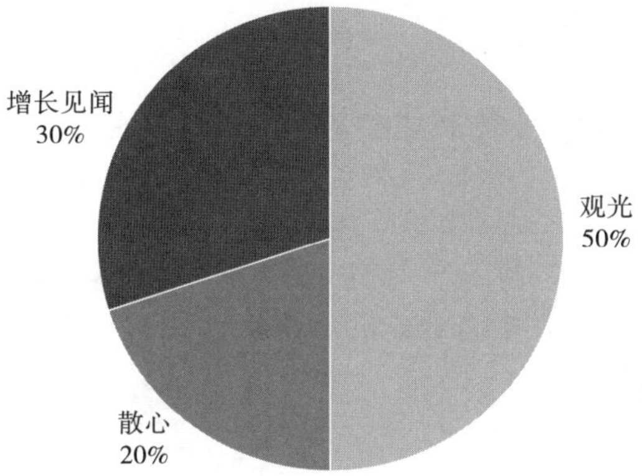

图 2－1－1　出游目的

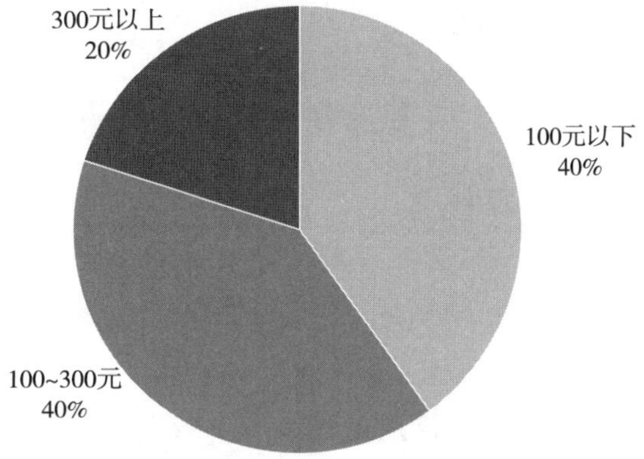

图 2－1－2　一日游花费

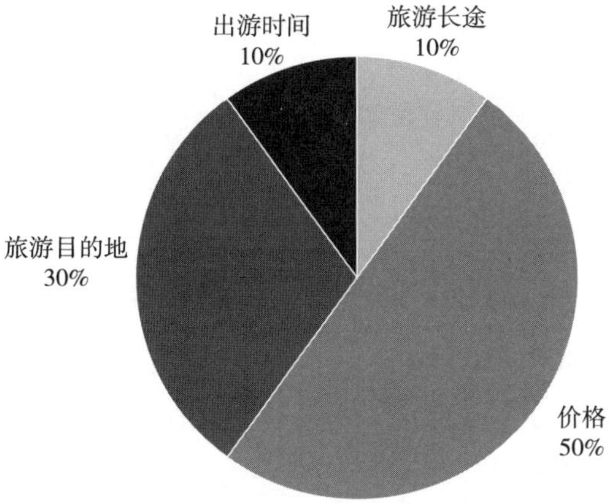

图 2－1－3　旅游者考虑的因素

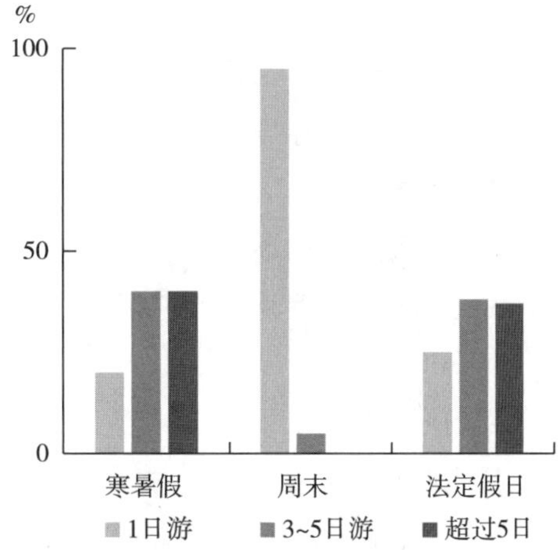

图 2－1－4　出游时间

（二）报告撰写

报告撰写一般可分为三部分。第一部分介绍问卷调查的背景、目的、意义及采用的方法。第二部分主要通过图表分析、数据对比等方式对调查结果进行分析研究。此部分不建议对每个问题的结果进行逐个描述，而应该针对信息收集的每一大类进行归纳总结。如针对旅游者消费偏好设计了四个问题，那么在结果分析部分就应当结合这四个问题进行总体分析和归纳总结，而不仅仅是针对某个问题的数据描述。第三部分是根据研究分析结果得出最终结论，并提出对策和建议。

课内阅读

某职业学院大学生旅游市场调查问卷设计和调研报告

亲爱的同学：

您好！为了了解大学生旅游市场的情况，针对大学生的各种旅游需求设计出适合的旅游产品，我们做出了这份调查问卷。希望您对本次调查提出诚恳的意见和建议，谢谢！

1. 您的性别是（　　）

A. 男　　B. 女

2. 您所在的年级是（　　）

A. 大一　　B. 大二

C. 大三　　D. 大四

3. 您就读的专业是__________

4. 您喜欢旅游吗？（　　）

A. 非常喜欢　　B. 一般

C. 要看朋友的想法　　D. 不喜欢

5. 您每年用于旅游的花费大概是（　　）

A. 200 元以下　　B. 200 ~ 500 元

C. 500 ~ 800 元　　D. 800 ~ 1500 元

E. 1500 元以上

6. 您目前的旅游经费来源于（　　）

A. 父母提供　　B. 省吃俭用

C. 打工赚钱　　D. 学校奖励

E. 他人赞助　　F. 其他

7. 您比较喜欢的出游方式有（　　）（多选）

A. 和三两好友结伴出游　　B. 与不认识的志趣相投的朋友相约出游

C. 与伴侣出游　　D. 独自出游

E. 与家人出游　　F. 其他

8. 您觉得一起旅游最适合的人数是（　　）

A. 5 人以下　　B. 5 ~ 10 人

C. 10 ~ 20 人　　D. 20 ~ 30 人

E. 30 人以上

9. 您最喜欢去旅游的地方是（　　）（多选）

A. 名胜古迹　　B. 名山大川

C. 园林景区　　D. 海滨沙滩

E. 主题乐园　　F. 探险

G. 江南古镇　　H. 游乐活动

I. 其他

10. 您出游的范围是（　　）

A. 周边游　　B. 出省游

C. 您所在省的其他城市　　D. 出境游

E. 其他

11. 下列旅游线路，您认为最好的是（　　）

A. 周游型——游览一系列地区景点组成几日游

B. 逗留型——着重在一个景点游览　　C. 其他

12. 您旅游的天数一般是（　　）

A. 当天往返　　B. 停留两天

C. 三天　　D. 四天或四天以上

13. 您出游时一般使用的交通工具是（　　）

A. 自驾车　　B. 公交车

C. 火车　　D. 汽车

E. 飞机　　F. 其他

14. 出游前您了解旅游信息的渠道有（　　）（多选）

A. 到旅行社咨询　　B. 网络搜索

C. 亲朋好友介绍　　D. 校园海报广告宣传

E. 其他

15. 出行旅游前，您最关心出行目的地的（　　）（多选）

A. 游记攻略　　B. 景点点评

C. 旅游新闻　　D. 专题特辑

E. 照片/视频　　F. 论坛/博客

G. 其他

16. 若有以高校为平台，提供住宿、饮食、学生导游，自定义线路，价格相对低廉，互通校园文化的旅游产品，您的态度是（　　）

A. 选择，因为其价格低廉，很自由，符合大学生的需求

B. 考虑，要看看其他方面的因素

C. 抗拒，不喜欢这种方式的旅游

17. 您去外地旅游最想收获的是（　　）

A. 一种旅行体验　　B. 旅游目的地的游览

C. 结交新朋友　　D. 旅行情缘

E. 其他

谢谢您参与，祝您生活愉快！

某职业学院大学生旅游市场调查报告

调查的目的意义及方法

大学生是整个旅游市场中的一个细分市场。大学生的知识及各方面的素养都较高，易接受新事物，旅游动机十分强烈，旅游消费潜力巨大。

大学生自我意识和独立意识较强，外出旅游大多不愿受限于现行的旅行社线路和组团安排，其旅游产品应当展示出个性化、多样化等特色。

为了解大学生旅游市场的情况，针对大学生的生活、年龄、心理特点、消费能力设计适合大学生的个性化旅游产品，特选取某职业学院在校大学生进行旅游市场调查。

本次调查遵循三项基本原则：客观性原则，即收集资料，分析资料以及得出结论都不掺杂主观因素或情绪；科学性原则，调查的内容及设计的问题必须围绕目标精心设计，其内在因果和逻辑关系必须是科学的、有说服力的；系统性原则，调查要从系统的角度出发，适应被调查者的特点。

本次调查采取多种方法：问卷调查法，对某职业学院在校大学生进行问卷调查，共计发放105份调查问卷，收到100份有效问卷；访谈法，对个别大学生代表的旅游需求进行了单独访谈。

调查结果统计分析

旅游成为人们生活中必不可少的部分。在旅游群体当中，大学生是一个重要而又独立的组成部分。以下是针对某职业学院在校大学生进行抽样问卷调查和访谈得出的数据分析。

（1）大学生的旅游意向。

在旅游意向上，有接近80%的大学生表示非常喜欢旅游，另外20%的大学生表示一般喜欢。引起这一差异的主要原因可能是经济条件的差异。这也与他们支出的旅游费用正相关，60%的大学生愿意支出500～1000元，35%的同学愿意支出500元以下。几乎没有同学愿意支付1000元以上。因为有80%左右的大学生的生活费来自家庭资助。

旅游目的地主要是名胜古迹、游乐场、海滨沙滩，而纯粹的自然风光欣赏景观不大受大学生的欢迎。出游范围80%是省内其他地区，15%是在学校所在市，另有5%希望出省旅游。出游天数98%都是3天。调查还发现，由于专业的差异，有些学生是出于专业的目的而选择去旅行，如旅游管理专业、勘探专业的大学生。

以上调查结果显示，由于大学生受到来自学校、家庭、社会的压力不同，对旅游的喜爱也不同。但大部分人喜欢旅游的目的是欣赏景观、增长见识，同时经济条件是影响多数大学生出游的主要因素。

（2）大学生的旅游方式。

从调查中可以看出，选择与同学结伴而游的约占52%，与伴侣一起出游的约占21%，表明大学生大多数喜欢跟同龄人一起外出旅游，与家人一起（约6%）和独自一人出游（约21%）也占一定比例。在旅伴的选择上，部分人选择跟伴侣一起去旅游，这可能是大学生旅游的一大特点。大学生正处于感情萌发的时期，与伴侣同游一方面可以体验生活，增进旅游乐趣，共同解决旅途中的困难；另一方面可以促进双方的了解，培养共同兴趣，增进感情。相反地，选择与父母亲人同游的人很少，只占6%，这也表明大学生自主独立的意识不断增强。

大学生选择的旅游地点以及个人消费水平的差异、旅途距离长短、个人爱好等，影响大学生选择不同的出行方式。

（3）大学生了解旅游信息的方式。

出游前，大学生都会对旅游信息进行了解，其中到旅行社咨询仅占2%，网络搜索占66%，通过亲朋好友介绍的占22%，还有10%是通过校园海报广告了解。可见大学生喜欢利用身边的资源和网络资源，而很少咨询旅行社，主要原因在于旅行社离他们很远，没有合理的引导，没有体验的机会。因此，旅行社在营销过程中应注意网络宣传，还有到学校内设置咨询点。

建议与结论

大学生作为社会的一个特殊群体，具有一定的经济独立能力和自我生活能力，有相对宽松的时间，具有更多的冒险精神和追梦遐想，这些促成了大学生“旅游热”。由此可见，大学生作为旅游生力军的地位确实不容忽视。同时，国内的旅行社竞争非常激烈，但是旅行社很少有针对大学生设计的旅游产品，这是一个值得关注的问题。如何才能抓住大学生旅游市场呢？

目前，在大学生旅游人群中，结伴自助游、班级集体旅游、同学居住地互访旅游占了绝大部分。旅行社可以在此方面提出社团主题活动与旅游的结合、校际交友与旅游的结合等，亮出独有的模式，吸引大学生群体试用与体验。

设计针对大学生的旅游产品。例如，针对学生经济状况，住宿条件可以选青年旅社等低价旅馆；可选择非常规的旅游线路；消费品可增加班级、支部或社团为单位的团购产品等。

推出大学校园营销活动。旅游网站应该走进校园，通过线下活动，聚焦学生的课余生活，形成精确传播、深度传播，完成自身的营销推广，如高校旅游线路设计大赛、大学生最喜欢的十大景区评选、校园旅游大使选秀等活动，都可以达到事半功倍的效果。

【思政之窗】

旅游市场调研的重要性

市场是旅游发展的动力和决定因素，市场需求和竞争分析是旅游产品策划与营销的基本依据和重要组成部分。旅游市场调研是运用科学方法，有针对性、有计划、系统地收集、整理和分析有关旅游营销活动的信息，以了解旅游营销环境和市场状况，为旅游经营决策提供依据的活动。旅游市场调研需要围绕调研目标精心设计问卷，被调研对象也需要精准定位。在问卷收集完成后，还需要整理数据，进行综合分析和观点提炼。在调研过程中绝不能应付、弄虚作假，否则调研结果就会失真，丧失了借鉴作用。

旅游市场调研是调查研究的一种形式。习近平总书记多次指出“调查研究是做好工作的基本功”“对调研得来的大量材料和情况，要认真研究分析，由此及彼、由表及里”。只有经过调查研究才能对事情有发言权。在调查研究中一定认真设计、用心分析，即使非常简单的数据收集和整理，也需要一丝不苟、认真细致地完成。只有首先端正工作态度，弘扬精益求精的工作作风，才能确保调研结果符合设定的调研目标。

资料来源：根据网络资料改编。

思考问题：旅游市场调研为什么要坚持认真细致和精益求精的工作态度？
提示：旅游市场调研看似并不太难，简单来说就是设计 10～20 个问题，发放给被调查者，然后再收集信息数据进行分析。但在实际操作中，无论是调研目标的确定、问题的设计，还是数据的整理分析，都需要认真和细致。一些小差错，如个别问题与主题无关、问题答案自相矛盾无法回答、一些数据统计出错等都会导致调研结果有偏差、不准确，无法实现原定的调研目标。

【任务执行】

某旅游线路产品策划的市场调查问卷设计、数据分析和报告撰写

掌握旅游市场调查问卷的设计技巧，能够对收集的数据进行分析、提炼和提出结论，并提出针对性的对策和建议。

第一步：实训前准备。要求学生提前阅读与本单元内容相关的文献资料，熟悉相关知识点。

第二步：4～6 人为一组，讨论确定旅游线路的主题及调研的主要目标，在此基础上搭建调查问卷的主要框架，每一大类别下分别设置若干问题。

第三步：根据讨论填写问卷设计框架及相关问题（见表 2－1－1）。

表 2－1－1　市场调查问卷设计框架

序号	调研目标	设计框架	问题 1	问题 2	问题 3	问题 4
1						
2						
3						
4						

第四步：进一步完善设计框架，在此基础上利用“问卷星”小程序编写在线调查问卷并发放。

第五步：收集至少 50 个样本数据，借助“问卷星”图表统计功能，参考课内阅读样例的格式编写调研分析报告。

第六步：以小组为单位，制作展示 PPT，进行 15～20 分钟的现场汇报，每位同学都要参与 PPT 制作和展示。

第七步：小组自评和互评，教师点评。

【课后作业】

扫码测试

【拓展阅读】

问卷星的操作与使用指南

随着网络时代的到来，手机和网络的使用率普遍升高，相比纸质问卷，线上问卷调查不用录入数据，就可以直接导出，能够节省时间，而且能够显示答题时间、填写者的 IP 地址，剔除无效数据，最重要的是，没有缺失值，被调查者填写不完整无法提交。如果面向的对象是中小学生或老人，手机和网络使用不方便，则更适宜采用传统的纸质问卷。因此，一般调查问卷建议采用线上（问卷星）与线下（纸质问卷）相结合的方式。

问卷星是一个专业的在线问卷调查、测评、投票平台，专注于为用户提供功能强大、人性化的在线设计问卷、采集数据、自定义报表、调查结果分析系列服务。与传统调查方式和其他调查网站或调查系统相比，问卷星具有快捷、实用、低成本的明显优势，已经被大量企业和个人广泛使用。使用问卷星小程序的基本步骤如下。

步骤一：百度搜索“问卷星”，进入官网注册，然后点击“创建问卷”，选择创建的问卷类型。

步骤二：问卷星提供四种创建方式，默认“创建空白问卷”。

步骤三：添加和编辑完所有的题目后，点击“完成编辑”并发布问卷。

步骤四：发布之后生成问卷链接，将链接转发给填写者。

步骤五：有了答卷之后到“分析 & 下载”“统计 & 分析”查看统计结果，在“分析 & 下载”中可下载原始数据。

资料来源：问卷星．问卷星的操作与使用指南［EB/OL］．(2019－10－22)．https：//www. wjx. cn/help/help. aspx? h＝1&helpid＝192.

单元二　旅游产品的策划设计

【学习目标】

1. 熟悉旅游产品策划的主要流程，能够分析旅游资源优势、分析市场需求和产品定位，并提炼产品亮点；

2. 掌握旅游产品策划的四大原则，能够应用于产品要素选择和组合中；

3. 了解旅游业带动就业的重要作用，提升对本专业的认知、理解和热爱。

【课堂导入】

南岳衡山特色旅游产品规划

南岳衡山文化资源丰富，景观类型多样。其中，火神文化、福寿文化和神文化是衡山最为典型的文化类型，且至今仍然保留了众多的文化遗迹和文化传统习俗。因此，规划以资源为本位，紧密围绕这三大文化内涵进行深度挖掘和包装，塑造南岳衡山的特色旅游产品。

南岳火神祭祀旅游产品

以祝融火神崇拜为中心的火文化是几千年来南岳衡山的核心文化之一，在民间也具有深厚的信仰基础和价值认同，在国内众多的名山大川中，具有很强的独特性。因此，规划以祝融火神文化为核心，以南岳大庙、祝融峰为支撑，配套朱陵宫等火文化相关景点，打造“南岳火文化祭祀”旅游精品，并将其融入湖南省湘南精品旅游线路中进行重点推荐。

南岳福寿养生旅游产品

南岳为五岳中的“寿岳”，其福寿文化源远流长，历来是祈福、求寿的圣地。在近年的营销宣传中，南岳的“中华寿岳”形象在国内外已经具有一定的知名度与美誉度。规划依托水帘洞景区进行福寿旅游产品的开发，面向湖南省内及珠三角、东南亚市场重点开拓养生旅游市场。

南岳禅意体验旅游产品

依托南岳衡山作为南禅发祥地、“一花五叶，天下发源”的优势和南岳良好的生态环境及宗教寺庙资源，可以面向国内高端市场及国际市场开展南岳禅意灵修旅游产品。

通过此三大特色旅游产品的打造，南岳历史文化得到挖掘与演绎的同时，也丰富了游客的旅游体验活动。除此之外，还可配套相关线路产品，对衡山已有旅游产品体系进行调整和优化。根据南岳的资源特色可推出文化考古旅游、南岳山水旅游、湖湘文化旅游、乡村旅游等多种专项旅游产品，丰富南岳的旅游产品类型体系。

资料来源：南岳衡山特色旅游产品规划［EB/OL］.（2013－01－28）. http：//www. venitour. com/thinkinfo2. aspx？ contentid＝175&t＝32.

认真阅读导入材料，思考以下问题：

1. 南岳衡山旅游的特色资源包括哪些？
2. 旅游产品的策划构思要首先调研分析什么？其基本程序是什么？

【知识讲解】

一、旅游产品策划的流程

旅游产品策划需要遵循一定的程序规范。一般来说，第一步是旅游资源与开发条件分析，第二步是市场需求分析，第三步是产品定位分析，第四步是产品特色策划与要素组合。这四个步骤环环相扣，相互支撑，缺一不可。

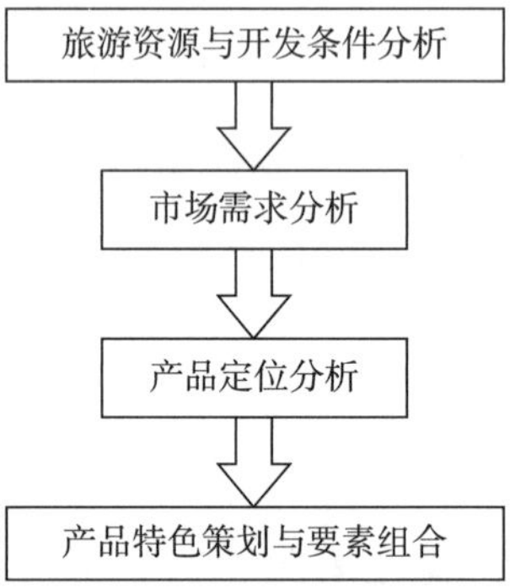

图 2－2－1　旅游产品策划流程

（一）旅游产品策划的旅游资源与开发条件分析

旅游资源是旅游产品开发的基础。在旅游产品策划构思中，首先要对当地的旅游资源和开发价值进行分析评价。只有在对旅游资源作出恰当、准确的评价之后，才可能在后面的市场需求分析中找到合适的定位和支撑点，从而策划设计出与旅游资源相匹配的旅游产品。对资源的挖掘，可以从自然条件、人文历史等方面入手，寻找符合市场需求的切入点。开发价值评价则需充分考虑可进入性、进入开发条件、观赏开发条件和接待开发条件等。

课内阅读

如皋市核心旅游资源提炼分析

通过翔实的资源盘点和资源分析，规划提炼出如皋五类旅游核心资源，分别为历史资源、生态资源、长寿资源、红色资源和产业资源，整体呈现出“古、绿、银、红、金”五色如皋的资源特征。

古色如皋——历史资源

资源概况。如皋是一座文化底蕴深厚的千年古城、长江三角洲最早见诸史册的古邑，现存历史古建筑数量多，种类丰富。

市场竞合。古城古镇类产品开发热度高，而江苏是国内拥有国家历史文化名城、名镇最多的省份，历史文化类旅游资源市场饱和、竞争激烈。

开发导向。在保护的基础上，以市场需求为导向，导入现代化的业态，开启休闲时代古城生活新方式，赋予古城新的生命力。

绿色如皋——生态资源

资源概况。如皋是中国花木盆景之都；生态环境优美，河网发达，多类特色古树；南通市森林覆盖率最高的城市。

市场竞合。江苏主打“水韵风情”，生态类旅游景区众多；如皋村庄生态资源同质化，区域影响力有限。

开发导向。可依托现有生态资源，导入游乐、休闲等游憩项目，打造水上夜景，同时完善周边相关配套设施。

银色如皋——长寿资源

资源概况。如皋是世界长寿之乡，长寿文化源远流长，有众多长寿文化遗迹、长寿大师，三大长寿专著、三大长寿传奇、三大长寿逸事、三大长寿民俗。

市场竞合。具有世界级的品牌优势，但缺乏世界级的产品转化。

开发导向。进一步包装长寿资源，开发长寿节庆活动，深度挖掘长寿美食、长寿专著、长寿民俗等长寿文化内涵，丰富旅游业态，开发多层次的旅游产品。

红色如皋——红色资源

资源概况。如皋是华东红色革命的摇篮、红十四军诞生地，有被评为4A级景区的红十四军纪念馆和其他众多红色旅游资源点。

市场竞合。以党政公务客源和学生客源为主，管理模式传统，创新力度不足，红色旅游产品面临转型升级、市场受众有限的发展“瓶颈”问题。

开发导向。推出纪念日、红色系列主题活动，进一步激活红色旅游市场，引进现代科学技术，提升展示水平，结合特色产业，丰富红色旅游产品。

金色如皋——产业资源

资源概况。如皋连续多年被列入全国县域经济百强县，拥有国家经济技术开发区、国家一类开放口岸、国家保税物流中心、国家级农业科技园核心区等多个产业开发平台。

市场竞合。市场上存在农业旅游、文化旅游、工业旅游等旅游新兴业态，开发了农事体验、科普休闲等各类产品，而如皋“旅游+产业”处于初级阶段，缺乏有效融合。

开发导向。结合农业、长寿文化等特色内容，打造多种旅游项目，丰富旅游体验。

资料来源：奇创旅游集团．旅游资源类型多样的目的地，如何进行资源挖掘、筛选、重组？［EB/OL］.（2020－04－08）. https：//baijiahao. baidu. com/s？id＝1663373491690973991&wfr＝spider&for＝pc.

4～6 人为一组，认真阅读课内阅读资料，讨论完成以下问题：

1. 如皋市核心旅游资源包括哪些？
2. 这些旅游资源分别适合哪些旅游者？

（二）市场需求分析

旅游市场需求的分析可以通过市场调研，对细分市场进行深度研究，研究不同消费群体和需求数量，最终确定合适的旅游目标市场，进行明确的市场定位。

1. 旅游市场细分

旅游市场细分指企业根据旅游者特点及其需求的差异性，将一个整体市场分成若干个具有类似需求特点的旅游者群体的活动过程。经过市场细分后，每一个具有相似需求特点的旅游者群体就是一个细分市场。

一般来说，可以按照旅游者的特点、地理区域、消费心理及购买行为四个方面对旅游市场进行细分。旅游者的特点包括性别、年龄、收入、民族、职业及受教育程度等，如男性和女性的产品需求、购买动机、购买角色有较大差异。地理区域的特征包括不同国家和地区、不同气候等，如北方游客冬季一般选择云南、海南作为外出旅游的首选。心理因素特征包括生活和花费时间、金钱的模式，对待企业或商品的积极或消极态度等，如家庭观念强的旅游者，外出旅行更多选择亲子游或家庭共游等。

2. 确定合适的目标市场

选择目标市场就是确定企业要选择多少个细分市场以及选择哪些细分市场作为重点攻克的目标市场。这就需要综合考虑本企业的实力、市场和产品的同质性、产品生命周期阶段以及竞争状况等因素。

3. 明确市场定位

市场定位准确的关键，一是聚焦，就是针对旅游市场，应锁定那些跟产品特性相匹配的目标市场和目标消费者，而不应贪大求全，过于扩大市场范围；二是实现差异化，就是把旅游产品区别于市场上同类产品的某一种功能或特性，加以概括、提炼和放大，并且通过沟通传达给旅游者，这样才能引起市场注意，便于旅游者的识别和购买。

课内阅读

洲际集团的市场细分

洲际集团采取多元品牌策略，将酒店分为四大系列，针对不同顾客的需求特点，采用不同的名称，提供不同的设施和服务。

洲际酒店，全球性品牌五星级酒店，坐落在大城市和度假区，为客户提供高水准的优质服务；

皇冠假日酒店，大多设在交通枢纽的高档饭店品牌，提供高水准、舒适的服务和娱乐，适合中高端商务和休闲客户；

假日酒店，提供优质的服务、舒适、温馨的环境，性价比高，目标客户主要是商务和休闲旅游者，大多坐落在人们容易到达的地方，如大城市、小城镇、机场或铁路沿线；

快捷假日酒店，是洲际集团的一个新品牌，提供简单、干净、舒适、方便的服务，是一个中档酒店品牌，适合对价格敏感的客户。

资料来源：根据网络资料整理。

4 ~ 6 人为一组，认真阅读课内阅读资料，讨论完成以下问题：

1. 洲际假日集团如何进行市场细分打造不同酒店品牌？
2. 不同品牌分别适合哪些客户群体？

（三）产品定位分析

旅游产品定位实际上是针对细分市场需求为拟策划设计的产品找到合适的位置。旅游产品定位可分为主题定位、功能定位、目标定位等。

1. 主题定位

主题是一个成功的旅游产品策划的灵魂，统率整个项目策划的创意、构想、方案和形象等要素，像一根红线贯穿整个项目策划，使策划的各个要素有机地组合成一个完整的策划作品。深入挖掘主题，提出具有鲜明特色的主题，是形成旅游吸引力的主要源泉和市场竞争的核心。在主题定位过程中，要对产品独特卖点进行高度提炼。例如，云南省瑞丽市姐相乡银井寨确立了“一寨两国”的主题概念，由此衍生出了“一个脚步跨两国”“一架秋千荡两国”“一桌宴席吃两国”“一口水井喝两国”等创意，形成了相关旅游项目。主题概念的提炼不能随心所欲，轻率从事，更不能胡编乱造，应充分调查研究，综合考虑目标市场的心理特征和社会发展趋势，以及资源条件、比较优势、发展愿景和外部环境等因素。

2. 功能定位

旅游产品功能定位指在目标市场选择和市场定位的基础上，根据潜在的目标消费者需求的特征，结合产品的特点，对拟提供的旅游产品应具备的基本功能和辅助功能作出具体规定的过程，其目的是为市场提供适销对路、有较高性价比的旅游产品。影响产品功能定位的因素有企业自身因素、市场需求因素、地域市场因素和消费者因素等。在进行功能定位的过程中，要综合考虑这些因素，并且能够明确哪些因素是决定性因素。旅游产品功能定位策划主要是围绕食、住、行、游、购、娱旅游六要素，追踪游憩方式的变化趋向，策划构建系统的旅游产品综合功能结构。

3. 目标定位

所谓旅游产品目标定位，就是合理地评估旅游产品独特吸引力的水平，推测在旅游市场上可能获得的发展空间，合理地确定旅游市场发展目标。要实现发展目标，需要将项目独特吸引力提升到一定程度，发展重点和关键环节。

（四）产品特色策划与要素组合

产品特色策划是在恰当的资源评价的基础上，准确地定位市场后，对旅游资源及相关各要素进行富有创意的亮点设计。特色策划可以结合旅游者体验需求，既可以从视觉、听觉、味觉、触觉、嗅觉角度直接增强旅游者的体验感，也可以从满足旅游者修学、感悟生命、感悟自然和追寻历史等不同功能需求等方面进行设计。在此基础上，再进行食、住、行、游、购、娱各要素的选取和组合。

1. 吃住行

吃：挖掘具有当地特色的餐食，让游客在旅游过程中体验特色美食，同时也要根据行程需要设计方便快捷的简餐。餐饮策划有餐饮环境、菜谱、服务方式和娱乐活动。餐饮类型有餐饮一条街、农家乐、户外烧烤、特色餐馆、宴会餐厅、主题餐饮等。餐饮方式有“餐饮＋歌舞”表演、“餐饮＋康体”活动、“餐饮＋郊野”娱乐、“餐饮＋门票”赠送等。

住：住宿策划要形成合理的档次结构，提升传统的住宿功能，在一定程度上达到住娱合一，使旅游者通过住宿享受到当地文化的独特韵味。例如，北京的四合院、湘西的吊脚楼、黔西南的石板寨、陕北的窑洞、东北的大炕和闽西的土楼等都可以策划成集住宿功能和文化体验为一体的旅游载体，从而让旅游者获得独特的旅游体验。住宿形式有地方主题酒店、地方特色建筑酒店、家庭民居旅馆、户外野营、标准酒店、假日村与度假小屋等。

行：旅游目的地至客源地的交通方式有火车、飞机、游船、汽车等，景区内的游览交通方式有索道、骑马、电瓶车、游船、竹筏、小火车、滑竿、滑道、雪橇和观光电梯等。根据路途的远近、旅游者年龄和偏好等选择不同的交通方式。有时交通也是构成亮点的重要内容，如穿越英吉利海峡的欧洲之星海底高铁、瑞士因特拉肯到卢塞恩的全景观黄金列车等。

2. 游览

游览策划要让旅游者观赏更优美的景点，体验更多的游览方式，拥有更多的观赏时间。除突出旅游景区的游览策划外，还要强化旅游目的地大环境的各种细微元素的设计。因为从旅游者踏上旅游目的地的那刻起，旅游者就是以一种好奇的、观赏的眼光去看待周围的一切，并留下一定的旅游感知。根据游览目的和游览内容，游览可分为观光类、历史文化类、商务类、度假类、康体类、教育类、生态类、探险类、节事类、养生类和主题类等，应针对不同需求，策划相应的游览方式，从而创造出旅游者的深度体验。

3. 娱乐

充分挖掘当地的特色文化，把丰富的文化内涵寓意在新奇的娱乐方式中。旅游中的娱乐首先是民族化、地方化和民俗化，具有当地民族特色的娱乐方式，既能让旅游者增长知识，又能使旅游者得到一次全面、深刻的游乐体验。娱乐活动包括文化娱乐（影视、音乐和戏剧）、游艺体育运动（滑雪、健身、高尔夫、游船和各种比赛）、表演型（民俗风情、历史文化表演、体育竞技和动物表演）、参观型（民俗、服饰和艺术展示）和参与型（游乐园、机械设施和互动游戏）等。

4. 购物

旅游商品的策划一定要注重它的文化内涵，要突出地方特色、民族特色和民间特色，要有独特的创意、精美的艺术制作和良好的质量。购物类别包括纪念品、土特产、工艺品、玩具和其他旅游纪念品。购物方式有免费赠送、主动购买，以及“购物+门票”等。购物环节需要根据旅游者的意愿自由选择，切不可强买强卖。

5. 各要素组合

在完成各要素亮点策划后，要进行行程的总体设计，包括游览路线、交通工具、游览景点、娱乐活动、购物活动、住宿以及餐饮等。需要通过已有渠道、合作机构或网络平台收集餐饮、住宿、交通工具等基本信息，并将这些要素组合成一个完整的旅游线路产品。线路产品按照接待条件可分为经济型、标准型、豪华型三类。

二、旅游产品策划的原则

1. 以游客为中心的原则

旅游者是旅游活动的主体，旅游线路策划的关键是适应市场需求，即必须最大限度地满足旅游者的需求。旅游者对旅游线路选择的基本出发点是时间最省，路径最短，价格最低，景点内容最丰富、最有价值。由于旅游者的来源地、身份和旅游目的各不相同，因而旅游需求也不同。应根据旅游者的需求特点，结合不同时期的时尚和潮流，策划适合市场需求的旅游线路产品，并能够创造性地引导游客消费。

2. 主题突出的原则

个性化旅游的需求推动旅游走向主题化和特色化，主题突出可以使旅游线路充满魅力和生命力，而特色则依靠性质或形式有内在联系的旅游点。由于人们求新求异的心理，普通功能的景区和游线难以吸引游客“回头”，即使是一些著名景区和游线，也需要针对不同细分市场的具体需求形成鲜明的主题，使产品具有“新”和“奇”的特点，这样才有较大的旅游吸引力。

3. 可进入性的原则

可进入性主要指交通条件。没有通达的交通，就不能保证空间移动的顺利进行，就会出现交通环节上的“压客”现象，即使徒步旅游也离不开道路。因此，在策划线路时，对于目前不具备交通要求或交通条件不佳的景点或景区，即使具有很大潜力，也应慎重考虑，否则可能导致游客途中颠簸，游速缓慢，游览密度和深度不够，影响旅游者的兴致和心境。交通的衡量标准可以概括为“进得去”“散得开”“出得来”。同时，应尽量保证交通安排的衔接，减少旅游者的等候时间，更要有基本交通安全保障。

4. 内容丰富原则

线路策划中，旅游景点应力求各具特色，在吃、住、行、游、购、娱的编排上，尽量避免重复和雷同，并围绕产品主题安排丰富多彩的旅游项目，让旅游者通过各种活动，满足旅游者的求知、求新、娱乐和休闲的需求。同时，考虑到旅游者的心理状况和体能，结合旅游景观类型组合和排序，动静结合，使旅游活动安排劳逸结合，有张有弛，如自然景观应与人文景观交叉，团队餐与风味餐搭配，以及白天的游览与晚上的娱乐节目相配合等。在行程受条件限制的情况下，可以在突出某一主要活动的同时，增加一些富有特色的次要活动，可以用自费项目的形式满足不同游客的需要。

5. 布局合理的原则

一是避免重复。旅游线路可以是线形、环形和网状等，尽量不走“回头路”。尽可能将不同性质、景色相异的旅游景点安排在同一旅游路线上，避免风格类似的旅游景点和旅游项目同时出现。二是点间距适当。尽量使整个游程中旅行时间不超过全部旅程时间的1/3。三是时间合理。尽量缩短交通时间，如上午安排景物比较丰富的景区，下午可以适当休闲，晚上再安排一些适宜的演出或娱乐活动。四是适量择点。在既定的时间条件下，应该安排适当数量的旅游景点，避免旅游者在过多的游览景点间奔波而产生紧张感和疲劳感，或者因为走马观花无法细致地了解旅游景点。五是机动灵活。旅游线路的策划要留有余地，执行过程中可灵活掌握，同时提前制订备用方案和突发事件应对措施，遇到特殊情况时可以更改线路或采取紧急补救措施。

【思政之窗】

旅游是创新创业的沃土

根据文化和旅游部的统计数据，2019年中国旅游业对GDP的综合贡献为10.94万亿元，占GDP的11.05%。旅游直接就业2825万人，旅游直接和间接就业7987万人，占全国就业总人口的10.31%。当前，我国旅游发展正在实现六大转变，其中之一就是从传统模式向创新推动转变。旅游业成为“大众创业、万众创新”最活跃的领域之一。创新创业不仅为旅游业带来了更多的就业机会，也让游客有了更多选择，对旅游体验更加满意。

在开放红利和消费红利的共同推动下，中国不仅是重要的目的地国也是重要的客源国，已经成为世界旅游的主角。之前，旅游业可以用资源换市场、市场换资本、市场换管理等方式实现增长。但未来，受商业和科技模式创新、消费行为转变等多重因素影响，基于互联网技术、小微、新业态的产业创新十分活跃。旅游业发展新引擎是创新创业，不断引入新理念、新思维来满足日益差异化的旅游价值追求。

资料来源：凤凰网旅.2019 年旅游业对我国 GDP 综合贡献 10.94 万亿元，占 GDP 总量 11.05%[EB/OL].(2020－03－10). https://travel.ifeng.com/c/7ujLcuLpxYW.

思考问题：如何理解旅游业成为创新创业的沃土？
提示：随着旅游消费需求不断升级，从事旅游业的人越来越多。随着中国特色社会主义市场经济的完善和发展，市场成为旅游业发展的主要动力，旅游业成为创新、创业的最活跃领域之一。人民生活水平日益提高，对旅游产品需求呈现出差异化、个性化、品质化等特征，现有的标准化、流程化旅游服务无法满足这种需求，也为旅游业创新、创业提供了重要条件。

【任务执行】

旅游线路产品策划的准备

掌握旅游线路产品策划的流程、策略及原则，能够分析当地旅游资源、市场需求，进行产品定位和亮点设计，为第三章主题旅游产品设计做好准备。

第一步：实训前准备。要求学生提前阅读与本单元内容相关的文献资料，熟悉相关知识点。

第二步：4~6 人为一组，讨论确定某地作为旅游目的地，分别收集该旅游目的地的旅游景区情况、现有旅游线路产品的亮点等素材资料，完成表 2－2－1。

表 2－2－1　旅游产品策划收集资料素材

序号	旅游目的地名称	旅游资源及相关景区	现有旅游线路产品的亮点
1			
2			
3			
4			

第三步：初步分析当地旅游资源优势、市场需求和产品定位以及拟设计旅游产品的亮点，完成表 2－2－2。

表 2－2－2 旅游产品策划前相关分析

序号	旅游目的地名称	旅游资源分析	市场需求和产品定位	拟设计旅游产品的亮点
1				
2				
3				
4				

第四步：以小组为单位，制作展示 PPT，进行 10～15 分钟的现场汇报，每位同学都要参与 PPT 制作和展示。

第五步：小组自评和互评，教师点评。

【课后作业】

扫码测试

【拓展阅读】

丽江精品旅游

丽江市具有的旅游资源、旅游品牌、旅游市场和旅游产业优势，奠定了其在生态旅游区中的主导性旅游地位。

旅游资源优势。旅游资源数量丰富、类型齐全、特色鲜明。丽江同时拥有“丽江古城”“三江并流”“东巴古籍”三个“文化”“自然”“记忆”世界遗产，正在申报世界文化遗产的泸沽湖摩梭文化、世界自然文化遗产的宝山石头城以及世界非物质口传遗产的纳西古乐等均为国内外知名的世界级、国家级旅游资源。旅游资源之丰富、品位之高、聚集性和垄断性举世罕见。

旅游品牌优势。拥有世界“文化”“自然”“记忆”遗产三顶桂冠的丽江旅游，在国内外享有较高的知名度和美誉度。丽江市先后被评为“全球人居环境优秀城市”“中国优秀旅游城市”和“全国文明风景旅游区”，荣获“世界上最令人向往的旅游目的地”“中国最美丽的地方”和“欧洲人最喜爱的旅游城市”等殊荣。

旅游市场优势和产业优势。丽江市形成了相对合理、比较优越的客源地域结构，旅游经济具有收入高而漏损小的特色，游客旅游消费水平较高。旅游产业不断壮大，旅游经济指标持续快速增长，旅游在全市经济发展中的地位和作用日益突出。

柔软的丽江时光——丽江精品七日游

线路特色。原味映象线路——丽江古城、木府、束河茶马古镇、泸沽湖、万里长江第一漂，将丽江玩出深度、玩出细腻、玩出感情！景点魔方，任意组合！

细腻映象。丽江古城（AAAA）—束河古城（AAAA）—玉水寨（AAAA）—玉龙雪山（AAAA）。

第一天：住丽江，游览古城四方街、木府、玉河走廊、黑龙潭、遗产公园、束河古镇。

第二天：住丽江，游览白沙古村、玉峰寺、玉水寨、东巴万神园、玉柱擎天、东巴谷。

第三天：住丽江，游览玉龙雪山、白水河、甘海子、黄山白华民俗村、文笔山。

第四天：住黎明，游览拉市海湿地公园、长江第一湾、虎跳峡、石鼓、黎明。

第五天：住丽江，游览千龟山、黎光卧佛、丽江。

第六天：住泸沽湖，在丽江乘车前往泸沽湖、摩梭家访。

第七天：泸沽湖泛舟，游览里务比岛，乘车返回丽江，行程结束。

“到中国最美的地方转个圈”

- “小资的天堂、行者的圣境”——省内精品环线

线路一：（自然风光游）丽江—泸沽湖—迪庆—丽江

线路二：（民俗文化风情游）丽江—大理—永胜—泸沽湖—丽江

- “与神山圣水的约会”——滇川环线

线路：（自然风光、民俗文化风情游）丽江—泸沽湖—稻城—乡城—迪庆—丽江

- “聆听东巴的圣音、沉醉康巴的风情”——东巴—康巴文化环线

线路一：（东巴—康巴文化游）丽江—迪庆—芒康—昌都—甘孜—理塘—稻城—泸沽湖—丽江

线路二：（东巴—康巴文化游）丽江—迪庆—芒康—巴塘—理塘—稻城—泸沽湖—丽江

- “悠远的茶马古道”——中国茶马—西南丝绸古道环线

线路：（中国茶马—西南丝绸古道游）丽江—迪庆—稻城—理塘—康定—雅安—成都—西昌—攀枝花—泸沽湖—丽江

- “到中国最美的地方转个圈”——大香格里拉环线

线路：（大香格里拉游）丽江—迪庆—芒康—左贡—八宿—鲁朗—林芝—巴松

措—拉萨—当雄—那曲—巴青—丁青—昌都—德格—新都桥—丹巴—成都

资料来源：骆静珊．中国香格里拉生态旅游区丽江旅游线路产品研究［J］. 昆明大学学报，2006，17（2）：5.

如何在电脑上用行程助手进行旅游线路策划

专业的旅游机构一般自行研发内部旅游计调平台，可以自动调取相关的要素信息。但我们也可选用穷游等在线旅游企业提供的开源程序来定制旅游线路，规划旅游行程。具体操作方式如下。

第一步，登录穷游官方网站，点击上方的行程助手一栏。

第二步，进入行程助手页面后，可以在下方直接输入目的地参考、复制他人的行程；如果自己制定行程，则选择创建新的行程。

第三步，选择创建新的行程后，就会进入选择目的地页面，以罗马为例，在目的地输入“罗马”，点击“＋”将其添加至行程。

第四步，可以在左侧选择目的地中搜索添加其他城市，调整游玩天数，也可以更改出发城市，选择出行日期等。如果没有决定出行日期也可以先不选。

第五步，行程助手会智能推荐附近的城市，之后点击下一步。

第六步，行程助手会询问行程安排的喜好和酒店的喜好，并推荐景点和酒店；如果想之后手动添加也可以先不选。

第七步，可以制定自己的详细行程，按天选择自己喜欢的景点、美食、住宿、交通，在中间一栏填写日期下方的城市名称，增加想去的城市。

第八步，可以选择智能优化和智能推荐酒店，让行程助手安排。

第九步，制定好行程之后，可以选择地图模式查看景点位置、预览路线并作出调整。

第十步，可以点击右上方导出行程，选择 PDF 详细行程单。

第十一步，生成 PDF 详细行程单后点击右下角的保存按钮，将行程保存到电脑里。

第十二步，生成最终行程单。

资料来源：穷游行程助手．穷游行程助手 3.0 新版使用指南［EB/OL］.（2016－03－09）. https：//bbs. qyer. com/thread－2482054－1. html.

单元三　旅游产品的定价

【学习目标】

1. 掌握影响旅游产品价格的因素；

2. 理解旅游产品定价的方法和定价策略，能够综合运用并分析旅游企业产品定价的原因；

3. 了解旅游景区公益性质，提升对本专业的认知、理解和热爱。

【课堂导入】

北京环球影城门票定价

北京环球影城2021年9月盛大开业，其指定单日门票采用四档票价结构，推出淡季日、平季日、旺季日和特定日门票。其中，淡季日门票价格为418元，平季日门票价格为528元，旺季日门票价格为638元，特定日门票价格为748元。

除标准票外，北京环球影城还将为特殊群体提供优惠，儿童（购票当日3～11周岁）、老年人（购票当日65周岁及以上）以及残障人士（须提供有效残障人士证件）均可享受当日单人门票价约七五折优惠。3周岁（同行游客购票当日）以下的婴幼儿可以免票进入。

此外，北京环球度假区飞猪旗舰店推出了新品夏秋漫游卡，在有效期内可多次入园。夏秋漫游卡根据有效期可以分为臻享版、尊享版和悠享版，臻享版可提供不少于200天的出行周期，节假日及周末均可预约出行。尊享版和悠享版分别提供不少于171天及136天的出行周期，尊享版大部分周末可约，悠享版适用于平日。三种漫游卡的价格也不相同，成人票分别为2450元、1850元和1350元。同时，针对儿童以及老年人，夏秋漫游卡将提供优惠价格。

资料来源：底伊乐．北京环球影城主题公园票价公布，418元起玩转全球开园规模最大的环球主题公园［EB/OL］．(2021－09－01)．http：//k. sina. com. cn/article _ 5182171545 _ 134e1a99902001550s. html.

4人为一组，认真阅读导入材料，思考以下问题：

1. 北京环球影城门票的定价有哪几种？为什么要采取不同的定价？
2. 与上海迪士尼乐园、广州长隆度假区等相比，北京环球影城的定价合理吗？

【知识讲解】

在购买旅游产品时，价格是最敏感的因素之一。在进行旅游产品设计后要根据定价目标选择合适的方法和策略，最终确定产品价格。

一、旅游产品价格的构成

无论是单项旅游产品还是线路旅游产品，其价格都由成本和盈利两部分构成。旅游产品的生产成本主要由三部分组成，一是提供旅游服务所依赖的旅游接待设施设备、交通运输工具、建筑物以及各种原材料、燃料、能源等成本；二是旅游企业从业人员的工资；三是旅游企业的经营管理费用。线路旅游产品是将多个单项旅游产品组合在一起提供给旅游者，因此其价格由购进成本与旅游企业的自身经营成本和利润构成。由于旅游企业批量购进，其获得的产品组合价格一般比旅游者单独、多次购买的总费用低。

二、影响旅游产品价格的主要因素

（一）旅游产品定价目标

旅游企业的产品定价要服务于企业的市场战略，其旅游产品的定价目标针对不同时期、不同季节、不同市场竞争情况都有所不同。

1. 维持经营目标

旅游企业以收入能覆盖其经营成本，保证正常的生产经营活动为目的来制定价格。这种定价目标一般在产品过剩、竞争激烈，企业面临生存危机的时候采用。只有维持盈亏平衡，企业才能生存维持下去。

2. 利润最大化目标

利润有长期和短期之分，一般企业的总体目标大多选择长期利润最大化，但定价策略在短期内可以调整。例如，大多数旅游企业都会在旅游旺季提高产品价格以实现利润最大化。当然，需要注意的是，选择这一目标并不一定通过调高价格，因为有时适当降低价格反而会使销售量增加，从而引起收入和利润的增长。

3. 市场份额最大化

低价是实现旅游企业市场份额最大化目标的重要手段。因为低价格往往能吸引更多的游客，而大量购买产生的规模效应又会降低旅游产品的成本，这就使旅游企业既能保持具有竞争力的价格，又不会减少相应的利润。

4. 质量优先目标

旅游企业为了维护和提升企业形象，或者在激烈的竞争中脱颖而出，在旅游者对其品牌形象较为认可的情况下，会采取高质量、高价格的定价策略，目的是体现其产品核心价值。

（二）产品成本

企业要想维持简单再生产，价格必须高于成本，可以说成本是制定产品价格的下限。但有时为了服务某种特定的营销手段，旅游企业也会在短期内把价格降至成本以下。

固定成本。固定成本不随旅游企业产品销量变动而变化，如旅游企业租赁房屋支出、设备设施费用等。

变动成本。变动成本指随着旅游产品销量变动而变化的成本，如旅游企业产品各要素的采购成本、员工工资、营销费用等。

总成本。固定成本与变动成本之和为总成本。

课内阅读

春风旅行社银川一日游价格方案

春风旅行社推出了银川的镇北堡影视城、贺兰山岩画、拜寺口双塔、西夏王陵一日游与贺兰山岩画、拜寺口双塔、苏峪口国家森林公园一日游两个产品。由于是一日游，因此报价只包括交通费、门票费、导游费和保险费等。

交通价格参照各大汽车租赁公司价格：15 座中巴车（包括司机）每天 650 元。门票价格参照携程网价格：贺兰山岩画 54 元，西夏王陵 50 元，拜寺口双塔 10 元，苏峪口国家森林公园 54 元。导游服务费每天 60 元，保险费每人 10 元。应纳税费方面：由于企业所得税是旅行社每一纳税年度的各项企业收入和企业外收入总额减除准予扣除的各项费用、支出后的余额，因此这里暂不考虑企业所得税，只计算营业税、城市维护建设税和教育费附加。

春风旅行社银川一日游的两个线路价格方案如下所示：

项目	线路一	线路二
交通	15 座中巴（包括司机）650 元	
门票	2610 元	1770 元
导游服务费	60 元	60 元
保险	150 元	150 元
服务成本合计	3470 元	2630 元
营业额	850 元	2630 元
应纳税费	46.75 元	84.7 元
利润	803.25 元	1455.3 元
单位总成本	234.45 元	180.98 元
旅游企业报价	288 元	278 元

资料来源：吕汝健，刘俊丽．旅游市场营销实务［M］．北京：清华大学出版社，2014.

4~6 人为一组，认真阅读课内阅读资料，讨论完成以下问题：
1. 银川一日游的旅游产品价格成本包括哪些？
2. 银川一日游在计算成本时存在什么问题？

（三）目标客户需求

成本是旅游产品定价的下限，旅游者的需求就是旅游产品定价的上限。影响目标客户需求的因素主要包括：旅游者的货币支付能力，目标客户的收入水平决定其对旅游产品价格的承受能力；旅游者对旅游产品的认知价值，即旅游者认为旅游产品能为其带来的生理和心理效用的总和，认知价值也是旅游者对旅游产品价格的认同程度；旅游产品需求强度，对旅游产品需求强的旅游者对旅游产品价格的敏感度就弱，价格高低对其购买影响不大。

（四）企业市场定位

企业的长期发展战略需要对企业进行市场定位和产品定位。如果企业将某个旅游产品定位为豪华行列，则要通过与同行保持价格差距来展示产品质优，同时也要竭力维持价格稳定，不能轻易变动。例如，定位为超豪华级的南极游，其供给量十分有限，主要针对一个为数不多的特殊目标群体，其产品高价对其他细分市场的旅游者形成了一种壁垒，同时也确保了对该特殊目标群体客户的良好服务。

（五）竞争状况

旅游企业在向市场推出新产品时要了解竞争者产品的情况。旅游企业面临的竞争市场包括完全竞争市场、垄断竞争市场、寡头竞争市场以及不完全竞争市场。如果企业处于垄断竞争市场，则对价格具有完全的控制力。在不完全竞争市场中有很多竞争者，它们提供的产品在品质、特色、服务等方面都具有一定差异，因此交易价格并非单一的统一价格。旅游企业提供的旅游产品大多近似完全竞争，提供的产品差异性较小，因此更需要挖掘产品的独特性和新颖性，才能提高定价，否则就只能随行就市。

三、旅游产品的定价方法

产品价格受到定价目标、产品成本、市场需求以及竞争者的影响，因此在进行产品定价时要综合考虑这些因素。总体来看，旅游企业多采取以下三种定价方法。

（一）成本导向定价法

这种方法是以旅游产品的成本作为主要依据的定价方法。按照核算成本方式的不同，又可分为以下几种。

1. 成本加成定价法

成本加成定价法是旅游产品的单位成本加上以一定的成本利润率计算的利润进行定价的方法。成本利润率是利润总额与成本总额的百分比。成本加成定价法是成本导向定价法中最简单的形式。计算公式为

单位产品价格 = 单位产品成本 ×（1 + 成本利润率）

例如，某旅行线路产品的单位成本是 1000 元，成本利润率是 20%，则该线路产品的售价是 1200 元。

成本加成定价法的优势是计算简单、方便易行，但忽略了市场竞争、供需变化等因素，主观性较强。

2. 目标成本定价法

目标成本定价法不是以当前的实际成本而是以期望达到的目标成本为依据，并结合目标利润来定价的方法。这种定价方法建立在旅游企业长期战略、总体利益和市场竞争力的基础上。由于预期成本低于当前的实际成本，价格在市场上比较有优势。计算公式为

单位产品价格 = 目标成本 ×（1 + 目标利润率）

例如，某旅游产品当前的实际成本是 1000 元，但考虑到定价未来在市场中比较有竞争力，经计算盈亏平衡点，将目标成本调整为 900 元，目标利润率为 20%，则该旅游产品定价为 1080 元。

目标成本定价法是根据预估的销量推算的目标成本，由于旅游行业的竞争性及不确定性，预估的销售量未必能够完成。因此，按照此方法进行产品定价的旅游企业需要具有较强的产品生产、销售和管理能力，能够较好地整合上下游资源对未来生产经营的变化具有预测和应对能力。

3. 边际贡献定价法

边际贡献是单位产品销售收入减去变动成本后的余额。这个余额用于补偿固定成本费用。在达到盈亏平衡点之前，所有销售出去的产品获得的边际贡献的总额都用于补偿固定成本费用。在达到盈亏平衡之后，也就是售价大于成本后，企业才能实现盈利。这种定价方法实际上就是价格高于变动成本就可以销售。计算公式为

单位产品价格 = 单位变动成本 + 边际贡献

例如，某旅游企业在淡季推出五日游线路产品，交通费用 1200 元，餐费 400

元，导游服务费100元，门票200元，住宿费800元，固定成本200元，共计2900元。由于处于淡季，按照2900元可能难以销售，此时可以采取边际贡献定价法，扣除固定成本200元，把价格定在2700元。

（二）需求导向定价法

这种定价法是根据旅游者对旅游产品价值认可、需求程度及价格接受能力进行定价。

1. 理解价值定价法

理解价值定价法指根据旅游者对旅游企业的产品价值理解和认知程度来定价。因此，旅游企业要正确把握旅游者的消费心理，分析他们的价值观，使企业制定的价格能够符合旅游者的判断。此外，旅游企业也要积极使用各种营销手段和方法，对旅游者施加影响，增强其对旅游产品购买的“获得感”。

2. 需求差异定价法

需求差异定价法又称差别定价法，指旅游企业针对不同的旅游时间、地点、收入等制定不同的旅游价格。不同职业、阶层、收入、年龄和教育背景人群的旅游需求不同，支付能力和价格敏感程度也不同。因此，可以针对不同的需求设计相应的主题产品并定价。相同的产品针对不同地域的旅游者，其价格也会有所差异，主要视目的地旅游者的消费水平和接受程度而定。不同季节、时间，旅游产品的成本及旅游需求程度也不同，其定价也会相应产生差异。

课内阅读

大数据“杀熟”

近期，外出游玩的程先生花217元通过某App预订了一家酒店。出于好奇，他和朋友又打开另一部手机搜索了同一酒店。令他们惊讶的是，相同入住日期的同一房型，在另一手机上价格为169元，再换一部又变为175元。

近年来，随着互联网不断渗透人们的生活，消费者对于这样的大数据“杀熟”并不陌生。用户性别，所在区域，使用的设备型号，浏览商品的类别、价格、停留时间等各种消费行为，都被一套特定的算法标记。一些网络购物、交通出行、在线差旅平台根据算法识别出客户对价格的接受程度和敏感程度，并据此进行差异化的产品定价。这种做法显然是有悖社会道德准则的。

大数据“杀熟”背后深层次问题就是算法统治，算法统治就是最大的垄断，算法垄断表现得更隐蔽和不透明。因此，治理大数据“杀熟”应该让算法公开透明。公开之后还要让用户有选择的权限，即是否允许收集个人信息由用户决定。这就要求互联网平台主管部门建立算法分级分类安全管理制度，对算法推荐服务依法开展安全评估和监督检查工作，要求平台对发现的问题限期整改。另外，也需要积极发挥行业自律作用。可以通过组织协调行业发布诚信“红黑名单”，定期披露平台企业履约情况，相关企业的经营行为必须要以法律为基本准绳和底线，不断提升自身经营的合规性，杜绝侵犯消费者权益的事件发生。

资料来源：上游新闻．岂能任由大数据杀熟，数据背后的算法垄断必须杜绝[EB/OL]．(2022－08－04)．https：//police. news. sohu. com/a/574191571_120388781？scm＝9010. 8002. 0. 0. 0.

4～6人为一组，认真阅读课内阅读资料，讨论完成以下问题：

1. 大数据杀熟实际上采用哪种定价方法？
2. 互联网平台利用海量数据进行差异化定价正确吗？为什么？

（三）竞争导向定价法

竞争导向定价法是以市场上竞争对手的价格作为制定旅游企业同类产品价格的依据。

1. 率先定价法

率先定价法指旅游企业根据市场竞争状况，结合自身实力，率先打破市场原有的价格格局，制定具有竞争力的产品价格。一般实力雄厚或产品独具特色的企业会采用此类方法。首先，将竞争产品价格与企业估算价格进行比较，分出高于、一致、低于三个层次，将产品的功能、质量、成本、特色等与竞争产品进行比较，找出优劣势；其次，结合产品特色、优势及市场地位等确定合理的产品价格；最后，跟踪竞争产品的价格变化，及时对本旅游产品的价格作出调整。

2. 随行就市定价法

随行就市定价法指旅游产品的价格与同行的产品价格水平保持一致，主要应用于需求弹性较小或供求基本平衡的产品。随行就市定价法可以避免过度竞争，降低市场风险，获得适度利润和市场份额。目前，旅行社大多采用这种定价方式。

四、旅游产品的定价策略

（一）心理定价策略

心理定价策略指旅游企业根据消费者对价格的心理反应特征，制定对产品销售有利的价格，提高消费者的购买满意度。

1. 尾数定价策略

尾数定价策略指利用人们对数字认知的错觉和求便宜的心理，在定价时保留零头。如企业可以把 2 元的产品定价为 1.99 元。虽然 1.99 元与 2 元差距不大，但看上去 1.99 元要便宜得多。另外，为迎合消费者购物求吉利的心理，旅游企业也可以在产品定价时以 8、6 等数字结尾。

2. 声望定价策略

声望定价策略指旅游企业对具有较高知名度和信誉度的旅游产品制定较高的价格。这种策略主要是针对旅游者希望显示优越感的心理需求制定的，例如在本地区享有盛誉的高端餐厅、五星级品牌酒店用餐或住宿，更多地表明自己的地位或品位。

（二）折扣定价策略

折扣定价策略指旅游企业保持产品的基本标价不变，通过给予一定折扣，把一部分利润转让给旅游者，增加产品销售量，提高市场占有率。

旅游企业可以采取累计数量折扣，一次性购买数量折扣或季节性折扣等方法，对旅游者消费的产品进行单独折扣定价，目的是鼓励旅游者大量购买本企业产品，形成品牌吸引力。

（三）招徕定价策略

招徕定价策略指旅游企业特意将几种产品的价格定得较低，发挥其促销导向的作用，吸引潜在的旅游者，从整体提高企业的销售收入。例如，超市定期推出一些低价商品，或在某些节日和季节适当降低某些产品价格，增强顾客经常前来购物的吸引力，同时也带动了其他产品的销售；直播购物经常会打造低价“爆款”，提高知名度，引来流量，带动产品销售。

（四）新产品定价策略

旅游产品具有一定的生命周期，在生命周期的不同阶段，定价策略也各有不同。新产品定价需要根据市场需求、竞争情况等因素综合考虑。

1. 撇脂定价策略

撇脂定价策略是一种高价格策略，适用于特色鲜明、垄断性强，其他企业在短时间内难以复制的旅游新产品。这种定价策略有利于在市场上迅速建立优质的市场形象，形成良好的品牌和口碑效应，同时有利于快速收回投资，取得丰厚利润。

2. 渗透定价策略

渗透定价策略是一种低价格策略，定价的核心是薄利多销，适用于产品刚刚推出，急需打开销路，以及产品稳定成长，期望尽快提高市场占有率的情况。这种方法对价格敏感的旅游者效果较好，低价能够刺激销量的大幅增长，旅游产品的单位成本会随着销量的增加而大幅下降。

课内阅读

环游世界 60 天

携程顶级旅游品牌 HHtravel 鸿鹄逸游宣布推出“环游世界 60 天”，并定于 2017 年 1 月 9 日中午 12：00 正式开卖，限量发行十席，售价 101 万元。此次专为高端旅行者打造的圆梦行程，60 天环游世界五大洲和南北极，涵盖 18 个国家和地区。一次造访世界南极、北极两大极圈，世界三大瀑布之一——伊瓜苏大瀑布、印加失落之城马丘比丘，人类神秘不解之谜——纳斯卡线、复活节岛，以及一年一度的千载盛会——2018 年巴西狂欢节。

全球经典旷世奇景加上深受高端客群追捧的稀缺旅行安排，环游世界 60 天还是全球环游史上唯一全程提供中文服务的私家团。HHtravel 鸿鹄逸游将带给顶级旅行家一段巅峰之旅！

资料来源：航空旅游网．HHtravel 鸿鹄逸游全新打造环游世界 60 天［EB/OL］.（2016－12－29）. http：//news. cnair. com/c/201612/75550. html.

4～6 人为一组，认真阅读材料，思考以下问题：

1. “环游世界 60 天”的旅游产品采取了什么定价策略？
2. 该产品的消费者细分市场有什么特色？

五、旅游产品的计价方法

1. 旅游产品的成本

旅游产品的成本包括各项消费要素费用、综合服务费、附加费、固定成本等。住宿费根据酒店不同等级有较大差异，可根据旅游企业与酒店的协议价格核算。计算房价时，要注意房型，一般标间住两人，如果客户有单住一间（大床房）的特殊要求，或者出现单男、单女时，需要补相应房价差。餐费一般按照人数和平均单价进行核算，早餐通常包含在酒店房费中，如果早餐不包含在房费中，则需另外计算。团队游一般包含首道大门票，自主选择的观光车、索道费用及游览项目由客人自理，因此需单独核算。导游服务费包括领队、全陪、地陪和景区讲解员的服务费用。保险分为旅行社责任险和旅游意外险。旅行社责任险的投保人为旅游企业，一般计入固定成本中；旅游意外险的投保人为游客，一般由旅游企业代为购买，作为要素费用核算在产品成本中。固定成本是旅游企业在经营过程中的固定成本，如房屋租赁物业费、水电费、管理人员工资、税费等，需要以人均每天的成本计入价格中，一般采用“综合服务费”的方式计入成本。

2. 成本核算方法

成本核算要确定几个基本条件：一是线路，这是成本核算的基本依据；二是标准，如餐饮标准、酒店等级、火车或飞机座位等级等；三是日期，淡旺季的价格差异较大；四是游览和娱乐内容，指线路产品中已包含项目及游客自选项目。

3. 成本加成率

旅游企业大多采用成本加成方法核算旅游产品价格，对旅游线路产品来说一般成本加成率为10% ~15%。普通观光类产品的成本加成率低于15%，主题特色产品或出境游产品的成本加成率一般在15%以上。

【思政之窗】

摆脱门票依赖　促进旅游业从门票经济向产业经济转变

2020年以来，旅游业受疫情影响较为严重，但旅游消费需求仍然旺盛。为推动旅游市场加快复苏，各地出台了不少新举措。近日，山东省相关部门宣布，将大幅降低81个国有景区的门票价格，执行二至五折的票价优惠。消息一出，就受到广泛好评，网友纷纷留言点赞。

景区门票价格一直是旅游市场备受关注的话题。少数地方过于看重景区门票收入，景区门票价格连连上涨。这不仅影响人们的出游体验，也制约了旅游消费的潜力。提高景区门票价格虽然短期可以带来更多的收入，然而从长期看，景区门票价格过高，不利于社会效益最大化和旅游业的可持续发展。一些地方在发展旅游业过程中，把景区门票作为主要的收入来源，一些地方的景区门票价格管理机制不完善，难以对不合理定价行为进行有效约束，还有一些地方以景区建设管理需要资金为借口，不断提高景区门票价格。过高的门票消费比重，已成为制约人们出游的障碍之一。

近年来，我国对国有景区门票定价制度非常重视，并进行了一系列改革探索，明确了降价的大方向。国家发展和改革委员会2018年印发的《关于完善国有景区门票价格形成机制　降低重点国有景区门票价格的指导意见》明确提出，到2020年，基本健全以景区正常运营成本为基础，科学、规范、透明的景区门票价格形成机制，并提出降低一批重点国有景区门票价格等具体要求。国务院办公厅2019年印发的《关于进一步激发文化和旅游消费潜力的意见》，强调“继续推动国有景区门票降价”。

事实上，风景名胜区、自然保护区、文物保护单位、国家公园等旅游资源，是弘扬传统文化、加强爱国主义教育、保护生态环境的重要载体。依托这些资源建设的景区，具有明显的公共产品属性。在建设和管理相关景区时，应当把“公益”二字放在前面。只有景区门票不断“做减法”甚至免费，才能助力全域旅游“做加法”，突出公共性和公益性，才会让人们享受旅游发展的红利，满足人们对不同地域文化、不同自然美景的体验需求。

旅游经济带动性很强，除门票收入外，旅游拉动的餐饮业、酒店业、交通运输业等相关行业也能带来效益。有统计显示，旅游经济中1元的直接收入可以带来6.8元的间接收入。从旅游产业健康发展的角度看，只有更加强调景区的公共属性，推动一些地方摆脱“门票依赖”，才能促进旅游业加快从门票经济向产业经济转变，更好地发挥景区资源的带动作用。

资料来源：王珂．景区门票降价利在长远［N］．人民日报，2020－08－05.

思考问题：如何理解降低景区门票价格的公益责任？

提示：景区门票的政策性下降实际上是党和政府以人民为中心的发展理念在旅游领域中的具体实践，可以提高人民群众的获得感。山山水水、楼台轩榭都是公共旅游资源，政府确定目标、采取措施压低以国有景区为主的景区票价，让民众得到实惠，共享旅游资源的红利，能够彰显旅游公益责任，是对全民旅游的最大鼓励和支持，是民生实事，办到了民众的心坎上。

【任务执行】

分析线路旅游产品的定价策略

掌握旅游产品的定价方法和定价策略。

第一步：实训前准备。要求学生提前阅读本单元内容相关的文献资料，熟悉相关知识点。

第二步：4～6 人为一组，通过互联网收集至少 3 家旅游企业针对同一类线路旅游产品的报价，完成表 2－3－1。

表 2－3－1　线路旅游产品内容及报价

项目	旅游企业 A	旅游企业 B	旅游企业 C
线路产品的内容			
产品报价			

第三步：分析 3 个不同报价的原因，并通过这些原因推测各旅游企业的定价策略，完成表 2－3－2。

表 2－3－2　线路旅游产品报价差异分析

差异	旅游企业 A	旅游企业 B	旅游企业 C
产品报价			
不同报价的原因			
采取的定价策略			

第四步：以小组为单位，制作展示 PPT，进行 10～15 分钟的现场汇报，每位同学都要参与 PPT 制作和展示。

第五步：小组自评和互评，教师点评。

【课后作业】

扫码测试

【拓展阅读】

旅游线路产品成本测算

类别	项目	门市价	单位	成本价	单位	数量	小计	单位
景点	1		元/人		元/人			元/人
	2		元/人		元/人			元/人
	3		元/人		元/人			元/人
	4		元/人		元/人			元/人
	5		元/人		元/人			元/人
住宿	1		元/人/晚		元/人/晚			元/人
	2		元/人/晚		元/人/晚			元/人
	3		元/人/晚		元/人/晚			元/人
	4		元/人/晚		元/人/晚			元/人
	5		元/人/晚		元/人/晚			元/人
餐饮	1. 团餐		元/人/餐		元/人/餐			元/人
	2. 风味餐		元/人/餐		元/人/餐			元/人
交通	1		元/人		元/人			元/人
	2		元/人		元/人			元/人
	3		元/人		元/人			元/人
娱乐	1		元/人		元/人			元/人
	2		元/人		元/人			元/人
	3		元/人		元/人			元/人
保险		3	元/人	3	元/人/天			元/人
导服		10	元/人	10	元/人/天			元/人
总计			元/人		元/人			元/人

资料来源：根据网络资料整理。

跟团游小问答

问题一：能否推荐一个好玩的地方？

旅游是一种经历，每个人对事物的理解不同，得到的感受也不同。作为旅游线路的设计者和销售者，我只能告诉您，这条线路有什么亮点。但到底哪个适合您，需要您根据自己的喜好去选择。如果您喜欢“小桥流水人家”，就去江南；如果您喜欢历史和文物，就去古都；如果您喜欢躺酒店里，吃饱就睡，睡醒就去晒太阳，就去海岛……

问题二：能保证这个价格是最低价吗？

真不能！即使是同一家旅游企业的产品，去旅游的时间不同，报名的渠道不同，报名人数不同，都有可能价格不同。旅游不要一味追求低价，只要价格和同期市场差不多就行，您需要考虑的是旅游企业对您的服务承诺，而不是价格。

问题三：如果导游有推介的项目，我一定要去吗？

不管是谁，都不能强迫您消费，这个问题的答案一定是“当然可以不去！”

问题四：为什么会有低价团？旅行社不是统一定价吗？

旅游是一个自由竞争的市场，不同季节、不同时间段的机票价格、吃住价格都会有不同程度的上浮或下降，统一定价是不可能的。

资料来源：搜狐网．旅行社内部人员揭秘八大旅游“潜规则”，怎么玩最划算、更好玩［EB/OL］．（2019－10－08）．https：//www.sohu.com/a/346510291_100300555.

第三章　主题旅游产品策划

单元一　红色旅游产品策划

【学习目标】

1. 掌握红色旅游产品的内涵和特征；
2. 掌握红色旅游产品的策划思路和要素配置的方法；
3. 掌握红色旅游产品的设计策略，分析红色旅游产品案例存在的问题；
4. 提高对传播中国红色历史文化的深刻认识，坚定道路自信和文化自信。

【课堂导入】

扫码观看

以 4 ~6 人为一组，查阅网络资料，思考以下问题：

1. 什么是红色旅游？
2. 红色旅游产品具有什么特点？

提示：红色旅游是近年来兴起的新旅游业态，极具中国特色，社会影响力大，群众参与度高，越来越受到旅游市场的高度关注。红色旅游的内涵随着时代演变在不断拓展深化。

【知识讲解】

一、红色旅游产品的概念

红色旅游产品是以红色旅游为主题的旅游产品。红色旅游是中国旅游业态中饱含深刻精神内涵、极具中国特色的重要类型，社会影响力大、群众参与度高，显现了喜人的政治效益、社会效益、经济效益和生态效益。

《2004—2010年全国红色旅游发展规划纲要》将红色旅游定义为以中国共产党领导人民在革命和战争时期建树丰功伟绩所形成的纪念地、标志物为载体，以其所承载的革命历史、历史事迹和革命精神为内涵，组织接待旅游者开展缅怀学习、参观游览的主题性旅游活动。随后，红色旅游内涵得到进一步拓展和延伸，当前，红色旅游产品内容涵盖1840年以来中国人民特别是在中国共产党领导下，争取民族独立、国家富强和人民幸福的全过程。中国大地上发生的以爱国主义和革命传统精神为主题，有代表性的重大事件和重要人物的历史文化遗存都是红色旅游产品的重要载体。其中，中国共产党孕育形成的一系列彰显政党性质、反映民族精神、体现时代要求、凝聚各方力量的红色精神是重中之重。

二、红色旅游产品的特征

1. 思想教育性

旅游者通过红色旅游了解革命历史、学习革命知识、领会革命精神、接受爱国主义教育和革命传统教育。通过陶冶情操、净化心灵，提高旅游者的思想政治觉悟和道德水准，增强爱国主义情怀，坚持四个“自信”。

2. 与时俱进性

红色旅游具有深刻的历史内涵烙印。在挖掘优势文化资源时，内容要与时俱进，符合当代人民的审美需求，符合当前政策要求。利用AR、VR、AI等高科技打造沉浸式红色文化体验，增强旅游者的代入感，让红色旅游更加贴近不同年龄的人群。

3. 政治政策性

红色旅游资源特别是纪念场馆类设施，大多是作为公共服务设施或产品而发挥效能，建设红色旅游设施、发展红色旅游也是政府履行公共服务职能、实施惠民工程重要的举措。发展红色旅游推动了区域经济尤其是革命老区的经济发展，带有明显的政治政策性。

4. 整合性和融合性

红色旅游资源在地理分布上具有零散性、地域性、时代性、主题性的特点。策划红色旅游产品要将自然和人文的旅游资源进行整合和融合，实现不同地区的旅游合作，延长红色旅游产品链。

三、红色旅游产品的种类

1. 长途线路产品

以某一历史事件或人物为线索，将反映这一主题的红色文化遗迹连接起来，形成长途线路产品。例如，以红军长征为主题，从江西到陕北的万里长征路线，以东北抗联为主题的徒步野营路线等。这类红色旅游产品主题突出、特色鲜明，可与徒步、穿越、骑行、野营等个性化旅游方式相结合。但旅途环节较多、成本较高，受众面较小。市面上此类产品数量不多，同质化程度不高。如果能够选择合适的切入点，再加入较强的情景类内容和个性化体验，将会有较好的开发前景和较大的发展潜力。

2. 短途线路产品

以某个旅游景区为中心，将该区的旅游景点与周边的同类或相似的红色旅游景点组合开发，形成短途线路产品。这类红色旅游产品活动集中、旅游时间较短，具有面向客户群广泛、价格便宜等特点。例如，课堂导入材料中的井冈山二日游，即以井冈山为中心点，联合了周边的纪念馆、博物馆和雕塑馆，组合成了短途红色旅游线路产品。

3. 复合线路产品

将红色旅游产品与生态旅游、工业旅游、乡村旅游、休闲旅游等产品相融合，组合各类要素形成具有一定红色文化特点，但又兼具其他类型旅游产品特色的复合型产品。这类产品面向客户群更为广泛，经济效益相对更好，市场化开发也最为成熟，但同质化程度较高，市场竞争较为激烈。以华东旅游线路为例，以上海为中心，将上海淞沪抗战纪念馆、上海一大会址、嘉兴南湖红船、南京雨花台烈士陵园作为红色旅游重点，串联起上海东方明珠、南京夫子庙、周庄和乌镇江南水乡等人文和自然景观，形成复合型红色旅游产品。

4. 青少年线路产品

红色旅游产品具有天然的教育特征，与青少年线路产品具有较大的契合性。可以利用本身的红色旅游资源进行二度开发，根据青少年身心成长规律，开发具有时代特征，符合教育规律的红色研学旅游产品，也可以结合当地自然景观开发其他科普主题，形成红色主题和绿色主题相结合的模式，有助于青少年进一步坚定社会主义核心价值观和理想信念，激发其爱国主义情怀和奋发图强的拼搏精神。

5. 红色主题培训产品

红色旅游与教育培训相融合形成红色主题培训产品，该类产品具有较大的市场发展潜力，定制化、个性化趋势明显。目前，已有不少红色旅游目的地打造成为红色主题培训基地，如井冈山、延安、瑞金、韶山、西柏坡、嘉兴等地已开发了不少主题党日、党性教育、党史教育培训项目，以及重走长征路情景模拟沙盘活动等。

四、红色旅游产品的策划思路

1. 市场调查分析

当前，红色旅游产品的客户群体越来越广泛。除经历过革命历史的中老年群体外，青少年也逐渐成为红色旅游的“主力军”。《中国红色旅游消费大数据报告（2021）》显示，在2021年红色旅游客群中，“90后”“00后”人群占比达到51%以上，红色旅游正呈现越来越年轻化的趋势。因此，需要对红色旅游产品的客户群体进一步进行市场细分，掌握其不同的市场需求，例如，针对中老年群体，多设计体验红色历史文化的旅游产品；针对青少年群体，更注重寓教于乐，引入VR、AR、全息投影等新技术，打造沉浸式的红色旅游体验。

2. 旅游资源分析

红色旅游资源分析是产品策划的第一步。在进行红色旅游产品行程设计之前，首先需要对线路相关的红色旅游资源进行分析。可以从以下几个方面分析并提炼亮点：以爱国主义为核心的民族精神和以改革创新为核心的时代精神，如在革命战争时期形成的井冈山、长征、延安和西柏坡精神；在社会主义建设创业时期形成的雷锋精神、铁人精神、北大荒精神、焦裕禄精神、“两弹一星”精神；在改革开放时期形成的“九八”抗洪、抗击“非典”、抗震救灾精神，航天精神，21世纪的高铁精神等。

3. 确定主题定位

根据市场调研和当地红色旅游资源分析，聚焦细分市场，明确本次拟设计的红色旅游产品的市场定位和主题特色。例如，聚焦青少年群体作为红色旅游产品的细分市场设计红色研学旅游产品，选取井冈山及其周边地区作为主要旅游区域，特色主要体现在亲手制作烈士花圈、绘制长征路线图、学做红色历史影像视频等动手实践操作。

4. 信息收集

收集红色旅游资源所在地区的餐食、住宿、交通、游览、娱乐、购物等要素信息，尤其是与主题定位相关的旅游六要素信息。如不同档次酒店、特色餐食，相关纪念馆、博物馆、革命旧址的位置、详细介绍及价格等信息。这部分内容可以通过列表方式呈现，更加直观清晰。当前一些旅游相关机构自建旅游资源库或线路设计平台，通过快捷筛选游览景点、交通工具、特色餐厅、酒店住宿等信息，减少重复收集信息的人工成本，提高工作效率。

5. 行程设计和要素配置

在充分收集信息的基础上，根据不同细分市场的特定需求，聚焦不同的市场定位和主题特色，选择恰当的餐食、住宿、交通、游览、娱乐、购物项目，将其组合在一条红色旅游线路产品中，既要主题突出、特色鲜明，又要兼顾成本、价格等考虑因素。

五、红色旅游产品的设计策略

1. 增强体验感

红色旅游产品可采用更活泼的表现形式来寓教于游，尽量减少冷冰冰的文字、图片、展物的观赏方式，增强参与性、体验性，使游客在富有乐趣的参与活动中真正理解红色文化的精神，得到更大的收获。通过精巧设计，在满足游客红色精神洗礼需求的基础上，获得多层次的身心愉悦。通过延长游客在红色景区内的停留时间，增强游客的游览记忆，使游客有不虚此行之感。

2. 注重资源融合

“红色 +”的实质是不同旅游资源间的整合，但这种整合切忌简单的“拉郎配”式的组合，而应注重资源间的内在逻辑和相互关联，否则容易给游客造成粗率、生硬、拼凑的负面体验。如西安红色旅游路线，城南的西安事变纪念馆应与曲江、大唐芙蓉园等进行整合，而城北的八路军办事处纪念馆应与大明宫、未央宫、钟鼓楼进行整合。这样可使游客在最短的时间内高效率地体验不同文化，从而事半功倍。

3. 满足不同层次需求

现代游客的要求越来越精细化，虽然众口难调，但个性旅游路线设计的目的就是要满足不同层次的需求。因此，在路线设计方面要坚持分层原则，按板块进行设计，每一个板块下又有若干针对性路线。例如，“西安事变纪念馆 + 城南历史人文”路线板块中，针对喜欢历史文化的游客，应以陕西历史博物馆、碑林、曲江南湖遗址作为主要景观设计路线；针对喜欢潮流文化和古典风情的年轻一代，则应以大唐不夜城“新唐人街”、大唐芙蓉园、大雁塔“再回雁塔”实景表演作为主要景观设计路线。

六、红色旅游产品的要素配置

1. 酒店

红色旅游产品对酒店的要求不高，一般不适宜安排奢华高档酒店，普通标间或同等级民宿即可。还可以考虑安排旅游红色主题酒店或民宿，如延安的窑洞房和土炕床、杭州临安等地具有红色遗迹的特色民宿等。

2. 餐饮

红色旅游的特色餐饮具有鲜明的特征，如小米粥、咸菜、窝窝头等。但在餐食设计上不一定要完全照搬革命战争时期的“粗茶淡饭”，可以选取更优质的食材，采用更可口的烹饪方式，形成独具特色的红色旅游主题餐饮，如“新长征宴”、富硒红米饭、长征野菜、“军民鱼水情”（鱼肉饺子）等。

3. 交通

红色旅游的交通安排较为大众化，以舒适为主兼顾经济性，中远程可选择飞机或者高铁。市内或者跨市可选择经济实惠带空调的旅游大巴车。如果是大众型红色旅游产品，考虑到客户群体年龄跨度大，行车时间不宜过长，不能过于疲劳，要留足休息时间。

4. 游览

参观游览项目要突出主题特色。其中，红色展览馆、博物馆、历史遗迹等旅游景点是重点，如中国共产党第一次全国代表大会纪念馆、延安革命纪念地、西安事变纪念馆、毛泽东故居等，另外可加入观赏性、体验性较强的实景演出、实景搭建等，如“中国出了个毛泽东”“延安保卫战”“12·12 西安事变”等，打造沉浸式红色旅游体验活动。

5. 娱乐

红色旅游线路产品中的娱乐活动可结合细分类型精心设计。例如，红色研学产品多设计亲手制作敬献烈士的花圈、重走一段红军路、学做红米饭等实践操作项目；针对中老年群体的红色旅游产品可设计红歌比赛、红色诗歌吟诵展示等活动。

6. 购物

红色旅游一般不安排特定的购物环节。该产品消费群体倾向在景区购买红色文创产品。参加红色研学活动的青少年更钟爱红色主题的文具系列、盲盒系列或者其他红色“国潮”文创产品。中老年群体一般更偏爱雕塑、绘画等红色主题装饰品。

课内阅读

红色旅游产品设计典型案例

策划红色旅游产品过程中要特别注意创新性和体验性。首先，在旅游线路中增强仪式感教育，聚合正能量的功能，如升国旗仪式、阅兵仪式、纪念日等；其次，改变刻板的宣教形式，增强时代感，以更加生动有趣的方式讲述红色故事，打造红色文化沉浸式体验活动，如通过实景表演等生动逼真的方式让游客身临其境地融入虚拟的革命战争情境中；最后，利用3D、全息影像等科技手段提升展示和演艺效果等。

红色旅游产品

序号	景区	典型案例
1	井冈山	走一段红军小路，听一堂传统教育课，向革命先烈献一束花，吃一顿红军套餐，看一场红色歌舞，学唱一首红军歌谣“六个一”参观游览项目
2	太行山区	打造八路军文化园和游击战体验园，游客可以手握机枪、高举手雷、隐埋地雷、出入地道，直接参与“打一场游击战”的角色扮演活动
3	上海一大会址纪念馆	运用裸眼3D、多屏多幕等多媒体技术，采用虚拟人物和实景相结合的方式，精心选择特型演员，通过实景拍摄还原中国共产党第一次全国代表大会的全过程
4	沙家浜	研发“沙家浜红绿新学堂”，整合革命历史、素质拓展、湿地科普、水乡文化等资源，建设观鸟屋、四季田、湿地自然学校、昆虫旅馆等科普展教场所，将红色旅游与科普研学相结合
5	辽沈战役景区	打造大型真人实战表演，人民解放军、国民党军队穿梭在“沈阳”、“锦州”两座高大的城门间，坦克、装甲车和真枪实弹穿梭其中，真实再现当年的战争场面

资料来源：根据网络资料改编。

4 ~6 人为一组，认真阅读课内阅读资料，并进行网络调研，思考以下问题：

1. 以上典型案例的亮点体现在哪里？
2. 为什么要应用3D、全息影像等现代科技打造红色旅游产品？

【思政之窗】

四川正式开启“红色旅游年” 推出精品旅游线路

2021 年是中国共产党成立 100 周年，也是“十四五”规划开局之年、开启全面建设社会主义现代化国家新征程之年。按照四川省委、省政府的部署和要求，四川将 2021 年确定为“红色旅游年”，以“重走长征路·奋进新征程”为主题，在全省开展“红色旅游年”系列活动。围绕“重温红色历史、传承奋斗精神”“走近大国重器、感受中国力量”“体验美丽乡村、助力乡村振兴”等主题，突出四川特有的伟人故里、红军长征、三线建设、抗震救灾、脱贫攻坚等红色旅游资源，集中推出 40 个红色旅游经典景区、11 条精品线路。

长途游线路，如“长征四川段”十日游线路——以中央红军巧渡金沙江进入四川，自南向北经凉山、甘孜、雅安、阿坝主线为依托，沿途可游览皎平渡、彝海、两河口会议纪念地等 19 个景区。该线路以自驾为主，局部可徒步穿越，一路上可聆听长征路上的感人故事，领略川西壮丽的高原风光，感受藏羌彝多彩的民族风情，还可以到四川长征干部学院接受红色精神洗礼。

中短途线路，如“四渡赤水”三日游线路——主要游览“鸡鸣三省”石厢子会议旧址、太平古镇、二郎古镇等 6 个景区，既能深入学习毛主席“用兵如神”的军事智慧，还可以饱览赤水河畔优美风光，体验川南古镇特色民俗。“巧渡金沙江”三日游线路——沿途可游览会理会议纪念地、礼州古镇、邛海等 9 个景区，既有“金沙水拍云崖暖”的惊心动魄，也有彝海结盟的情深谊长；既可体验彝族风情，又能沐浴攀西阳光。“过雪山草地”四日游线路——游览红军长征纪念碑、毛尔盖会议旧址、卓克基土司官寨等 15 个景区，如诗如画的若尔盖草原、幸福安康的藏乡田园讲述着民族地区的沧桑变化。

资料来源：李庆禹．重走长征路·奋进新征程——四川省“红色旅游年”系列活动火热开启［N］．中国旅游报，2021－04－13．

思考问题：四川“红色旅游年”系列活动的开展和红色精品旅游线路的发布有什么重要意义？

提示：红色旅游产品具有不可比拟的教育宣传功能，担负弘扬和培育民族精神的使命。四川将 2021 年确定为“红色旅游年”，以“重走长征路·奋进新征程”为主题，在全省开展“红色旅游年”系列活动，发布 11 条红色旅游精品线路，是用好红色资源、讲好红色故事、开展红色教育、传承红色基因，激发人民群众爱国情怀，培育和践行社会主义核心价值观的重要方式。一条条旅游线路，更是一条条连接艰苦过去与美好未来的桥梁。每个地名背后都有一段曲折艰辛的历史。现在的山河无恙是由老一辈共产党人的汗水与鲜血换来的。因此，红色旅游活动对激励广大人民群众缅怀红色历史、牢记责任和使命、投身推进中华民族伟大复兴的历史伟业具有重要意义。

【任务执行】

修改完善红色旅游产品

表3－1－1　井冈山两日游

时间	游览内容	交通	餐食	住宿
第一天	7:30 集合，南昌—井冈山	汽车（4.5个小时车程，约350公里）	含中晚餐（山区餐较差，可自备食物）	井冈山奥源大酒店/井冈山卧珑湾大酒店/井冈山天子山大酒店
	13:00 参观井冈山革命博物馆	汽车		
	14:30 瞻仰北山烈士陵园	汽车		
	16:30 参观书法碑林、革命历史人物雕塑园等	汽车		
	19:00 自费观看红色经典实景演出“井冈山”（198元/人）			
第二天	井冈山—南昌	汽车	含早中餐，晚餐自理	无
	9:00 参观五龙潭	汽车		
	10:20 到达小井，参观毛泽东同志旧居、红军医务所旧址等	汽车		
	回到南昌			

资料来源：旅游线路选编自途牛旅行网等。

通过训练，掌握红色旅游产品的设计策略，能够分析红色旅游产品案例存在的问题。

第一步：实训前准备。要求每位学生阅读本单元学习资料，熟悉相关知识点。

第二步：4～6人为一组，收集井冈山相关红色旅游主题的文献资料，进行红色旅游资源分析。

第三步：每个小组成员按照要求填写表3－1－2。

表 3－1－2　红色旅游产品案例分析

类别	住宿	餐食	交通	游览	娱乐	购物	产品特色	备注
优点								
缺点								
改进建议								

第四步：小组讨论汇总意见，并推荐一位代表发言。

第五步：教师对各小组提交的内容进行点评和分析。

第六步：教师点评每个小组总结归纳的产品优点、缺点及改进建议，强调在进行红色旅游产品策划中需要重点关注的环节。

红色旅游产品策划

通过训练，掌握红色旅游产品的策划思路，掌握红色旅游产品要素配置的方法。

以国内某一红色旅游目的地为例，4～6 人为一组，策划一条至少 3 天 2 晚的红色旅游线路产品，并用 PPT 展示。

第一步：实训前准备。要求每位学生阅读本单元学习资料，熟悉相关知识点，尤其是市场调研分析—红色旅游资源分析—资料信息收集—线路设计和要素配置的设计流程。

第二步：以小组为单位进行市场需求分析和红色旅游资源分析。

第三步：小组分工配合，收集食、住、行、游、娱、购六大要素信息。

第四步：小组讨论并完成红色旅游产品设计和汇报 PPT 制作。

第五步：小组所有成员上台进行口头汇报，说明每个人承担的任务。

内容要求

（1）至少包括红色旅游资源分析、市场需求分析、红色旅游线路及亮点说明三个方面的内容；

（2）路线包含食、住、行、游、娱、购六大要素，结构完整，格式规范；

（3）线路时间至少是 3 天 2 晚；

（4）主题明确、亮点突出。

分工要求

（1）每个小组的成员必须分工协作，每个成员都需要承担相应的任务；

（2）每个小组要进行讨论选题、任务分配和统筹汇总；

（3）每个成员都要上台进行 PPT 展示，并说明各自承担的任务。

展示要求

（1）PPT 展示需要包括红色旅游资源分析、市场需求分析、红色旅游线路展示及亮点说明三个方面的内容；

（2）PPT 展示的时间为每个小组 15～20 分钟；

（3）PPT 制作要求图文并茂，重点突出；

（4）PPT 汇报声音洪亮、语言简练清晰。

【课后作业】

扫码测试

【拓展阅读】

红色旅游日益年轻化、多元化和数字化

近几年，红色旅游已成为国内旅游市场增长的新引擎。2019 年中国红色旅游人数超过 14 亿人次，收入超过 4000 亿元，2020 年红色旅游也有力带动了中国旅游市场复苏。文化和旅游部数据显示，2020 年我国红色旅游出游人数超过 1 亿人次。红色旅游走红的核心原因在于国人的文化自信、制度自信不断增强，人们希望通过游览红色旅游场馆、景区、目的地，深刻感受那段波澜壮阔的历史，红色旅游因此成为旅游消费的“新国潮”。当前，红色旅游呈现出年轻化、多元化和数字化发展趋势。

年轻化

2020 年，在携程平台上参与红色旅游的游客群体中，“80 后”和“90 后”占比已提升至 50%。驴妈妈平台端午期间搜索游客群体中，以“95 后”和“00 后”增速最快，同比增幅超过 400%，显示了红色旅游人群越来越年轻化的趋势。马蜂窝旅游平台数据显示，超过 40% 的年轻游客对红色旅游的兴趣点集中在沉浸式体验，从深度讲解到科技体验，收获更深刻的历史知识。

多元化

红色旅游的关注度近年来持续走高，红色旅游目前已经成为一些目的地最核心的旅游资产和品牌，在产品设计、市场推广等方面不断推陈出新，显示出多元化发展趋势，很好地承接了红色旅游需求的持续增长。例如，携程上线了红色旅

游频道，发起“金牌领队计划”，组织旅游达人、旅游大咖、业内精英，扮演新时代红色旅游传颂人，探秘精品红旅路线，通过创新的内容输出方式，传唱、弘扬爱国主义精神。中国旅游集团联动井冈山、延安、黎平等红色旅游目的地资源启动了“永远跟党走”红色旅游项目。途牛上线红色旅游多元化主题产品，不仅有以革命历史为主的经典线路，还有围绕“走近大国重器、感受中国力量”“体验美丽乡村、助力乡村振兴”等主题，以科技发展、乡村振兴为创新方向的红色旅游产品。

数字化

数字化将是红色旅游未来发展的关键所在，是红色资源整合和效率提升的重要动力。当前，各大在线旅游平台企业均在探索“互联网＋红色旅游”的新发展模式，利用平台和技术优势，联合红色目的地、行业协会、大型媒体平台、研究机构，以自动导览、智慧地图、全景VR、3D展品、AI管家、短视频、声音剧、漫画等推动红色旅游目的地的资源整合和产品线上化。

红色旅游当前发展模式及未来发展策略

红色旅游五大发展模式

“红色＋生态”整合模式。对当地的自然、人文资源进行整合，以红色资源为核心，进行集中包装和开发，最大限度地发挥红色旅游资源优势，拉动当地旅游业发展，带动产业进步。

红色休闲度假模式。依托当地独特的红色旅游资源，开发红色文化，并结合民俗文化，以度假区、民宿为主要表现形式，开发集休闲、度假、会议、学习等为一体的红色旅游发展模式，吸引游客，带动当地旅游业发展。

红色演出模式。利用当地的红色歌谣、红色戏曲等资源，对当地的红色文化进行改编，创作成为演出剧目，并且结合现代化的技术手段，发展红色演出项目，通过演出发展红色旅游，打造红色旅游品牌。

博物馆模式。在红色旅游资源比较集中的地方，如革命遗址、故居等地区，集中展示革命和战争过程中留存的大量革命遗迹和历史文物，具有文化传承和教育性。

节庆模式。通过举办节庆活动，利用其独特的红色文化，以旅游节庆为引爆点，吸引众多游客参加，提高区域知名度，从而带动地方旅游发展。

红色旅游未来发展策略

挖掘红色资源，讲好红色故事。通过氛围营造，全方位展现革命历程，塑造深入人心的政党形象，在细微之处引起情感共鸣，打造红色旅游品牌。

创新表达形式，增强时代感、体验感。要用当代方式创新性地阐释红色历史、表达红色精神、传播红色文化，让国家记忆转换为老百姓的感受，让先烈的崇高精神融入老百姓的生活，打造有现代感的红色旅游，变参观者为参与者。

开展红色研学，强化教育功能。借着研学旅游的市场东风，红色研学旅游正在各地区掀起热潮，红色旅游景区可以利用自身丰富的红色文化资源，开发出凸显爱国主义教育、革命传统教育和现代化建设成就的红色研学旅游路线。

推动红色旅游扩融，树立红色旅游全域发展观。红色旅游开发应紧扣红色文化主题，以“红+N”的融合发展思路，有机融合当地的地理环境、生态文化、历史文化、民俗文化、乡村文化、典型人物、遗址遗迹等特色资源文化，并借助科技、演艺、创意等方式，开发设计一系列红色旅游融合产品。

资料来源：正略咨询．简析红色旅游当前发展模式及未来发展思路［EB/OL］．(2018-08-18). https：//www.360kuai.com/pc/9a447c62b41c07348?cota=3&kuai_so=1&sign=360_57c3bbd1&refer_scene=so_1.

单元二　亲子旅游产品策划

【学习目标】

1. 掌握亲子旅游产品的内涵与特征，理解亲子旅游产品的前景与趋势；
2. 掌握亲子旅游产品的设计策略，能够突出亲子旅游产品的主题与特色；
3. 掌握亲子旅游产品的线路安排与要素配置的方法，能够根据需求策划线路，配置要素组合形成产品；
4. 培养知行合一的职业素养，提升对本专业的理解和热爱。

【课堂导入】

“爸爸去哪儿”带动亲子游

“爸爸去哪儿”第一季节目播出后，北京灵水村、宁夏沙坡头、云南普者黑等取景地，迅速成为热门旅游目的地。不少旅行社推出了相关的旅游线路，有的旅游线路效仿“爸爸去哪儿”节目的游戏环节，安排了参观天鹅养殖基地，以及让游客自己动手做饭菜体验农家生活的内容。

“爸爸去哪儿”带热了亲子游市场。目前，带孩子出游的爸爸妈妈越来越多，亲子游成为周末旅游市场的一股不小力量。

相较团队游，自驾亲子游更受青睐。现在有车一族越来越多，出游越来越方便。自驾游非常适合一家人出游，因此不少游客进行周边游时都会选择自驾游。

有业内人士指出，目前旅行社方面类似“爸爸去哪儿”这样互动性强、个性鲜明的亲子游线路产品较少，不能很好地满足游客个性需求。如果旅行社能够抛开常规线路产品，多着眼市场需求和客户兴趣点，开发创新一些线路产品，加上适当的营销宣传，亲子团游的市场潜力将会爆发出来。

4～6人为一组，查阅网络资料，思考以下问题：

1. 亲子旅游是什么形式的旅游？
2. 亲子旅游的未来发展潜力如何？

【知识讲解】

一、亲子旅游产品的概念

亲子旅游指由父母和未成年子女共同参与，集认知、教育、体验、亲情、休闲等于一体的旅游方式。亲子旅游以关注孩子旅游需求为出发点，统筹了亲子双方的旅游需求，具体产品形式以周边游产品和长线游产品为主。

亲子旅游是家长对孩子的教育由家庭到社会、由校园到户外的场景延伸，亲子旅游成为父母带孩子认识自然、了解不同地域历史文化的一个重要途径，带孩子去旅游不仅能让孩子在旅途中学习知识、感受自然、提高能力，而且有助于培养父母与孩子间的感情。

二、亲子旅游产品的特征

1. 同时满足孩子和家长的需求

亲子旅游是一个家庭的整体参与活动，用户本身就是一个复合体，在以孩子为核心的同时满足家长的需求。家长既是孩子的陪伴者、守护者，本身也是旅游者。因此，亲子旅游产品的目的地选择、行程与活动设计、服务与细节安排要针对这种特殊需求。

2. 高品质、高价格

亲子旅游产品集旅游、亲子活动为一体，与普通观光游不同，需要加入游戏、竞赛、展示等活动，增加旅游产品的体验感和互动性。亲子旅游景点类型为山水风光、人文古迹、休闲活动、主题公园等，出游频率高，对品质要求高，花费也比较大。

3. 出游时间集中

亲子旅游市场包括多个年龄段市场，因此在出游时间上呈现出集中与分散兼备的特点。对于学龄前的孩子，其家庭出游时间多分散于周末；对于中小学段的孩子，受学业限制，其家庭出游时间则更多集中在寒暑假，但在平时的周末也可能短途旅游。

4. 对安全性要求高

对所有旅游产品而言安全都非常重要，但是对亲子旅游需求而言，消费者对安全的敏感性更高，是制订旅行计划考虑的重点。消费家庭通常会考虑旅行目的地是否适合孩子的年龄段，旅行线路是否存在安全隐患，也会考虑交通工具是否充分照顾到孩子的特殊需求，还会考虑旅行活动各个环节的服务设施是否配套等，对安全性的要求高于其他旅游形式。

三、亲子旅游产品的种类

目前市场上的亲子旅游产品众多，按照不同的维度有多种分类方式。按照出行距离，亲子旅游产品可分为短线亲子旅游和长线亲子旅游。

1. 短线亲子旅游

根据众多旅游互联网媒体进行的亲子旅游产品需求调查，3～12 岁亲子家庭是最大需求群体，约一半家庭倾向 3～5 天短线游，主要集中在境内外短线游，或省内深度度假类产品。主题乐园、郊区农家深度游、户外野营、骑行等成为短线亲子旅游中最受欢迎的主题之一。

2. 长线亲子旅游

长线亲子旅游产品主要是针对孩子的寒暑假等较长假期推出的亲子旅游产品。疫情前，出境游是长线亲子旅游主打产品之一，在游览风景的同时，感受异国文化，增长见识及拓展视野。研学、邮轮、海岛度假等也颇受亲子家庭的欢迎。邮轮上的游玩项目内容丰富，如精彩纷呈的演出、惊险刺激的跳伞、各类综合性运动等，无论家长还是孩子都能找到适合的活动。研学活动是近年来兴起的主题旅游形式，其寓教于游，互动活动丰富，适合打造成为亲子旅游产品。另外，Club Med 等一价式全包酒店为亲子旅游提供了另类形式，孩子们可以在酒店安排的儿童/青少年俱乐部尽情活动，家长则可以彻底放松身心娱乐和享受假期，还可以亲子共同到附近的旅游景点参观游览。

课内阅读

地中海俱乐部 Club Med

Club Med 成立于 1950 年，总部位于法国巴黎，中文名为地中海俱乐部，是目前全球最大的度假连锁集团，拥有遍布全球 5 大洲 30 个国家的 70 余个度假村，目的地遍布世界各地。Club Med 目前在中国广西桂林、海南三亚、黑龙江亚布力、吉林北大壶、北京延庆、河北北戴河、浙江安吉均建立了自己的度假村，其经营特色在于一价全包，倡导简单、快乐、阳光的度假理念。在 Club Med，家长可以依赖其专业儿童托管服务和儿童俱乐部，每个年龄团队都由特别的组织者（G. O）带领建立最具特色的属于孩子们的空间，家长可以在孩子们娱乐的同时享受自己美好的假期。

Club Med 通过一价全包模式，免去假期之前纠结选择的过程，通过专业 G. O 的照顾，将家长和孩子有效分离，使家长和孩子各自放松和娱乐。特色美食、户外运动、瑜伽及当地特色的建筑和亲切友爱的氛围，均是其吸引游客的地方。Club Med 针对不同年龄段的孩子，安排不同的主题活动和照料。通过“迷你足球”“迷你网球”“山顶下午茶”以及“家庭山地骑行”等主题活动，寓教于乐。各个年龄段的孩子都能得到专业 G. O 的照顾，并在他们的陪同指导下参加多姿多彩的文体活动。可以在孩子玩得开心的同时，让父母彻底卸下负担，放松身心和享受假期。Club Med 在中国开设的几个俱乐部为亲子游提供了新选择，其独特的模式也带给了父母和孩子独特的享受和放松。

资料来源：七彩．地中海俱乐部 Club Med［EB/OL］．(2017－06－28)．http：//www. 7jiaqi. com/TipsDetail/1955. aspx.

4～6 人为一组，认真阅读课内阅读资料，进行网络调研，思考以下问题：

1. Club Med 的活动安排具有什么特点？
2. Club Med 为什么符合亲子旅游的需求？

四、亲子旅游产品的策划思路

1. 市场调查分析

当前亲子旅游产品的需求规模大、发展潜力强，市场上亲子旅游产品种类繁多，但主题鲜明、有特色的产品却并不多见。亲子游客户大多不满足观光游的“浅尝辄止”，需要结合孩子和家长的不同需求，体现产品的认知和教育功能，围绕主题设计多样化活动，凸显亲子旅游产品的互动性、特色化。

2. 旅游资源分析

亲子旅游对孩子的安全和照顾要求高，旅游目的地配套设施和服务便利程度是需要考虑的重要因素，因此一般选择成熟度较高、开发配套完善的旅游目的地。具体来看，在分析当地旅游资源时，要考虑目的地是否有适合亲子游玩的项目、便利的交通工具、适合儿童的餐厅和便利店以及景区的可进入性等。不同的旅游资源对应不同的产品特色，适合不同年龄段的亲子家庭，如长隆主题公园、上海迪士尼主题公园比北京环球影城更适合小龄段儿童。

3. 确定主题定位

聚焦细分市场，明确本产品的市场定位和主题特色。如注重教育功能的研学亲子旅游主题，注重休闲度假的海岛、邮轮主题，倾向休闲活动的野营、骑行、滑雪、帆船等运动主题，侧重娱乐刺激的游乐园主题等。但无论哪种类型，在策划过程中都需要突出亲子互动，满足孩子和家长的各自需求。

4. 信息要素收集

收集适合亲子旅游的餐食、住宿、交通、游览、娱乐、购物等信息，如不同档次的亲子酒店、特色餐食、较为舒适的交通工具、游览景点等。收集信息的内容越细致越好，在条件允许的情况下，还可以对一些新开的酒店、餐厅或者乐园进行实地考察，确保获得信息的全面性和准确性。

5. 行程设计和要素配置

根据市场定位和主题特色，选择恰当的餐食、住宿、交通、游览、娱乐、购物项目，将其组合在亲子旅游线路产品中。当前亲子游家庭倾向自由行，因此在进行产品策划时，一定要打造出自由行难以取代的产品特色项目，如孩子分组打卡完成相应任务、亲子家庭之间的游戏互动等。

五、亲子旅游产品的设计策略

1. 游览活动安排有序

亲子旅游融合了旅游、教育与亲子关系，具有多重功能。活动设计可以分为三类：一是针对孩子的活动任务，通过认识性、思辨性、生活性任务和团队任务的设计，培养孩子探索和发展的能力；二是针对家长的活动，可以单独安排游览参观、健身运动或者亲子教育实践活动；三是亲子共同完成的任务，在互动中增进理解，加深感情。在行程的具体安排中，要将游览与活动设计融为一体，使游览与活动任务交叉进行，张弛有度，节奏鲜明。通过游览达到游玩的休闲娱乐目的和认知功能。在游玩过程中融入教育元素，充分调动孩子的思维，激发家长的参与热情。切忌进行集中式的竞赛活动，将游玩变成有压力的竞赛任务，同时也要区别于普通观光游，避免密集的游览活动。

2. 时间安排宽松

亲子旅游的主体是孩子和家长，孩子虽然精力充沛，但缺乏持久的耐力，家长还要兼顾照顾孩子，体力和精力消耗也很大。因此，在进行亲子旅游产品策划时，要根据孩子和家长的身心特点设计行程时间、交通方式、游览项目和活动时间，同时行程设计适当留白，留出一定的自由活动时间，确保充分的休息和自由。

3. 游玩品质较高

亲子旅游产品的消费者对价格的敏感度一般较低，但对品质要求较高，对住宿和交通的舒适度、餐饮的味道和营养、服务的周到性等都提出了更高的要求。因此，在进行产品策划时，一定要重点关注各要素配置的品质，让亲子家庭得到美好的旅游感受，增强复购或向他人推荐产品的意愿。

4. 安全保障可靠

安全是亲子旅游产品策划的重要任务。亲子旅游的主体之一是年幼的儿童，情感和认知能力还不成熟，对风险的识别较弱，缺乏主动避险能力，虽然与儿童单飞产品相比增加了家长的看护，但家长对带队服务人员的依赖，反而会弱化相应的安全意识，造成安全防护隐患。因此，在产品策划时，要将安全作为一项重要内容，对游览路线、游玩活动、配套软硬件条件等内容进行安全评估，在旅游接待环节建立规范可行的流程化操作，如建立应急处理预案等，确保亲子旅游家庭的安全。

六、亲子旅游产品的要素配置

1. 酒店

亲子旅游产品对酒店的品质要求较高，要确保孩子充足的睡眠和营养健康的饮食配餐。当前许多星级酒店进行了亲子化设计或改造。如客房配备儿童浴袍、儿童牙刷、儿童拖鞋，有的甚至还有帐篷、小型滑梯或木马等玩具。在整体环境设施方面，许多酒店还配备儿童乐园、儿童影院、儿童泳池等，为亲子旅游市场提供了全新的体验。

课内阅读

“2 大 2 小”消费结构

在“二胎”政策之前，国内很多酒店、景区、餐饮和购物场所的设施和服务都基于“2 大 1 小”的标准。随着“二胎”全面放开，拥有两个孩子的家庭旅游出行越来越多，父母对亲子游产品提供的标准服务和设施的要求越来越多，在住宿上额外需要两张儿童床或婴儿床，对酒店提供的餐食、儿童娱乐、代管服务也有更高要求。无论是旅行社还是酒店、景区等机构，在开发面向“二孩”家庭的亲子游产品时，要符合“2 大 2 小”的标准，让父母觉得贴心、方便和实惠。以下为携程集团调整制定的“二孩”标准的亲子游产品，可供借鉴：

- 酒店和房间主打亲子房、家庭房、复式房，房间允许多人入住；酒店提供双份儿童早餐；提供免费儿童代管服务；免费加婴儿床或儿童床；酒店自身配备儿童娱乐设施或者酒店周边存在类似的娱乐休闲场所；
- 景区亲子套票，儿童可选 1 个、2 个或 2 个以上；
- 主题乐园推出若干亲子优惠活动，如孩子生日当天入园，主题乐园方会免费提供 4 件乐园主题亲子服装、主题乐园生日蛋糕，免费畅玩全部收费项目并免费拍摄全套亲子照；
- 景区或主题乐园等加强亲子卫生间的设计等。

资料来源：周宁. 论放开二孩背景下亲子游产品的开发思路［J］. 农村经济与科技，2020（11）：3.

4～6 人为一组，认真阅读课内阅读资料，并进行网络调研，思考以下问题：

1. “二胎”政策对亲子旅游产品策划有什么影响？
2. 在亲子旅游产品设计过程中如何将“2 大 2 小”家庭的需求考虑进去？

2. 餐饮

亲子旅游产品的餐饮要求美味、营养、健康。首先，选择具有特色的亲子主题餐厅，一般来说，这样的餐厅对饮食体系、营养搭配进行了专门设计，就餐环境也适合亲子家庭；其次，选择特色自助餐厅，通过丰富的菜品为亲子家庭提供更多选择；最后，适当安排当地特色美食，根据旅游目的地的不同特点，自行采购（采摘）、自行烹制，体验劳动的乐趣。

3. 交通

亲子旅游产品的交通安排以舒适安全为主。长距离交通以飞机、高铁为主，中短途以高铁、豪华大巴车为主。交通工具尽量选择 8 ~ 19 点的班次，不乘坐廉价航空、“红眼”航班或长途汽车。提前为亲子家庭准备好晕船、晕车药物。此外，也可以选择一些特色交通方式，如金色观光列车、自驾房车等。

4. 游览

游览是亲子旅游产品的重要内容。动物园、植物园、海洋公园、主题乐园等比较适合学龄前儿童，学龄儿童可选择的游览项目更广泛，如文化型、游乐型景区、博物馆、科技馆、艺术馆等。

5. 娱乐

玩是孩子的天性，因此亲子旅游产品中的娱乐设计至关重要。主题性公园等游乐性景区本身具有极强的互动性和娱乐性，比较适合亲子家庭。还可以挖掘文化型景区中的娱乐元素，如欣赏演出、职业体验、科普体验等，将适合孩子体验的项目甄选到游览项目中，同时设计寓教于乐的活动，通过各类活动将整个行程串联起来，提高产品的附加价值，体现亲子产品的创新性和亮点。

6. 购物

亲子家庭有较大的购物需求，可以在行程中安排一些购物街，既可以参观游览，又可以满足购物需求。此外，还可以将孩子和家长的活动分开安排，如安排家长自由购物，孩子单独安排参观游览活动等。

【思政之窗】

亲子旅游　和谐家庭

家庭在中国人心目中具有举足轻重的地位，重视家庭建设是中华民族自古以来的优良传统。中国传统文化还将“家”的概念加以延伸，将家庭美德扩充为更广泛的社会伦理，这对构建和谐社会起着十分重要的作用。古人云：“家齐而后国治。”千千万万个家庭的和谐温馨、家风纯正，是国家发展、民族进步、社会和谐的重要基础。

亲子旅游对于增进父母与孩子之间的感情，建设和谐家庭具有重要作用。在旅途中父母与孩子的心情非常放松，交流起来非常容易。如今，年轻的“80 后”“90 后”父母，他们本身大多是独生子女，如何做好父母、带好孩子、与孩子交流，对于他们来说，既是一个学习的过程，也是一系列的挑战与考验。在亲子游的过程中，能够随时交流，共同克服困难，有助于培养和谐的亲子关系和塑造孩童健康的品格。

亲子旅游就选择通常的旅游团？当然不是！在亲子旅游的路线与方式选择的过程中，父母应该既注重孩子们的需求，又要根据孩子们的成长规律进行选择，切勿盲目报团。

亲子旅游中，父母要为孩子创造与同伴交往的机会，学会与其他小朋友相处，分享自己的东西，促进交往能力的提升。父母在旅行过程中，一起运动、游戏，通过“并肩作战”的方式，让孩子学会与父母一起处理问题，通过父母的行动达到教育和影响孩子的效果。

资料来源：根据网络新闻整理。

思考问题：如何理解亲子旅游对建设和谐家庭、促进社会进步的重要意义？

提示：习近平总书记多次指出家庭是人生的第一课堂，家风是社会风气的重要组成部分，家庭是社会的基本细胞，是人生的第一所学校。无论时代发生多大变化，无论生活格局发生多大变化，我们都要重视家庭建设，注重家庭、注重家教、注重家风。通过亲子旅游的形式，一家人其乐融融，欣赏美景、放松身心的同时，还可以提升家长与孩子以及家庭成员之间的理解，增进家庭情感，促进家庭和睦。而家庭是最基本的社会单元，千家万户都过上和谐生活，国家和社会才能稳定团结，才能促进国家和社会协调发展。

【任务执行】

修改完善亲子旅游产品

主题：“上天入地，初探新奇体验”

第一天：北京飞往新加坡，乘巴士前往马来西亚乐高乐园，入住马来西亚乐高乐园酒店；

第二天：游览马来西亚乐高乐园，傍晚返回新加坡，晚餐在DC漫画超人英雄主题餐厅，入住新加坡丽思卡尔顿美年酒店；

第三天：游览新加坡环球影城，晚餐在克拉码头吃海鲜；

第四天：游览新加坡日间动物园和夜间动物园，晚餐为肉骨茶；

第五天：新加坡飞往北京。

资料来源：旅游线路选编自途牛旅行网等。

通过训练，掌握亲子旅游产品的设计策略，能够分析亲子旅游产品案例存在的问题。

第一步：实训前准备。要求每位学生阅读本单元学习资料，熟悉相关知识点。

第二步：4～6 人为一组，收集新加坡旅游文献资料，进行旅游资源分析。

第三步：每个小组成员按照要求填写表 3－2－1。

表 3－2－1　亲子旅游产品案例分析

类别	住宿	餐食	交通	游览	娱乐	购物	产品特色	备注
优点								
缺点								
改进建议								

第四步：小组讨论汇总意见，并推荐一位代表发言。

第五步：教师对各小组提交的内容进行点评和分析。

第六步：教师点评每个小组总结归纳的产品优点、缺点及改进建议，强调在进行亲子旅游产品策划中需要重点关注的环节。

亲子旅游产品策划

通过训练，掌握亲子旅游产品的策划思路，掌握亲子旅游产品要素配置的方法。

4～6 人为一组，策划一条至少 6 天 5 晚的国内亲子旅游线路产品并进行 PPT 展示。

第一步：实训前准备。要求每位学生阅读本单元学习资料，熟悉相关知识点，尤其是市场调研分析—旅游资源分析—资料信息收集—线路设计和要素配置的设计流程。

第二步：以小组为单位进行市场需求分析和旅游资源分析。

第三步：小组分工配合，收集食、住、行、游、娱、购六大要素信息。

第四步：小组讨论并完成亲子旅游产品设计和汇报 PPT 制作。

第五步：小组所有成员上台进行口头汇报，说明每个人承担的任务。

内容要求

（1）至少包括旅游资源分析、市场需求分析、旅游线路及亮点说明三个方面的内容；

（2）路线包含食、住、行、游、娱、购六大要素，结构完整，格式规范；

（3）线路时间至少是 3 天 2 晚；

（4）主题明确、亮点突出。

分工要求

（1）每个小组必须分工协作，每个成员都需要承担相应的任务；

（2）每个小组要进行选题讨论、任务分配和统筹汇总；

（3）每个成员都要上台进行 PPT 展示，并说明各自承担的任务。

展示要求

（1）PPT 展示需要包括旅游资源分析、市场需求分析、旅游线路展示及亮点说明三个方面的内容；

（2）PPT 展示的时间为每个小组 15～20 分钟；

（3）PPT 制作要求图文并茂，重点突出；

（4）PPT 汇报声音洪亮、语言简练清晰。

【课后作业】

扫码测试

【拓展阅读】

携程发布《2020 年中国亲子游消费趋势报告》

2020 年 1 月 9 日，携程集团在珠海长隆海洋科学酒店发布《2020 年中国亲子游消费趋势报告》。该报告指出，受新冠疫情影响，2020 年中国家庭亲子出游频次由 2019 年的 2.7 次下降至 2.4 次，相较于其他主题旅行，亲子游品质提升更加明显。

在 2020 年亲子游成人客群中，“90 后”父母正在逐渐成为主角，占比提升至 32%，“80 后”父母占比为 41%，个性鲜明的“90 后”“80 后”父母更愿意带娃出门放飞自我。在亲子目的地选择中，拥有丰富自然人文资源以及大型主题乐园的城市更受家长青睐。上海、成都、重庆、北京、广州、三亚、杭州、海口、南京、深圳入围前十名，知名亲子目的地热度不减。

随着国人在旅行过程中，精品化、主题化趋势越发明显，品质酒店也随之成为亲子游的重要组成部分。在 2020 年最受亲子喜欢的酒店榜单中，广州长隆熊猫酒店、三亚海棠湾仁恒皇冠假日度假酒店、三亚亚特兰蒂斯酒店、上海迪士尼乐园酒店、珠海长隆企鹅酒店、上海佘山世贸洲际酒店（世贸深坑酒店）、珠海长隆横琴湾酒店、上海海昌海洋公园度假酒店、恐龙人俱乐部酒店（常州中华恐龙园官方店）、乌镇乌村酒店成功入围。此外，受出境游回流影响，2021 年亲子游市场品质升级趋势明显，在亲子酒店占比中，四星级、五星级酒店合计占比达 45%。

报告发布的同时，携程集团还与长隆度假区共同推出“长隆星球号”，即商家在携程社区中开设的官方账号。目前，携程社区拥有近 1 亿名年轻用户，日产出旅行内容 4 万篇。未来，“商家星球号”能有效聚合与之相关的内容信息，同时也可以自己发布官方图文/短视频、话题互动等优质内容及活动，精准触达潜在客户。

资料来源：央广网．携程发布《2020 年中国亲子游消费趋势报告》[EB/OL].(2021-01-14). https://baijiahao.baidu.com/s?id=1688853626860099256.

新春王府过大年——体验沉浸式非遗民俗互动亲子游

“京北喜事”是由定制游头部企业路书科技联合郎丽兹共同打造的全新亲子互动产品，同时也开创了北京就地过年的定制旅游产品。“京北喜事”不仅是一次亲子家庭的沉浸式非遗民俗互动体验，更是将民俗文化与亲子互动相融合，通过现场手工制作及专家讲解，赋予产品更强的体验性和趣味性，增添内容创新，加深文化与旅行的结合。

时装穿越

换上古装，梳上旗头，跟随专业的礼仪老师一起，体验国学礼仪课程，新年王府之旅将由此开启。

创造工坊

跟随非遗传承人一起，学习制作绒花、旗头、灯笼等传统物件，感受传统民俗，体验非遗文化，收获自己专属的非遗作品。

喜事胡同

胡同就像是老北京城的交叉相连的“血管”，记录着城市中大大小小的故事，这次我们把胡同元素一起搬进了王府。

想要了解传统民间制作好物，那就一定不要错过“民俗胡同”。

俗话说“民以食为天”，想要品尝春节美食，“美食胡同”里都能找到。

在“萌宠胡同”里喂养、触摸不同的小动物，满足小朋友亲近动物的天性。

六艺学堂

“六艺学堂”可不单单是玩乐的地方，亲子游戏中融入“礼、乐、射、御、书、数”，不仅能让小朋友寓教于乐，也为家长提供了大显身手的机会，更促进了亲子关系。

祈福驿站

在祈福卡上写下新年愿望，一家人在一起和和美美，迎接充满希望的新一年。

新春贺岁自助晚宴

玩了一天赶快美餐一顿吧！宫廷佛跳墙、烤羊腿、德国烤肘子等精美大餐已经准备好了。

在 2021 年这样一个不平凡的冬天，“京北喜事”极力还原一个颇具年味的王府春节，通过各项亲子体验活动，帮助人们了解并学习流传百年的传统技艺和历史故事，使人们在感受欢乐祥和氛围的同时，传承民俗文化。

资料来源：国家旅业．京北喜事 新春王府过大年——体验沉浸式非遗民俗互动亲子游［EB/OL］.（2021－02－04）. http：//www. guojialvye. com/cb/lyzx/5185. html.

单元三　乡村旅游产品策划

【学习目标】

1. 掌握乡村旅游产品的内涵、特征与分类；
2. 掌握乡村旅游产品的设计策略，能够突出乡村旅游产品的主题与特色；
3. 掌握乡村旅游产品的线路安排与要素配置的方法，能够根据需求策划线路，配置要素组合形成产品；
4. 培养知行合一的职业素养，提升对本专业的理解和热爱。

【课堂导入】

乡村旅游迎来新机遇

如今，越来越多的游客在周末、节假日选择周边游、微度假，乡村旅游迎来了前所未有的发展机遇，日渐成为乡村振兴的重要抓手和乡村群众增收致富的重要渠道。乡村旅游产业应积极把握旅游品质需求不断升级的发展趋势，以游客体验为导向，大力提升体验质量，把乡村旅游的资源特色转化为旅游产品的体验优势。

体验感好的地方，游客往往不吝赞美，微信朋友圈、短视频平台上发布的图片、视频，是当地旅游业最好的广告。也有一些地方，由于指示牌设置不够完善、收费不够公开透明、就餐时等候时间长、户外如厕不够方便等被“吐槽”。因此，要坚持完善乡村旅游基础设施建设，尽量为游客提供便利。同时，根据乡村自身的资源特色，精准聚焦和科学选取旅游体验主题，突出主题化、差异化，促进相邻乡村旅游体验上的错位互补，提升游客的体验感，让更多人“来了不想走”“走了还想来”。促进乡村旅游体验深度化，打造乡村旅游“浸入式”体验。要持续开发兼具娱乐性、教育性、参与性的旅游产品，充分利用农业、林业、养殖业等资源开发相应的旅游产品，多方面、立体化发掘乡村旅游资源的潜力和价值。同时，要兼顾部分游客的个性化旅游需求，以“深”游促“慢”游，延长游客的停留时间，从而发挥旅游乘数效应。

乡村振兴，产业兴旺是关键。只有以游客体验为导向，推动乡村旅游发展，才能将乡村独有的山水自然资源优势有效放大，为推动农业转型、促进经济发展注入不竭动力。

资料来源：赵珺．乡村旅游迎来发展机遇［N］．兵团日报，2022－06－16.

4 人为一组，根据阅读资料及网络调研收集的资料，思考以下问题：

1. 什么是乡村旅游？每组列举至少 3 个乡村旅游产品。
2. 当前乡村旅游的发展趋势是什么？

【知识讲解】

一、乡村旅游产品的概念

乡村旅游指以具有乡村性的自然和人文客体为旅游吸引物，以农村区域的自然环境、田园景观、乡村建筑、农业生产、农业设施、农业产品、农耕文化、农家生活、风情风貌为依托，吸引城市游客到乡村休闲度假、观光游览、科普教育、娱乐健身的新业态。乡村旅游产品指旅游者在乡村旅游过程中，能够购买或体验的一切有形的商品和无形的精神感受。乡村旅游产品把农村、农业、农民与旅游业结合在一起，利用农村空间和农业景观吸引游客前来观赏、游览、品尝、休闲、体验、购物。

二、乡村旅游产品的特征

1. 鲜明的乡村特色性

乡村特色是相对于城市特征而言的，指人们在乡村地域能够感知和体验到的，与城市有明显区别的所有自然和人文的元素。乡村旅游之所以能够迅速发展，是因为乡村旅游产品与城市旅游产品相比具有的诸多差异性、独特性，从而产生的旅游需求。城乡之间的这些差异包括地理差异、历史差异、文化差异等。

2. 消费相对较低，旅游频次较高

乡村旅游以国内游客尤其是近距离城市居民为主要客源。乡村旅游市场为近程性市场，旅途短，交通费少，一般不收门票或门票价格低，食宿费用相对城市较低，旅游购物品以当地自产自销为主，因中间环节少，比在城市购买更便宜。不过，当前也出现了不少高端乡村旅游产品，如浙江莫干山裸心谷等，可满足高收入消费者的需要，但并不是主流。由于乡村旅游地点邻近城市且消费较低，城市居民也有亲近自然的需求，因此其旅游频次比其他产品高。

3. 产品类型更加丰富

乡村旅游产品线的长度和宽度均较大，乡村旅游产品丰富，且产品线之间有较大的差异性，集观光旅游、度假旅游、体验旅游、休闲旅游、养生旅游为一体，可较大口径地满足各种旅游需求。如草原农舍、民族村寨、古村镇、江南水乡村庄、海边渔村、荷塘、果园、牧场、农业科技园区等。

4. 产品参与性与体验性更强

乡村旅游产品吸引旅游者的重要之处在于开展的各类旅游项目往往是农村日常生活的一部分，具有很强的亲和性和参与性，如采摘蔬果、参与农村节庆、农事活动等。乡村旅游者有的对乡村完全陌生，怀着好奇心去了解乡村、体验乡村生活；有的曾经有过乡村生活的经历，而如今已远离了大自然和乡村，于是借此重新体验乡村生活，找回已经失落的记忆。

三、乡村旅游产品的种类

1. 游览观光型

游览观光型旅游是以观赏乡村优美的自然生态景观和田园风光为主体，享受大自然之美，并利用乡村独特的自然资源建造乡村特色产品，如观光农园、牧场、渔村等。

2. 参与体验型

参与体验型旅游主要指在乡村旅游过程中，体验乡村生活和农业生产过程，与当地居民共同体验农事活动、民间传统手工艺等，并在此过程中获得新知识及情感体验。例如，位于福建省莆田市的百松村户外拓展基地，利用乡村周边山地资源，将乡村旅游与户外休闲体育结合起来，创新打造百松户外拓展基地，包括攀岩、射箭、高空项目、丛林真人 CS 和古迹穿越等项目，开展亲子户外运动休闲、青少年夏令营和企业团队拓展等特色活动。

3. 休闲度假型

休闲度假型旅游是依靠乡村的自然景观、舒适的气候结合周边的田园风光和地域民俗文化，建设休闲、娱乐等设施。例如，位于广东省清远市清新区石潭镇石湖村的艾米农场通过整合农村闲置优质土地，标准化、规模化开垦田园、建筑小院，包括生态水稻区、私家菜园区、农家产品采摘区、山间溪流区、自然教育、中央厨房区和特色民宿区 6 个区域，是一个集农业生产、家庭农场、科普研学和乡村生活体验于一体的乡村旅游项目。

4. 健康疗养型

健康疗养型旅游指随着消费者的体验需求越来越高，在乡村旅游功能设施中，开发的温泉、理疗、按摩等健康相关的项目体验。例如，位于浙江省湖州市长兴县的顾渚村农家乐，依托优质的山水自然条件，以老年康复疗养中心建设为契机，大力发展康养度假、观光休闲旅游。

5. 民俗文化型

民俗文化型旅游主要以乡村地域文化、民族风情及传统文特色为主题，展示特定的民俗、民族、乡土文化。例如，广西桂林阳朔县深入挖掘漓江流域渔家人夜间“渔火捕鱼”文化，打造漓江“渔火节”，带动漓江沿岸渔村发展。

四、乡村旅游产品的策划思路

1. 市场调查分析

乡村旅游市场需求旺盛、发展潜力巨大，一直被视为新时期居民休闲度假旅游消费的重要方式。近年来，随着人们收入水平的快速提升，围绕城市周边开展的周边游、农家乐等乡村旅游正成为常见的旅游项目。但主题创新、有特色的产品仍然较少，缺乏体验性强、吸引游客多频次复游的旅游产品。

2. 旅游资源分析

乡村旅游产品要加强对当地资源的深入挖掘和有机整合。拥有独特文化的古老村庄、古建筑、古风貌古文化等特点的乡村，可以打造有乡村文化底蕴的旅游产品；具有自己的优势产业，如蔬果业、渔业、养殖业、手工业，可以打造比较有体验度的旅游产品；“天生丽质”的乡村或农业，可以打造有山、有水、有绿植的天然风景特色的旅游产品。此外，近年来兴起的户外休闲在乡村具有较大的成本优势和生态环境优势，如山地自行车、骑马、攀岩、滑雪、滑草、溯溪、露营等。在不同的旅游资源基础上开发不同的乡村旅游系列产品，满足旅游者的不同需求。

3. 确定主题定位

乡村旅游产品类型较多，需要聚焦细分市场，明确本产品的市场定位和主题特色。例如，乡村旅游与红色旅游、研学旅游相融合，发展观星、观鸟、生态、美食、艺术等主题旅游；打造亲子牧场、萌宠乐园、郊野游乐园等亲子休闲娱乐产品；开发攀岩、溯溪、露营、骑行等户外休闲旅游产品等。这些乡村旅游产品的目标人群既可以是青少年，也可以是亲子家庭或成年人。

4. 信息要素收集

乡村旅游的餐食、住宿、交通、游览、娱乐、购物等要素安排需要具备一定的亮点，需要收集不同特点、不同档次的酒店、餐食、游览、娱乐等信息，如山村木屋、野营帐篷、山居美食等。收集信息的内容越细致越好。另外，由于乡村旅游地理区位的特殊性，在条件允许的情况下，还需要实地踏勘旅游景点的可进入性、基础设施配套情况等。

5. 行程设计和要素配置

针对客户需求，选择恰当的餐食、住宿、交通、游览、娱乐、购物等项目，将其组合在乡村旅游线路产品中。要考虑旅游项目的可进入性及亮点，提供细致周到的服务，如统一安排合适的交通方式，提前讲解旅游当地的历史文化和风土人情，提供实用有趣的旅游攻略等。

五、乡村旅游产品的设计策略

1. 突出特色化、精致化

乡村旅游不等于粗制滥造、低档次、低价格。要走精致化道路，在项目设计、住宿、餐饮、游览等方面做精、做细。后疫情时代相当一部分高消费旅游人群从跨省跨境旅游转向高端近郊旅游，对旅游品质要求提出了较高要求。近年来，火爆全网的“高端民宿 + 近郊游玩”提供了一种田园生活方式，体验乡村文化的独特性和乡村生活的舒适性，从某种程度上填补了需求空白，因此颇受市场欢迎。

2. 挖掘文化深度

挖掘乡土文化、民族文化。乡村旅游的核心不是走马观花，而是休闲度假，要把人留下来，必须深入挖掘地域文化、民族文化、乡土文化。例如，在一些乡村旅游活动中，游客可体验非物质文化遗产刺绣技艺，与当地群众一起跳民族舞蹈，增进对少数民族文化的深入了解。

3. 提高附加值

乡村旅游要拓展视野，丰富产品种类，增加消费卖点。乡村旅游具有时间短的特点，要在旅游产品中增加参与性和体验性项目，提升旅游产品的附加值。例如，在乡村饮食文化体验中，让游客通过食材采摘、菜品制作的形式，全面了解乡村生活；在果品采摘活动中，增加农产品深加工体验，让游客以亲手加工果干、罐头、蜜饯制品的形式，感受制作的乐趣，还可以将旅游加工产品带回家。

六、乡村旅游产品的要素配置

1. 酒店

乡村旅游产品一般为短途旅游。许多游客选择在周末或小长假到近郊农村体验乡村旅游，住宿大多 1 ~ 2 个晚上。针对客户的不同需求可选择不同类型的酒店，有的产品偏舒适整洁，有的偏特色体验，还有的注重性价比，如不同等级的民宿、连锁乡村酒店、野营帐篷、普通农家乐等。

课内阅读

升级中的乡村民宿

近几年，一批精品特色民宿在北京平谷山野间崭露头角，一群有想法的年轻人为乡村带来了创意与活力。“升级版”的乡村民宿不仅拥有独特的设计理念，还同时具备五星级酒店品质的设施与服务，让游客徜徉在山水间时，感受美丽乡村的新变化。

梨花小院　留住乡愁

秋高气爽，风轻云淡。梨花小院坐落在平谷区大华山镇西牛峪村，房前屋后的果树上结满了梨子和山楂。在玻璃栈道尽头的木椅上小坐，尝一个当地特产玉露香梨，饮一杯秋意盈盈的菊花茶，身心仿佛和周围的群山融为一体。梨花小院虽在乡间，但标准不减。每个小院均配备一对一的专用管家和服务经理，客房内为五星级标准配置，配备 24 小时热水、中央空调以及冬季地热供暖。

代舍小院　艺术空间

位于平谷金海湖畔的代舍是院子主人的自家小院和艺术空间，步行三分钟便可到达湖边。这里有连绵起伏的山峦、波光粼粼的湛蓝湖水以及秋天漫山遍野的红叶，是一处难得能够远离城市喧嚣、安享世外桃源般宁静惬意的私享之境。代舍小院共有 5 间客房，大大的落地窗外一步一景。细看之下，每间客房都有不同的内饰及格调，还配有让人心生欢喜的鲜花、绿植以及复古音箱。泡一杯茶、捧一本书、放一首歌，在露台躺椅上慵懒地晒着太阳，闭上眼，什么都不用想，这样便很好。

凹凸民宿　风格迥异

位于平谷王辛庄镇太后村的凹凸民宿藏身山水之间，共有3间泡泡屋和4间洞穴房。泡泡屋的灵感源自水滴，洞穴房根据山石的原型而设计，水滴石穿形成凹凸不平的表面，所以取名为凹凸。民宿保留了院子里的核桃树，还建了戏水池。大人们可以在院子里喝茶、望山，孩子们可以戏水、钻泡泡。泡泡屋外观没有墙壁和屋顶，就是全透明的白色球状造型，以可循环再造的塑胶制成，如泡泡一般，又像巨大的金鱼缸。客人在入睡时可以拉上窗帘，但还保留了仰望星空的视角，晚上可以看星星、看萤火虫。

资料来源："升级版"特色民宿振兴乡村旅游　这里有你向往的生活［EB/OL］.（2019－09－30）. http：//www.bjnews.com.cn/feature/2019/09/30/631465.html.

4～6人为一组，认真阅读课内阅读资料，并进行网络调研，思考以下问题：

1. 民宿为什么出现了不断升级的趋势？这体现了乡村旅游发展中的什么变化？
2. 在乡村旅游产品策划中应当如何进行酒店要素的设计？

2. 餐饮

中国各地饮食习惯不同，具有博大精深的饮食文化，风味多样且四季有别。城市居民越来越崇尚乡村美食的生态自然和简单朴实，对于一些旅游者而言，品尝特色乡村牧区美食，满足味觉享受，就是去乡村旅游的原动力。在乡村旅游中，"吃"应该超越基本的生活需求，提升为"尝"，为消费者提供"地产地销"的特色美食，从食材、调料、做法、容器、饮食环境、饮食文化传承等各方面打造不一样的"食"体验，体现鲜明的本地特色和不可带走性。

3. 交通

乡村旅游产品一般为近郊，可采取统一租用豪华大巴车、自驾统一集中等不同方式。例如，租用豪华大巴车，可提前准备晕车药物及矿泉水，并提前安排导游在行车过程中介绍旅游景点的亮点和乡土风俗习惯等。

4. 游览和娱乐

乡村旅游产品的游览和娱乐活动基本融为一体。可从以下几方面综合安排。（1）采摘。采摘作为近年迅速兴起的新型休闲方式，以参与性、趣味性、娱乐性强而受到消费者的青睐，已成为乡村旅游的一大特色。采摘类型不仅可以丰富多样，而且还可以深度挖掘，进行细分，针对各类人群打造不同的采摘环境。（2）学习。从城市居民需求的视角来看，久居城市的人们渴望了解农牧业的奥秘及农村牧区的生活方式，这种农村和城市的差异性、互补性是乡村旅游独特性的最好体现。因此，农耕、生态、自然知识的科普活动的设计安排不局限于青少年，也可以拓展至成年人。（3）游乐。在乡村旅游环境中，有充满乡村牧区的野趣项目、民俗表演活动。这些轻松有趣的玩耍、嬉戏活动，对青少年有着强大的吸引力，也很容易将成年人带回到无忧的童年时代，引起情感上的共鸣，延长旅游者停留时间，提升游客满意度。（4）休憩。放松心情、释放压力是大多数旅游者到乡村旅游的主要目的。在乡村旅游产品中可以植入田园生活、野营度假等原生态、环保时尚的元素，满足不同层次消费者的旅游需求。（5）养生。当今城市环境污染日益严重，很多人都向往农村清新的空气、自然的绿色，逃离城市，寻找天然氧吧。因此，可以选择安排瑜伽、慢跑、浆板等健康运动，丰富乡村旅游的活动形式。

5. 购物

乡村旅游产品的购物环节与其他类型产品略有不同。这里的购物一般是以当地特产为主，要突出差异性和特色性。购物商品的开发应与主题相契合，如北京平谷夏日清凉游可以安排大桃采摘和购买。就销售方式来说，乡村旅游应强调消费引导和购买体验的过程，以满足消费者心理和精神需求的体验式消费为主。

观看“乡村旅游复苏”视频，4～6 人为一组开展网络调研，思考乡村旅游转型升级体现在哪些方面。

【思政之窗】

升级乡村旅游　促进乡村振兴

综观现在的文旅市场，乡村休闲旅游正在成为一种新潮流，受到越来越多游客的青睐。数据显示，2019 年我国乡村休闲旅游业接待游客 33 亿人次，营业收入超过 8500 亿元。乡村休闲旅游不再是农家乐、采摘园等单一业态，而是开展创意设计、餐饮住宿、文创商品、特色农产品销售等多业态运营；不只是自然风光、休闲度假等传统开发，而是挖掘文化体验、生态涵养、健康养生等复合型价值；既顺应了城乡居民消费拓展升级的趋势，也满足了大众旅游、全域旅游的需求，乡村休闲游展现出了广阔的市场前景。

乡村旅游市场欣欣向荣，得益于转型升级的机遇，也蕴含着农业增效、农民增收的内在动能。有的地方充分利用自然资源和人文资源，发挥地方特色，打造多样化、特色化、高品质的乡村旅游产品和线路；有的地方着眼游客体验，在吃、住、行、游、购、娱等要素上下功夫，有力带动当地餐饮、住宿等相关产业发展。从农产品加工业持续发展，到乡村特色产业相继涌现，从乡村新型服务业稳步增长，到农村创新创业明显提升，乡村休闲旅游日益成为城乡协调发展的重要抓手、促进农民增收的重要渠道。

推动乡村旅游“美丽蝶变”，也要克服发展中的问题，解决成长中的烦恼。现实中，有的地方大拆大建、一哄而上，还存在不少同质化现象；有的村子经营粗放、管理混乱，让游客体验不佳；有的地区旅游季节性明显，难以形成可持续性……这说明，发展乡村旅游不是简单的“开门迎客”，必须因地制宜、因势利导，推动乡村旅游提质增效。一方面，要弥补出行难、停车难、如厕难等基础设施建设短板，丰富产品供给，提升旅游品质；另一方面，要找准定位、突出特色，把乡土风貌、优秀传统文化与现代旅游需求有机结合，努力培育具有地域特色的乡村旅游品牌，从而既能回应游客对“诗和远方”的追求，也能更好地承载展现乡村风貌、实现乡村振兴的使命。

资料来源：盛玉雷．乡村旅游展现广阔前景［N］．人民日报，2020－12－23.

思考问题：如何理解乡村旅游对乡村振兴的重要意义？

提示：近年来，乡村旅游不再局限于自然风光、休闲度假的传统模式，而是深度挖掘文化体验、健康养生等复合价值，顺应了城乡居民消费拓展升级的趋势，有力带动了当地餐饮、住宿、农产品加工等相关产业的发展，激发了农民增收、农业增效的内在动能，在提升乡村生活现代化水平、促进乡村振兴方面都发挥着重要作用。

【任务执行】

乡村旅游产品策划

通过训练，掌握乡村旅游产品的策划思路，掌握乡村旅游产品要素配置的方法。

4～6 人为一组，策划一条至少 2 天 1 晚的乡村旅游线路产品并进行 PPT 展示。

第一步：实训前准备。要求每位学生阅读本单元学习资料，熟悉相关知识点，尤其是市场调研分析—旅游资源分析—资料信息收集—线路设计和要素配置的设计流程。

第二步：以小组为单位进行市场需求分析和旅游资源分析。

第三步：小组分工配合，收集食、住、行、游、娱、购六大要素信息。

第四步：小组讨论并完成乡村旅游产品设计和汇报 PPT 制作。

第五步：小组所有成员上台进行口头汇报，说明每个人承担的任务。

内容要求

（1）至少包括旅游资源分析、市场需求分析、旅游线路及亮点说明三个方面的内容；

（2）路线包含食、住、行、游、娱、购六大要素，结构完整，格式规范；

（3）线路时间至少是 2 天 1 晚；

（4）主题明确、亮点突出。

分工要求

（1）每个小组必须分工协作，每个成员都需要承担相应的任务；

（2）每个小组都要进行讨论选题、任务分配和统筹汇总；

（3）每个成员都要上台进行 PPT 展示，并说明各自承担的任务。

展示要求

（1）PPT 展示需要包括旅游资源分析、市场需求分析、旅游线路展示及亮点说明三个方面的内容；

（2）PPT 展示的时间为每个小组 15～20 分钟；

（3）PPT 制作要求图文并茂，重点突出；

（4）PPT 汇报声音洪亮、语言简练清晰。

【课后作业】

扫码测试

【拓展阅读】

乡村亲子游案例

现在越来越多的家庭选择在周末或者节假日带孩子前往近郊的小镇或村庄，体验田园的乐趣。采摘瓜果、挖野菜、骑行垂钓、户外烧烤……乡村亲子游已成为大众亲子游的主要选择之一。在乡村，孩子们可以与家长一起了解大自然，体验田园生活的乐趣。目前，市场上常见的乡村亲子游产品主要是将乡村与文化、教育、体验等相结合，站在儿童的角度，塑造接地气的田园体验和教育产品。

案例一：泰国生姜农场

生姜农场位于泰国清迈古城南郊，距离市中心的直线距离不到7公里，车程约半个小时，占地30亩，农场地理位置优越，交通便利。这个地处泰北美萍河边的亲子农场，有着优美的田园风光，极具清迈的小清新风格。生姜农场开业至今，吸引了无数的家庭前来。区别于其他枯燥乏味、容易玩腻的亲子农场，生姜农场强调让孩子回归自然，一直致力于丰富和开拓简单又轻松的日常亲子活动，让家长跟孩子在玩耍间收获不一样的快乐和陪伴。生姜农场设置了插秧等多种体验类活动，孩子与父母一起在稻田里插秧，重返童年时代。此外，生姜农场还提供半天或全天的研讨会课程，学习如何种植和收割稻米、在稻田里捕鱼和螃蟹等知识，过程中会有辅导员全英文讲解，并和孩子问答互动，从而激发学习的乐趣。

亲近动物、学习烹饪、制作稻草人等活动也深受孩子的喜爱。生姜农场所有的活动中无不体现“寓教于乐”的教育理念。不同国籍、不同背景的大人和孩子都能在这里释放热爱自然、热爱生活的天性。另外，还可以量身定制课程。

案例总结：(1) 生姜农场基于精准的市场定位，依靠丰富的体验活动把周末亲子游做成新概念式的“亲子幼儿园”，使孩子真正回归自然，又能学到很多知识。同时，老少皆宜的体验项目也拉近了孩子和父母之间的距离。(2) 大多数亲子农场都受到了季节性的限制，要想实现农场持续盈利，就必须要做好产业化经营，除季节性活动外，还必须开发可以持续盈利的产业。生姜农场通过网红餐厅、文创商品、节日活动、定制派对等方式来满足不同时段、不同年龄段的消费群体，从而打造成清迈旅游线路上的热门之地。(3) 细节周到的服务体验让游客产生好感，从而增加顾客的黏度，促进复游率。一次出行，不仅是为了体验而体验，更是为了度假而度假。

案例二：日本母亲牧场

母亲牧场位于东京大都市圈的千叶县，距离东京市中心只有大约2小时的车程，周边有3000万人口，为其提供了源源不断的客流。东京、川崎、横滨、千叶是母亲牧场的主要客源地。从这些地区到母亲牧场有非常便捷的公共交通和公路网络。母亲牧场的体验项目包括牧场漫游、动物喂养、骑马体验、赏花、水果采摘、手作体验、游乐园等，农场内还可以品尝美食、购物以及提供别墅住宿和露营。较为特殊的是，在母亲牧场的附近，建设了鹿野山青少年禅修中心，由禅僧为青少年提供禅修的指导服务。每年母亲牧场吸引100万名游客的来访，年营业额达到37亿日元，是东京周边乃至整个日本最好的亲子牧场。

案例总结：母亲牧场的成功经验有哪些呢？（1）可达性强。从东京至母亲牧场有铁路、轮渡、跨东京湾大桥、市区至农场的直达班车、站点至农场的摆渡车等多种交通方式。公共交通十分便利且多样化。（2）业态丰富。将动物巡游、动物接触、动物喂养、动物竞赛（押注）、手作工坊、户外游乐等体验业态与自然环境相结合，提供了丰富的家庭休闲度假氛围。（3）重视服务细节。牧场的便利化设施（物品租赁、婴儿室、医护室、宠物寄养室等）非常完备。别墅内的居住和烹饪用品非常齐全，非常适合家庭度假。官方网站文字有日语、英语、简体中文、繁体中文、韩语，对牧场的介绍非常详细，让游客来之前，对所有信息一目了然。（4）农业产业链完整。牧场除了旅游观光收入之外，最重要的收入来自售卖农产品及深加工产品，如羊肉、牛肉、羊奶、牛奶、奶酪、饼干、鲜花及其制品和动物玩具等。该牧场的农产品自成品牌，畅销日本市场，增强了牧场的盈利能力。

资料来源：中厚明德集团．如何打造乡村亲子游？来看看这两个成功案例［EB/OL］.（2021－11－16）. https：//view. inews. qq. com/k/20211116A098IY00？web _ channel = wap&openApp = false.

乡村旅游提质升级要把握好“四个导向”

乡村旅游高质量发展离不开良好的宏观环境和发展预期，需要全面认识政府工作报告体现的政策导向、民生导向、产业导向和工作导向，把握发展机遇，营造发展环境，坚定发展信心，汇聚发展力量。乡村旅游作为农村产业融合发展的主要形式和重要载体，是带动乡村产业发展、助农增收的有效途径，也是贫困地区实现脱贫摘帽的主要做法和成功经验。在持续推进脱贫地区发展，促进农业丰收、农民增收方面，乡村旅游仍然发挥着重要作用。

一是把握政策导向。乡村旅游虽然受到疫情影响，接待游客总量和经营收入较往年同期有所下降，但仍保持了良好的发展态势，并因近短程、小规模出游的特点，成为旅游行业恢复发展的亮点。在各项帮扶政策持续倾斜的背景下，需要把行业帮扶政策与产业发展政策、就业创业政策、创新激励政策等有机结合，用好、用足政策工具，助推乡村旅游高质量发展，进一步激活和放大乡村旅游的先导作用。

二是把握民生导向。乡村旅游要主动适应消费需求变化，以品质更优、服务更好、质量更高、效益更大的发展，更好地满足城乡居民对文化和旅游消费的新需求。同时，积极推进乡村旅游发展与美丽乡村建设、生态保护修复重大工程等有机结合，把乡村建设成为宜居、宜业、宜游的美好家园。

三是把握产业导向。乡村旅游高质量发展，不是在传统路径上的追加投资和重复建设，而是要借助信息化、数字化手段，不断丰富产品供给、消费场景和业态形式，提高产品品质和服务质量，增强乡村旅游便捷化、智能化程度。要主动衔接脱贫地区产业体系构建，有机嵌入当地经济社会发展之中，更加积极发挥“一业兴带动百业兴”的综合性和影响力，为全面巩固拓展脱贫攻坚成果提供持续的产业动力。

四是把握工作导向。进一步提升乡村环境和基础设施，优化乡村旅游发展基础、发展环境和发展内涵，为乡村旅游发展营造良好的政策和市场环境，打好“结合牌”“组合拳”，助推乡村旅游高质量发展。

资料来源：秦立玲．乡村旅游提质升级要把握好“四个导向”［N］．中国旅游报，2022－03－14.

单元四　研学游产品策划

【学习目标】

1. 掌握研学游产品的内涵、特征与分类；
2. 掌握研学游产品的设计策略，能够突出研学游产品的主题与特色；
3. 掌握研学游产品的线路设计思路，尤其是研学活动设计策略，能够根据需求策划不同主题的线路产品；
4. 培养知行合一的职业素养，提升对本专业的理解和热爱。

【课堂导入】

研学游　探索多彩世界

“读万卷书”遇到“行万里路”，碰撞出一种新的旅行方式和学习方式——研学游。曾经，书本是孩子的世界；现在，世界是孩子的书本。暑假孩子们纷纷走进研学大课堂，主动学习，探索世界，追逐精彩，一路成长。

携程数据显示，2022 年暑期研学游强劲复苏，7 月研学游订单量环比 6 月增长

4倍。内蒙古自治区和新疆维吾尔自治区的研学游热度较高，内蒙古预订量较2021年增长90%。携程上线了数百条亲子、研学游产品，数量是2019年的1.7倍，还推出了“点亮中国十大石窟群”“探索国家宝藏”“自然探索神奇动物在哪里”等热门研学线路。同程旅行数据显示，近期研学游相关搜索热度环比增长84%。学龄偏小的学生对以户外教学为主的自然研学课程更感兴趣，围绕文化探索、非遗技艺体验等主题的文博类研学产品更受大中学生喜爱。

各地研学游产品体系不断升级，研学游越来越细分发展，与资源特色的结合度越来越高，如文博研学、工业研学、气象研学等都是热门的类别。研学游产品应根据青少年的学习特点，游学相结合，注重文化体验，让孩子真正有获得感，在研学中学习和成长。研学游产品核心在于研学和旅游的平衡。针对不同群体持续开发有价值的研学旅行产品，应避免同质化；在行程安排、研学主题、课程设置等方面要满足不同群体需求。同时，旅游部门和教育部门要加强对研学市场主体的联合监管和引导，不断规范研学市场的秩序。

资料来源：赵珊．研学游 探索多彩世界［N］．人民日报（海外版），2022-08-17.

4~6人为一组，认真阅研材料，借助网络工具，思考以下问题：

1. 什么是研学游？满足了客户群体的什么需求？
2. 当前研学游面临哪些问题和挑战？

【知识讲解】

一、研学游产品的概念

研学游产品有广义和狭义之分。广义的研学游指以研究性、探究性学习为目的的旅游形式，是让学生主动提出问题、主动探究、主动学习的归纳式学习过程。对于研学游来说，研是基础，学是目的，游只是一种形式和载体。狭义的研学游即研学旅行，是一门以学生为主体，以发展学生能力为目标，具有探究性、实践性的综合活动课程。

狭义的研学旅行具有较强的政策性。2016年11月30日，教育部等11部门发布了《关于中小学生研学旅行的意见》，指出中小学生研学旅行是由教育部门和学校有计划地组织安排，通过集体旅行、集体食宿方式开展的研究性学习和旅行体验相结合的校外教育活动，帮助中小学生了解国情、热爱祖国、开阔眼界、增长知识，着力提高他们的社会责任感、创新精神和实践能力。

课内阅读

读万卷书也要行万里路

教育部等11部门印发《关于推进中小学生研学旅行的意见》（以下简称《意见》），要求各地将研学旅行摆在更加重要的位置，推动研学旅行健康快速发展。

《意见》指出，中小学生研学旅行是由教育部门和学校有计划地组织安排，通过集体旅行、集中食宿方式开展的研究性学习和旅行体验相结合的校外教育活动。开展研学旅行，有利于促进学生培育和践行社会主义核心价值观，激发学生对党、国家、人民的热爱之情；有利于推动全面实施素质教育，促进书本知识和生活经验的深度融合；有利于满足学生日益增长的旅游需求，从小培养学生文明旅游意识。

《意见》提出，要将研学旅行纳入中小学教育教学计划。各中小学要结合当地实际，把研学旅行纳入学校教育教学计划，与综合实践活动课程统筹考虑，促进研学旅行和学校课程有机融合。学校要根据教育教学计划灵活安排研学旅行时间，一般安排在小学四到六年级、初中一到二年级、高中一到二年级，并根据学段特点和地域特色，逐步建立小学阶段以乡土乡情为主、初中阶段以县情市情为主、高中阶段以省情国情为主的研学旅行活动课程体系。

《意见》强调，要加强研学旅行基地建设。各地要根据研学旅行育人目标，依托自然和文化遗产资源、红色教育资源和综合实践基地等，建设一批安全适宜的中小学生研学旅行基地，并探索建立基地的准入标准、退出机制和评价体系。打造一批示范性研学旅行精品线路，形成布局合理、互联互通的研学旅行网络。各基地要将研学旅行作为重要的教育载体，根据小学、初中、高中不同学段的研学旅行目标，有针对性地开发多种类型的活动课程。

《意见》要求，各地要规范研学旅行组织管理。各地教育行政部门和中小学要探索制定中小学生研学旅行工作规程，做到“活动有方案，行前有备案，应急有预案”。学校组织开展研学旅行可采取自行开展或委托开展的形式，但须按管理权限报教育行政部门备案，并做好学生活动管理和安全保障工作。学校自行开展研学旅行，要与家长签订协议书，明确学校、家长、学生的责任权利；学校采取委托开展研学旅行，要选择有资质、信誉好的企业合作，并与企业签订协议，明确委托企业或机构承担学生研学旅行安全责任。

《意见》还对研学旅行工作组织领导、经费保障、安全保障、督查评价、宣传引导等方面提出了明确要求。

资料来源：教育部等11部门．关于推进中小学生研学旅行的意见[EB/OL].(2016-12-02). http：//www. moe. gov. cn/srcsite/A06/s3325/201612/t20161219_292354. html.

4~6人为一组，认真阅读以上资料，并进行网络调研，思考以下问题：
1. 教育部推动研学旅行的目的是什么？
2. 研学旅行与广义的研学游有什么区别？

二、研学游产品的特征

1. 体验性

研学游通过真实环境设计体验项目，充分调动视觉、听觉、嗅觉、味觉、触觉的参与，让青少年通过五感充分体验真实环境的酸甜苦辣，收获切实的经验和教训，把这些体验内化为自身的认知和能力。同时在行程中反思与分享自己在实践活动中的体会和感受，提高对某个领域的认知水平，培养集体主义意识和团结协作精神。

2. 探究性

研学游实际是一种探究式学习体验。实践活动的问题设计要具有启发性，能够引导青少年的思考和表达，不提倡提问“是”或“否”的封闭式问题或用几个词就可以回答的问题。根据不同的年龄段，可以尝试不同的探究学习模式。例如，针对6~11岁儿童，可以设计不同主题，引导通过PBL项目式学习或STEAM跨学科教育模式来探讨和解决问题；针对12岁以上青少年可以采用更高阶的探究性学习模式，引导青少年自己提出探究主题，开展小课题研究。

课内阅读

PBL和STEAM

PBL（Project Based Learning）是对复杂、真实问题的探究过程，也是精心设计项目作品、规划和实施项目任务的过程。这个过程中，学生能够掌握所需的知识和技能。

STEAM（Science，Technology，Engineering，Arts，Mathematics）是集科学、技术、工程、艺术和数学多学科于一体的综合教育。通过跨学科教育方式培养创新性复合型人才，提升学生的问题解决能力，培养创新思维和创造能力。

4～6人为一组，认真阅读以上资料，并进行网络调研，思考以下问题：
1. PBL和STEAM各有什么特点？
2. 研学游产品策划中采用这两种方式各有什么作用？

3. 集体性

狭义的研学游即研学旅行，是一种以班级、年级甚至学校为单位进行的集体活动。广义的研学游以亲子家庭的方式或青少年单飞的方式进行旅行，也是一种集体性活动。在集体旅行中，大家团结友爱、互帮互助。运送行李、远距离行进、受伤或生病等实际场景都可以激发和引导青少年形成乐于助人、团结协作的精神和品质。

三、研学游产品的种类

（一）不同年龄段

研学游产品针对不同年龄段应设计不同方案。一是活动范围不同。随着年级增高，活动空间的地域可以逐步扩大。二是知识深度和综合程度不同。要设计与年龄段认知和能力水平相适应的内容，探究方式和作业任务要求也应有所区别。例如，小学生要以体验日志、游学感悟、观察日志为主；初中生可以做小课题、小论文、实验报告；高中生可以尝试运用查找文献、实验、测量等多种研究方法，作出完整的研究报告。

课内阅读

不同年龄段的研学活动

主题：曲阜孔子故里研学

小学生：诵读《论语》，了解孔子，观看祭拜仪式等。

初中生：结合（先秦）历史，加深理解历史事件；研读《论语》《孟子》选篇；初步领悟儒家思想；结合语文课，学习相关课文。

高中生：研究《论语》，探究孔子人格、思想，比较分析诸子百家思想，比较研究孔子同时代中西方哲学思想等。

4～6人为一组，认真阅读以上资料，并进行网络调研，思考以下问题：

1. 每个年龄段设计活动的目标有什么差异？
2. 为什么不同年龄段要设计不同的研学活动？

（二）不同类别

1. 自然类

自然类研学游产品的重点是设计以认识自然环境为目的的一系列探究活动，让青少年了解所处的环境，学习野外地质考察的方法，围绕某个主题进行体验探究，促进课内理论知识与课外实践体会的相互融合，培养深入思考问题、研究问题的习惯和能力，树立人与自然和谐相处的生态文明观。这类研学游产品的主题可以包括自然观察、物种调查、地质考察、生态保护、自然灾害等。

2. 历史类

历史类研学游产品的重点是青少年通过实地考察、阅读史料，建立现代社会生活与历史事件、传统文化的联系，培养人文素养和文化理解能力。这类产品主要以重要历史事件发生地，如国家博物馆、圆明园、良渚文化遗址等作为研学空间，研究某个历史时期发生的重要事件背后的原因、某位历史人物的人生经历及相关启示等。

课内阅读

疯狂原始人（历史类）

预习任务

查阅有关资料，初步了解北京人、山顶洞人的生活状况。

研学活动

视频讲座：观看中央电视台《考古发现之旅——寻找北京猿人》专题片剪辑，了解北京猿人的历史发现、猿人头盖骨遗失谜案的真实记录。

参观调研：参观北京古猿人遗址博物馆，了解北京猿人的历史，思考古猿人与现代人的差异，小组合作完成对比差异分析报告，要求图文并茂。

动手实践：模拟考古活动，体验钻木取火。

探究学习：分组选择其中某项感兴趣的题目进行研讨探究，用文字记录和拍照的形式收集资料，小组探讨制作折叠书，用清晰化的思维框架、结构化的折叠书构建，完成主题报告。

3. 地理类

地理类研学游产品的重点是引导青少年探究人类生存的地理环境，认识理解自然地理、人文地理、天文观测的探究活动。通过设计读取地图信息、判别户外方向、分析地形地貌、解释自然现象等活动，将课堂所学知识应用于野外实践。

4. 科技类

科技类研学游产品可分为航天科技、海洋科技、生物科技、天文科技等不同主题，设计科技知识讲座、科技企业或场馆参观，可根据年龄段安排科技手工制作或创新课题研究等活动。

5. 人文类

人文类研学游产品的目标是引导青少年了解和认识一个国家或地区的文化、艺术、教育、习俗等，形成对特定的社会文化现象的一种综合认知和深入理解。通过参观博物馆、历史遗迹等人文景观，设计突出文化理解、欣赏传承的体验和探究活动，如策划非物质文化遗产体验，开展剪纸、风筝制作、陶瓷彩绘等手工活动。

课内阅读

徽州研学活动设计（人文类）

预习任务

查阅有关资料，了解徽州的地理位置、历史文化、风俗习惯等。

研学活动

考察与探究：游画中乡村，访徽派建筑，欣赏徽州古建筑工艺之精湛，体悟历史悠久的东方美学“道法自然”的文化底蕴，了解各种建筑形态的基本结构，解读楹联碑刻文化内涵，小组协力共同搭建徽派古民居。

动手与体验：动手做铭牌拓印、古方造纸、徽墨描金、砚台雕刻、徽笔制作等，追寻传承千年的匠心。古村定向、草木蓝染、竹编学艺、田园采摘、烧火做饭，丰富的活动可以让孩子们在快乐中学习，感受皖南的文化气息。

内化与传承：设计“我是小徽商”活动，将传统的商业文化加以传承和发扬。

此外，还有一些军事类、体验类等其他专项研学游产品，满足不同消费群体的需求。

4～6人为一组，认真阅读历史类和人文类研学活动案例，并进行网络调研，思考以下问题：

1. 从活动设计上看，研学游与普通观光游有什么差异？
2. 根据课内阅读的样例试设计一个地理类或科技类研学活动。

四、研学游产品的策划思路

1. 营地辐射式研学线路

建立以研学实践教育基地为核心、周边基地为辐射圈的研学实践基地群，探索跨营地合作和资源共享。以某营地为核心，对具有教育性的资源进行整合，满足不同层次消费者的需求。

2. 主题串联式研学线路

围绕一个主题，对涉及研学资源进行串联整合，形成研学游精品线路。可以围绕红色主题，利用沿途丰富的红色旅游资源，形成红色研学游产品；围绕自然生态主题，利用丰富的海洋资源、绿水青山小镇、生态保护区、国家公园等策划自然主题的研学游线路产品等。

五、研学游产品的设计策略

1. 精心设计每场研学活动

研学活动贯穿了研学游产品全过程，每场研学活动都要围绕目标、资源、内容、实施、评价、师资和研学手册等要素进行精心设计。每场研学活动的目标都需要围绕研学游主题开展。例如，如果研学游主题是徽州文化，就安排在参观宏村古村落中探寻徽州历史变迁和文化特色的研学活动。研学活动的资源一般包括研学手册、阅读资料、笔记本等。研学评价采取过程性评价，研学成果展示与交流也是评价的一部分。研学手册的内容包括研学主题、研学目标、目的地简介、总体行程、每日行程及专题学习目标、学习内容与学习方式、评价方式和工具、安全知识、带队教师名单、全体学生名单等，是研学活动的必备资料。

2. 重视行前—行中—行后全流程

不同于其他主题旅游产品，研学游产品通过设计行前、行中和行后全流程活动体现自身的专业性，提升产品的吸引力。行前召开说明会，向亲子家庭介绍整体活动安排；行中通过微信群等方式实时发送图片、视频、文字，帮助家长随时跟踪研学活动的进程并及时反馈；行后进行线上成果展示及满意度问卷调查等。通过线上全流程活动设计使研学游产品的附加价值在线上得以延伸，活动更加丰富和多样化。

3. 优化研学活动的组织形式

研学游产品策划的重中之重是研学活动的设计，要从不同年龄段掌握的课内知识体系和认知水平出发设计实践活动，强调探究性和体验性，充分调动视觉、听觉、嗅觉、味觉、触觉的参与，通过五感体验获得感受和认识，并将这种认识内化为一种能力。同时，采取 STEAM 跨学科综合学习模式，提高青少年从整体认识事物发展规律的能力，促进独立创新思维的发展。

4. 注重行程安全保障

安全是研学游产品的重中之重，只有在保证安全的基础上，研学游才有意义。研学游安全包括交通安全、食品安全，应对自然灾害和公共安全风险等，需要形成一系列行之有效的安全预警、安全保障、应急反应的体制和机制。此外，研学游产品还应购买人身意外保险或研学旅行保险等专门的商业保险。

六、研学游产品的要素配置

1. 酒店

研学游产品主要面向的消费群体是青少年单飞或亲子家庭。以青少年单飞为主的研学游产品，酒店一般选择舒适干净、性价比较高的星级酒店、特色客栈或营地住所，如榻榻米通铺或高低床等；以亲子家庭为主的研学游产品，可选择品质较高的星级酒店或特色客栈的标间等。

2. 餐饮

研学游产品的餐饮需根据不同的研学主题或目标进行设计策划，同时要结合当地的餐食特色。总体来看，研学游产品的餐食比其他主题产品要简单一些，更注重每日营养供给，菜式的色香味可以退而求其次。不妨在餐食设计中加入青少年自主采集食材、烹饪菜肴的活动环节，增加互动性和体验感。

3. 交通

研学游产品的交通安排与其他主题产品的策划方式较为类似。路途长的选择高铁或飞机，路途较短的选择较为舒适的大巴车或自驾游。交通安排更注重安全和舒适，花在交通上的时间不宜过长。

4. 游览和娱乐

研学游产品的游览和娱乐活动一般都结合在一起，紧密围绕研学主题和研学目标开展。例如，科技类研学游产品组织参观北京天文馆、观看 5D 电影、体验动手操作活动等，将游览和娱乐活动作为研学游课程的重要载体，在学中游，在游中学。

5. 购物

研学游产品一般不单独安排购物环节，游客可以在研学游过程中自主选择购物，如博物馆、纪念馆、历史遗迹等场所的文创产品、纪念品等，红色研学游所在地的土特产等，以及其他自己感兴趣的特色产品。

【思政之窗】

推广研学实践　植根红色基因

2021 年 3 月 23 日，中共中央召开新闻发布会介绍中国共产党成立 100 周年庆祝活动有关情况。发布会上提到开展党史学习教育将贯穿 2021 年全年，总的要求是学史明理、学史增信、学史崇德、学史力行。通过组织“重温红色历史·传承奋斗精神”“走近大国重器·感受中国力量”“体验脱贫成就·助力乡村振兴”等学习体验活动，推出“建党百年红色旅游百条精品线路”，举办红色故事讲解员大赛，组织优秀讲解员进学校讲述红色故事，组织红色研学旅行，举办大学生红色旅游策划创意大赛等活动，积极引导青少年接受革命传统教育，追寻先辈足迹，切身体验奋斗历程。办好各类群众性文化活动，最大限度地调动群众参与的积极性。

开展党史学习教育，不只是落实党中央工作部署的重要内容，也是新时代学校教育的重要政治任务，更是推动青少年健康成长、培养我国社会主义事业建设者和可靠接班人的迫切要求。通过组织中小学生进行党史研学实践教育，总结和回望党的百年历史，让青少年能够深刻认识历史和人民选择马克思主义、中国共产党、社会主义道路和改革开放的历程；深刻认识从石库门到天安门、从红船到中国巨轮，中国共产党 100 年所付出的一切努力、进行的一切斗争、做出的一切牺牲，都是为了人民幸福和民族复兴。将党史学习从知识到情感态度落到实处，感悟党的伟大历史成就，深刻认识中国共产党为什么“能”、马克思主义为什么“行”、中国特色社会主义为什么“好”，把红色传统、红色记忆、红色基因根植于青少年心中。

资料来源：中央新闻发布会．在党百年华诞之际，通过研学实践开展青少年党史教育［EB/OL］.（2021－03－18）. https：//www. 163. com/dy/article/G66CFPQ30524RN79. html.

思考问题：如何理解红色研学游对传播红色传统文化的重要意义？

提示：红色研学实践活动是传播红色文化传统的重要形式，通过组织中小学生进行党史研学实践教育，总结和回望党的百年历史，深刻理解100年来党进行的斗争和做出的牺牲都是为了人民幸福和民族复兴，把红色传统、红色记忆、红色基因根植于青少年心中，从而使青少年更加坚定中国特色社会主义道路自信、理论自信、制度自信和文化自信。

【任务执行】

研学游产品策划

通过训练，掌握研学游产品的策划思路，掌握研学游产品要素配置的方法。

4~6人为一组，策划一条至少2天1晚的主题研学游线路产品并进行PPT展示。主题可选择科技类、人文类、历史类、地理类、自然类任意一种。

第一步：实训前准备。要求每位学生阅读本单元学习资料，熟悉相关知识点。

第二步：以小组为单位进行市场需求分析和旅游资源分析。

第三步：小组分工配合，重点是围绕研学主题和目标，进行研学活动设计。

第四步：小组讨论并完成研学游产品设计和汇报PPT制作。

第五步：小组所有成员上台进行口头汇报，说明每个人承担的任务。

内容要求

（1）至少包括旅游资源分析、市场需求分析、旅游线路及亮点说明三个方面的内容；

（2）路线包括食、住、行、游、娱、购六大要素，结构完整，格式规范；

（3）线路时间至少是2天1晚；

（4）主题明确、亮点突出。

分工要求

（1）每个小组必须分工协作，每个成员都需要承担相应的任务；

（2）每个小组要进行选题讨论、任务分配和统筹汇总；

（3）每个成员都要上台进行PPT展示，并说明各自承担的任务。

展示要求

（1）PPT展示重点是研学活动的设计；

（2）PPT展示的时间为每个小组15~20分钟；

（3）PPT制作要求图文并茂，重点突出；

（4）PPT 汇报声音洪亮、语言简练清晰。

【课后作业】

扫码测试

【拓展阅读】

游美营地教育

营地教育是什么？美国营地协会在 1998 年给出的定义是“一种在户外以团队生活为形式，并能够达到创造性、娱乐性和教育意义的持续体验”。营地也是研学游产品的重要支撑。营地教育有效地填补了社会教育的空白，在国内应试教育和传统家庭教育之外给孩子们打开了一扇通往新世界的大门。

游美营地是一家坚持国际化教育理念，致力于在全球范围内打造营地、研学以及青少年赛事游学、场景，以户外营地教育和体验式学习的方式，服务孩子、助力家长及赋能学校的创新型教育机构。成立以来，游美营地累计服务了超过 8 万个中国孩子和家庭，让中国孩子在世界很多地方留下了探索的足迹。

游美营地拥有“夏冬令营 + 研游学定制 + 周末活动 + 青少年赛事”四位一体的多元产品体系。涵盖上海、北京、千岛湖、成都、云南等美式夏令营；吉林松花湖、崇礼云顶、八达岭、石京龙等滑雪冬令营；海南海岛、三亚冲浪潜水、西双版纳雨林、元阳、桂林探索营；航空航天、海洋学者主题营、风起少年兵军事营、峡谷探索等主题营；草原以及戈壁徒步、篮球等赛事活动；亲子骑行、树屋、探洞等周末营活动。

扫码观看

资料来源：李璟晖．游美营地：始于营地，不止于营地［EB/OL］．(2022－06－13)．https：//page. om. qq. com/page/O6D8jeLjvFOfQeoDVvNgYG3w0.

我国青少年营地教育现状、存在问题及解决对策

营地教育起源较早，至今已有150年历史。营地教育使青少年接受必要的素质培养和体育运动技能、生存技能训练，全面提升青少年各方面的素质和能力。近年来，我国青少年营地教育领域具有国家政策支持力度不断加大、营地教育分类多样化、营地教育规模不断加大、参加营地教育的青少年数量持续增加等态势，同时也存在营地教育产品同质化严重、专业人员缺乏、课程设计不科学、营地教育机构分布不合理等问题。针对以上情况，现提出以下解决对策。

差异化、多主题设计营地教育内容

潜心挖掘市场需求，根据我国青少年成长环境、心理特点、能力体系，精心设计营地教育内容，设计营地机构特有的内容和教育目标，围绕教育目标选择营地内容，进行差异化发展，提供更多种类的营地教育产品，既满足素质教育的一般需求，也开发多品类、专业化、有特色的营地教育产品，满足不同层次、不同要求的家长和青少年的需求。

多渠道培养营地建设专业人才

青少年营地教育是一种新型的教育形式，本质是一种融合户外运动、运动训练学、心理学、教育学、运动生理学等学科的教育，要求营地导师不仅具有高超的运动技术与技能，同时也要具有多学科知识的储备。建立一批实践能力强、户外运动专业技术水平高、多学科知识扎实的复合型营地教育专业人才队伍，是营地教育行业发展的需要，也是促进营地教育实现教育功能和长期可持续发展所必需的重要条件。

加强课程设计能力、突出教育功能

注重建设与开发适合青少年成长的课程体系，将更多的户外运动融合到营地教育课程体系中，更加注重课程带给青少年的心理成长需求，提高青少年团队合作能力、解决冲突问题能力、培养坚强的意志力，提升青少年户外领导力水平等方面。课程内容应突出教育功能，增加青少年的体验感。从满足青少年的心理需求、提高身体素质、塑造个性、提升综合能力等多元化角度进行营地教育产品研发，是增强营地教育机构核心竞争力，提升业绩的重要方向。

创新营地合作模式、在全国范围建设营地

为解决营地教育的基地问题，地方政府和营地教育机构应创新营地建设新模式。营地教育机构可以与风景区、大型公园、户外拓展基地等机构合作，通过租赁、改建、托管等形式，利用对方优质的自然资产资源，将营地教育延伸作为景区、公园、地产、旅游等配套内容。吸引社会资本加入营地建设领域，解决营地建设投资巨大的困境，减轻政府的资金压力。

资料来源：乐体营地. 你所认为的玩物丧志，却是孩子们发展的重要契机——营地

教育［EB/OL］.（2022－08－01）. https：//zhuanlan. zhihu. com/p/548618963.

单元五　工业旅游产品策划

【学习目标】

1. 掌握工业旅游产品的内涵、特征与分类；

2. 掌握工业旅游产品的设计策略，能够突出工业旅游产品的主题与特色；

3. 掌握工业旅游产品的线路安排与要素配置的方法，能够根据需求策划线路，配置要素组合形成产品；

4. 培养知行合一的职业素养，提升对本专业的理解和热爱。

【课堂导入】

上海全面推进工业旅游发展

近日，上海市文化和旅游局、上海市经济和信息化委员会等十部门共同印发《关于支持和推进上海工业旅游发展的实施意见》（以下简称《意见》）。《意见》明确，以工业旅游为抓手进一步打响上海旅游品牌，促进工业遗产保护利用更加有效，工业文明传承创新更加显著，上海制造金字招牌更加响亮。

《意见》提出，加强工业遗产保护利用，培育工业旅游、工业设计等新业态、新模式；激发工业品企业内生动力，支持工业品企业加快开放工业旅游，拓展展示功能与旅游新体验；创新消费品企业运营模式，支持消费品企业增强工业旅游体验中心建设，开发工业旅游消费品等，丰富沉浸式旅游体验，打造集文化、购物、消费、体验为一体的工业旅游综合体。

《意见》还提出，促进“工业旅游＋科技”融合，加强工业科普类旅游线路等产品的研发和体验设计，支持工业旅游景点创建科普基地；促进“工业旅游＋教育”融合，加大工业旅游与中小学生研学实践、大学生社会实践和上海市民终身学习体验基地等相结合，研发工业文明教育、研学旅游产品；促进“工业旅游＋文创”融合，开发一批入选“上海礼物”和上海伴手礼的工业旅游特色文创产品和时尚潮品。就打造工业旅游示范标杆、提升工业旅游服务水平、推动工业旅游线上线下融合发展、建立长三角工业旅游合作等提出具体要求。

《意见》还从健全工业旅游标准化体系，加大工业旅游发展专项扶持，加强工业旅游专业导游、讲解员培养等方面明确保障措施，进一步促进上海工业旅游高质量发展。

资料来源：丁宁．上海十部门出台推进工业旅游发展实施意见［EB/OL］.（2022－02－16）. http：//www. ctnews. com. cn/news/content/2022－02/16/content _ 119436. html.

4～6 人为一组，根据任务导入的阅读资料及网络调研收集的资料，思考以下问题：

1. 什么是工业旅游？
2. 工业旅游产品具有什么特点？

【知识讲解】

一、工业旅游产品的概念

工业旅游是伴随着人们对旅游资源理解的拓展而产生的一种旅游新概念和产品新形式。工业旅游在发达国家由来已久，特别是一些大企业，利用自己的品牌效益吸引游客，同时提高品牌知名度。在我国，越来越多的现代化企业开始注重工业旅游。近年来，我国著名工业企业如青岛海尔、上海宝钢、广东美的、佛山海天等相继向游人开放，形成了特色鲜明的工业旅游产品。

二、工业旅游产品的特征

1. 地域性

工业的分布具有地域性特点，工业旅游资源自然也具有地域性。我国工业旅游资源主要集中在沿海发达地区和中部地区的城市以及交通枢纽中心，游客选择工业旅游产品与各地区的资源赋存条件、经济地理环境等密切相关。

2. 知识性

工业产品是一种创造性活动，科技含量高，人们对工业旅游消费活动，更着重于学习其生产过程的知识，掌握其中不断发展变化的科技信息，从而达到普及科技、增长知识的重要目的。例如，某方便食品企业，根据方便食品生产过程的工艺特点，在厂区现场组织旅游者参观，为旅游者提供系统的讲解、产品制作演示、举办食品展览会，让旅游者看到产品的生产过程，最后尝到香喷喷的产品，使旅游者不知不觉地学到了有关食品的生产技术、营养卫生、环境保护、消费等方面的知识。

3. 效益性

工业旅游集求知与审美于一身，集观光与购物于一体。开展工业旅游具有双向受益性，既有助于树立提供工业旅游资源企业的良好形象，为企业做了很好的免费宣传，又增加企业效益，体现在门票、服务和直销产品的收入方面，有利于促进签订合同，扩大企业形象。

4. 动态性

随着科技的进步与市场需求的变化，工业企业存在新旧更替，工业旅游资源个体的旅游寿命具有时限性。相对于自然风光的不可再生性和不可移置性，工业旅游资源具有可迁移性，如厂址改变、工厂扩建等，其资源内涵包括硬件设备和软件技术等。

5. 没有明显的季节性

工业旅游产品景区、景点、项目可常年对外开放，其旅游市场体现为相对稳定性。当然，工业旅游产品同工业产品生产一样，在很大程度上受工业产品市场需求变化的影响，产品市场的波动也同时影响旅游产品的变化。必须做好产品市场预测和调查，根据消费市场需求调整旅游产品项目和路线，保证工业旅游产品与市场需求的平衡。

三、工业旅游产品的种类

1. 科技型工业旅游

以某一特定工业领域的科学技术为主题，以现代科学技术和先进生产工艺流程为主要内容，开展具有科普、教育功能的旅游经济活动，如北京中关村科技园、西安高新技术开发区等，这类工业旅游基地科技含量极高，对广大旅游者的吸引力较为强烈。

2. 工厂观光休闲旅游

以企业场景、设施、设备及其他具有景观价值的工业旅游资源为主体，开发的供游客观光、游览、欣赏企业环境风光和企业景观，能让当地的居民和游客做滞留性慢游和休闲娱乐的旅游形式。这类工业旅游有助于宣传企业文化，扩大品牌影响力，如上海宝钢、青岛海尔都相应地开发了以企业生产线、生产过程和企业场景为内容的观光旅游。

3. 工业遗产旅游

将工业遗产地开辟为博物馆，展示工业遗产独特的历史和艺术价值。还有将工业遗产改造为创意产业园、景观公园、公共休憩场所等，既满足人们休闲娱乐的需求，又改善城市居住环境，带动周边环境提升。例如，北京的 798 创意园区是我国工业旅游创意产业运用的典型案例，广东中山岐江公园是在中山市粤中造船厂旧址上改建而成的主题公园。

4. 工业消费体验旅游

依托特定的企业文化或产品，通过生产演示或专门演示产品生产过程宣传和销售企业产品，引导游客消费购买的一种工业旅游类型。特别适合工艺性强、富有文化创意和现代时尚设计水平的产品，如景德镇陶瓷、仙游红木家具、九牧王等部分服装企业以及传统老字号食品。

课内阅读

首钢园成为网红打卡新地标

站在北京西部永定河畔的石景山上，俯瞰首钢园这座工业遗址，可以发现一处处工业风、科技感、文化味十足的文旅消费空间悄然兴起，形成一道独特的风景线。

2010 年底，首钢北京石景山厂区全面停产。2016 年北京冬奥组委的入驻，唤醒“休眠”的首钢老厂区，首钢石景山厂区加快转型升级的脚步，重现生机与活力。

2022 年冬奥会和冬残奥会，让世界的目光聚焦北京。首钢园内，承办单板滑雪大跳台和自由式滑雪大跳台的首钢滑雪大跳台，共诞生 4 枚金牌，中国队夺得 2 枚金牌。赛后首钢园面向社会开放，作为中国运动员“夺金福地”的大跳台，成为冬奥标志性景观旅游景点，迎来众多游客参观。

沿大跳台向北，原首钢电力厂化身为首钢园香格里拉酒店，酒店通过对工业文化历史遗存进行全方位改造，保留了厂房结构、汽轮机组等原有工业文化风貌。酒店向东是保留原有工业遗存的六工汇城市综合体。其中，原首钢第二泵站改造成购物广场东侧主入口，迎面可见极具纵深感、引导性的木桁架。原首钢沉淀池改造为户外下沉活动广场，两个冷却塔作为景观构筑物保留。曾是首钢工人主要文化休闲场所的五一剧场，经过改造升级，保留原有造型及外立面，成为具有高辨识度的沉浸式交互体验模式和未来游戏空间。六工汇的不远处，是同样位于首钢园区的瞭仓数字艺术馆，其前身为首钢老厂区用于存储铁粉等原料的储料仓，名称取“料仓”同音字，寓意是传承自强不息的首钢工业文化特质。这个配有 6 个数字光影展厅的沉浸式数字艺术展，应用 331 台高清投影机等设备设施塑造了沉浸式、可互动的光影艺术世界。

资料来源：陈杭．百年首钢工业遗存“蝶变”打造京城文旅“新名片” [EB/OL]．(2022 - 07 - 22)．http：//www.chinanews.com.cn/gn/2022/07 - 22/9809887.shtml.

4～6人为一组，认真阅读课内阅读资料并进行网络调研，思考以下问题：
1. 首钢园属于哪种类型的工业旅游产品？
2. 首钢园具有什么特点？满足了游客的哪些需求？

四、工业旅游产品的策划思路

1. 市场调查分析

工业旅游产品的游客多以当地游客为主，原因在于工业在各地几乎都有分布，虽然可能各有特色，但人们往往选择与当地经济发展、社会发展以及个人生活密切相关的工业旅游产品。主要游客可分为学习参观型、商务调查型和观光游览型。学习参观型游客多为大中学校学生，倾向参观各类科技园区、工业基地博物馆等，交通便利，科技化程度高。商务调查型游客多为与该工业企业相关的企业商务人士，他们前来游览的目的多是进行参观、考察，以确定是否有开展业务往来和继续合作的可能性。观光游览型游客多利用双休日、小长假携全家到环境幽雅、宽敞明亮的厂区、厂房进行休闲度假游。

2. 旅游资源分析

总体来看，工业旅游资源可以分为遗址遗迹、建筑与设施、旅游商品、人文活动四大类；从行业类型来看，又可分为采掘业（如煤矿、铁矿等）、能源工业（如煤电企业、水电站等）、冶金工业（如钢铁厂、焦化厂等）、交通运输工业（如汽车制造公司、飞机制造公司、船舶制造企业等）、电子电器工业（如计算机制造、家用电子产品制造公司等）、家电和日用电器工业（如电视机、电冰箱等家电制造企业）、食品/饮料/酿造工业（如啤酒、白酒、酱油、矿泉水等制造企业）、城市基础设施（如城市污水处理厂）等。工业旅游产品策划需要对当地工业旅游资源进行挖掘和分析，寻找适合不同细分市场的旅游资源。

3. 确定主题定位

工业旅游产品可根据不同的细分市场选择相应的定位主题。例如，以工业生产场所为主的工业旅游，重点是参观工业企业所在地，包括工厂、矿山、塘坝等；以生产场景与生产过程为主的工业旅游，重点是展示工业旅游产品的生产过程，体现工业产品生产的专业性和科技性；以生产成果为主的工业旅游，游客可以到企业或生产场所参观或购买其生产成果，如铸币厂、奶糖加工厂等，游客在参观之余还能购买纪念币或奶糖作为纪念品；以企业历史为主的工业旅游，通过参观企业博物馆、纪念室，了解企业或行业的发展进程。

4. 信息要素收集

工业旅游以团体游客为主，且旅游设施距离较近，一般仅住宿 1～2 晚，甚至不安排住宿，餐食、交通等安排一般较为简单，重点是游览和娱乐内容。应收集实践性、体验性活动的相关信息，或者与工厂、园区合作策划一些工业旅游互动活动，形成有吸引力、竞争力的工业旅游项目。

5. 行程设计和要素配置

针对客户需求，选择适当的餐食、住宿、交通、游览、娱乐、购物等项目，将其组合在工业旅游线路产品中。要考虑工业旅游不同客户群体的具体需求，例如，针对中小学生群体，一般选择科普类工业旅游项目；针对亲子家庭群体，则要分别设计针对家长和孩子的不同游览项目。

五、工业旅游产品的设计策略

1. 团体游为主

作为一种专项旅游，工业旅游的市场定位相对明确。游客群体主要是本地人、学生或商务人士。为便于企业统一安排和管理，不致影响正常的生产，工业旅游一般以团体游的形式组织，配置统一导游，不接受个人预订。

2. 突出趣味性

工业旅游以高科技作为卖点，但由于距离日常生活较远，仅靠工厂参观和知识讲解显得较为枯燥，也难以让游客长时间逗留，因此需要加入一些趣味性的互动活动增加产品的吸引力。例如，青岛啤酒厂将百年老厂房改造成博物馆，将其划分为历史文化区讲述品牌百年历史，生产工艺流程区展示高新生产流程，多功能区提供啤酒品尝、纪念品销售等服务。从了解历史到观看生产流程再到品尝实物，青岛啤酒通过一个故事线增加了整个游览活动的趣味性，给游客留下深刻印象。

3. 突出体验感

工业旅游可以利用自身优势，通过让游客亲身体验、动手参与产品的生产过程，促进景区与游客之间的互动和交流。例如，在钢铁车间中，游客可以在专业老师的带领下制作钥匙扣等小饰品；在面包厂，可以制作面包、饼干等；在废弃的矿坑里，游客可以穿上工作服，搭乘电机车，当一回矿工。“听过不如看过，看过不如干过”，亲身体验才能带给游客深刻的印象，从而达到更好的宣传效果。

4. 结合社会热点

工业旅游可以结合当前社会关注的科技热点进行策划设计。当前，不少游客对自动驾驶、智慧物流、环保科技等比较感兴趣，可以与相关企业合作，策划参与性和体验感较强的工业旅游线路产品。例如，参观京东“亚洲一号”智慧物流园，了解专业的无人设备的运动轨迹，考察智慧物流如何在企业中应用才能使人们放心享受科技生活等。

课内阅读

京东“亚洲一号”智慧物流园体验

活动时间：2022 年 8 月 20 日 09：00 至 16：00。

集合地点：京东集团总部西北门。

活动安排：随着全球首个无人配送站的启用，京东物流在无人机、无人车、无人仓、无人配送站等各个环节，实现了物流配送的全流程无人化。用智能化设备的无缝对接解决电商业务的复杂场景，无论在国内还是全球，京东持续开创行业标准，成为智慧流的新标杆。此工业旅游项目分为四个环节：一是参观先进的自动化设备工作流程，了解专业的无人设备运动轨迹；二是考察智慧物流如何在企业中应用，使人们放心享受科技生活；三是体验光伏发电 DIY，体验虚拟的物流运动过程，各个岗位运作状态及流程；四是中午在场地内食用简餐。

4 ~6 人为一组，认真阅读资料并进行网络调研，思考以下问题：

1. 京东智慧物流园体验项目属于哪种类型的工业旅游产品？
2. 这一产品具有什么特点？

六、工业旅游产品的要素配置

1. 酒店

工业旅游产品一般为当日往返的短途旅游，因此住宿酒店可以弱化。如果有合适的位于工业园区的特色酒店，也可以考虑策划 2 天 1 晚的行程安排。

2. 餐饮

工业旅游产品的餐饮一般安排游览地点内的简餐，如由旅游企业预定的汉堡、盖饭等快餐或者由工厂食堂安排的荤素搭配的简餐。如果参观的工厂企业为食品/饮料厂，则可安排工厂自制的产品作为餐食。

3. 交通

工业旅游设施一般位于市区或市郊，交通比较方便，可以选择在工厂或工业园区门口集合，统一安排旅游巴士在统一地点接送游客。

4. 游览和娱乐

游览和娱乐主要在工厂或工业园区进行，可根据不同主题策划不同的游览和娱乐项目，并探索与其他主题旅游产品相结合，如科普主题的工业旅游可以与研学游产品相融合，工业场景展示主题的工业旅游可以与商务旅游相融合。

5. 购物

工业旅游产品的购物可以与游览相结合。例如，现场参观企业产品的生产制作和操作流程，让游客自己动手参与制作，不仅加深了旅游者对企业产品的认识，还让游客享受到无比的乐趣，工业旅游集游览与采购于一体，对游客具有独特的吸引力。

【思政之窗】

上海发布工业旅游发展实施意见
满足旅游者和工业企业更全面多元工业旅游需求

为促进上海工业旅游高质量发展、展现中国现代工业制造水平和科技创新的能力，上海市文化和旅游局联合上海市经济和信息化委员会、上海市文化创意产业推进领导小组办公室等十部门共同印发《关于支持和推进上海工业旅游发展的实施意见》（以下简称《意见》），在擦亮上海品质之旅新名片的同时，大力促进上海工业旅游高质量发展。

上海是中国近代工业发祥地、品牌发源地和现代工业集聚地，得天独厚的工业资源、深邃的工业历史和深厚的文化底蕴等，为上海工业旅游的发展提供了巨大的优势。近年来，上海工业旅游发展规模不断扩大，不仅拥有工业遗产 290 处，涉及 30 多个制造业大类，更有中国商飞、上海汽车、江南造船、宝山钢铁、三一重机、超算中心等体现国内先进制造业最高水平的旅游资源。此外，包括中国航海博物馆、上海国际时尚中心、上海玻璃博物馆、上海影视乐园、上海邮轮城在内的 60 余家行业博物馆，M50、半岛 1919、1933 老场坊等工业遗迹，也为市民游客提供了诸多打卡的好去处。

《意见》进一步明确了工业旅游发展的总体要求、重点任务、组织实施与保障，将助推上海工业旅游的升级，满足旅游者和工业企业更加全面多元的工业旅游需求，让广大市民游客真切感受“上海制造”的魅力。《意见》中明确提出鼓励工业企业加大向社会开放的力度，从设计环节嵌入企业旅游功能，借助厂房新建、改造等预设参观通道和旅游配套设施。

资料来源：李宝花.《上海工业旅游发展实施意见》发布，满足更全面多元工业旅游需求［N］. 解放日报，2022－02－16.

思考问题：如何理解工业旅游的重要意义？

提示：工业旅游是由工业生产过程、工厂风貌、工人工作生活场景、工业景观等构成。它可以让游客置身其间，见证一件件产品的生产过程，甚至还可以亲自上阵，参与生产过程。跟普通的观光旅游相比，它更具现场感、参与性，能够最大限度地满足人们的好奇心和求知欲。发展工业旅游具有多重现实意义：对于企业来讲，可以化解产能过剩，寻求破茧重生，保护工业遗产，实现转型升级；对于旅游业来讲，可以培育新领域，丰富新产品，增加新供给，构建新增长点；对于工业城市来讲，可以完善城市功能，优化城市空间，注入全新活力，改变城市风貌。

【任务执行】

工业旅游产品策划

通过训练，掌握工业旅游产品的策划思路，掌握工业旅游产品要素配置的方法。

4～6 人为一组，策划为期 1 天的北京工业旅游线路产品并进行 PPT 展示。

第一步：实训前准备。要求每位学生阅读本单元学习资料，熟悉相关知识点，尤其是市场调研分析—旅游资源分析—资料信息收集—线路设计和要素配置的设计流程。

第二步：以小组为单位进行市场需求分析和旅游资源分析。

第三步：小组分工配合，收集食、住、行、游、购、娱六大要素信息。

第四步：小组讨论并完成工业旅游产品设计和汇报 PPT 制作。

第五步：小组所有成员上台进行口头汇报，说明每个人承担的任务。

内容要求

（1）至少包括旅游资源分析、市场需求分析、旅游线路及亮点说明三个方面的内容；

（2）路线包括食、住、行、游、购、娱六大要素，结构完整，格式规范；

（3）线路时间至少是2天1晚；

（4）主题明确、亮点突出。

分工要求

（1）每个小组必须分工协作，每个成员都需要承担相应的任务；

（2）每个小组要进行讨论选题、任务分配和统筹汇总；

（3）每个成员都要上台进行PPT展示，并说明各自承担的任务。

展示要求

（1）PPT展示需要包括旅游资源分析、市场需求分析、旅游线路展示及亮点说明三个方面的内容；

（2）PPT展示的时间为每个小组15～20分钟；

（3）PPT制作要求图文并茂，重点突出；

（4）PPT汇报声音洪亮、语言简练清晰。

【课后作业】

扫码测试

【拓展阅读】

工业旅游如何展现新时代中国工业形象

需求催生工业旅游，产业融合不断加速

工业和旅游业在经济社会发展中相互融合、相互渗透，进而催生了工业旅游。现代工业快速发展，一方面，不断有新的产业分化、产生；另一方面，各产业之间的联系越来越紧密，相互融合的趋势明显。随着人们对旅游的认识不断地加深，一些原本看似与旅游无关的产业也逐渐被应用到旅游业上，诞生了工业旅游等产业旅游。

我国工业旅游得以发展的因素可以归纳为以下两点。

一是现代社会对“多元化”的旅游消费需求。旅游消费需求日益呈现多元化趋势，游客更加偏好具有多重产业属性、功能的新型旅游产品，如“旅游＋文化”“旅游＋教育”“旅游＋养生”“旅游＋食品”“旅游＋科技”等，且通常功能集观光、娱乐、体验、知识为一体。于是，兼具这些属性和功能的工业旅游便应运而生。

二是企业营销形象化、口碑化的需求。随着市场竞争的加剧，企业间的竞争从产品竞争升级为企业整体形象的竞争。产品的竞争除了其本身的商品竞争力和营销推广的竞争力外，企业形象也是企业生存和发展的重要因素之一。工业旅游为企业向公众树立良好的自我形象提供了一个重要有效的途径，为企业产业的发展提供了新的突破口。

工业旅游源于市场需求，现代社会人类需求的增长拓宽了旅游的范畴，使工业成为旅游业的一种资源，并通过二次开发转化为工业旅游产品，再进入旅游市场中实现对接，这种对接不仅是资源、产品与市场的对接，在更深层次上是第二产业和第三产业之间的对接，凸显了工业旅游本质是产业融合。

我国产业融合已经成为经济领域的普遍现象。产业边界的快速消失，迫使企业不断改变新技术，寻找新客户群体，满足新的消费需求。产业融合打破了产业壁垒，不仅能够催生新产品，扩宽新市场，最终还能够实现产业整合，对经济增长、战略革新都有不可忽视的影响。

工业文化赋能产业融合发展

2021年6月初，工业和信息化部、国家发展和改革委员会、教育部、财政部、人力资源和社会保障部、文化和旅游部、国务院国有资产监督管理委员会、国家文物局联合印发《推进工业文化发展实施方案（2021—2025年）》（以下简称《方案》），旨在更好地发挥工业文化在推进制造强国和网络强国建设中的支撑作用。

《方案》提出，要把工业文化建设作为推动制造业高质量发展的重要内容，完善工业文化发展体系，促进文化与产业融合发展，丰富中国制造的文化内涵，培育工业文化的新业态新模式，不断增强国家文化软实力和中华文化影响力。《方案》还提出了未来5年的发展目标："工业文化支撑体系基本完善，理论研究与应用实践进一步深入，工业文化新载体更为丰富，初步形成分级分类的工业遗产保护利用体系和分行业分区域的工业博物馆体系；打造一批具有工业文化特色的旅游示范基地和精品路线，建立一批工业文化教育实践基地，传承弘扬工业精神"。

新时代下，国家高度重视软实力和中国文化影响力的建设，在中国制造向高质量攀登的路上，需要工业文化提供柔性支撑和精神动力。文化对工业发展的重要性越发突出，旅游是实现文化赋能工业发展的最佳途径，文化是工业和旅游的内核，工业发展是最终目的。通过发展工业旅游，实现文化、旅游、产业三方的有机融合与相互促进，形成良性循环。

工业旅游能够促进传统工业园区、老厂房更新改造，重新唤起工业文化记忆，向世界展现中国工业发展的成就、工业遗产魅力。当前，我国处于产业转型升级的关键时期，因地制宜地积极推进工业旅游，对于众多资源型城市和老工业区的转型发展、工业遗产的保护利用、工业结构的调整升级、工业企业的提质增效、“老字号”品牌价值的拓展提升等，都具有十分重大的现实意义。

资料来源：前瞻产业研究院．工业旅游如何展现新时代中国工业形象？［EB/OL］.（2022－02－22）. http：//news. sohu. com/a/524544948 _ 473133.

北京首钢工业遗址——北京工业旅游地标

中国首钢集团始建于1919年，地处北京石景山，新中国成立前30年累计产铁28.6万吨。新中国成立后首钢获得了新生，1958年建起了中国第一座侧吹转炉，结束了首钢有铁无钢的历史；1964年建成了中国第一座30吨氧气顶吹转炉，在中国最早采用高炉喷吹煤技术，20世纪70年代末首钢二号高炉成为当时中国最先进的高炉，最高年产钢近1000万吨，代表了当时我国钢铁冶炼工业的先进水平。

北京城市发展扩张及申奥成功，对北京环境提出了更高的要求，首钢面临巨大的环保压力。为更好地兼顾国家、北京市和企业及广大职工等各方面的利益，首钢启动搬迁。2005年2月，国家发展和改革委员会正式批复首钢搬迁方案，同意首钢实施压产、搬迁、结构调整和环境治理，在河北唐山曹妃甸建设一个新首钢，在顺义建设冷轧薄板生产线，至2010年底完成搬迁。

搬迁后遗留下来的首钢园区并没有拆除，而是在原先的工业场地上进行了规划和改造，打造中国首家以钢铁工业文化遗存为特色的工业遗址公园。园区内保留了很多较完整的钢铁工业生产厂区和建筑，如今已有百年历史的首钢园成为工业遗址公园，是目前国内保存最完整、面积最大的钢铁工业生产厂区。

2015年，北京申办冬奥会成功；2016年，北京冬奥会组委会入驻首钢园区；2018年，首钢正式成为北京2022年冬奥会和冬残奥会官方合作伙伴，跻身北京冬奥组委最高级别赞助商。

2019年首钢工业遗址公园正式对外开放，首钢工业遗址公园利用保留下来的高炉、冷却塔、运铁路专用线、机车等珍贵的工业历史遗存，将园区打造成历史与科技交融、钢铁与生态相辉映、遗迹和艺术碰撞的现代化公园。曾经彰显我国工业实力、默默记录城市历史和变迁的百年工厂，如今成为游客打卡的旅游胜地。首程控股有限公司执行董事张檬在接受第一财经记者采访时表示，首钢工业遗址公园将工业遗存与现代产业相结合，通过在国有土地资产上进行用地混合使用，工业构筑物改造，植入奥运、科技和创意文化等功能，在促进产业新旧动能转换的同时，探索新的城市活力空间。

在新版北京城市总规划中，首钢园是重要的区域功能节点，承载着将区域“打造成新时代首都城市复兴新地标”的任务。如今，冬奥会进入了倒计时，首钢把握冬奥会举办的契机，加快园区改造更新。不久前，北京冬奥会组委会正式向社会公布了《北京2022年冬奥会和冬残奥会遗产报告（2020）》，其中第十章专门介绍了“带动首钢转型发展，打造新时代首都城市复兴新地标”。通过建设首钢滑雪大跳台等北京冬奥会比赛及训练设施，形成一批场馆遗产；举办特色文化体育展会，建设国家体育产业示范区；为北京冬奥会组委会“定制”筒仓办公楼，以冬奥会带动项目入驻，最大限度地发挥冬奥会溢出效应；活用工业遗存，形成生态、艺术、建筑、灯光等一系列景观。

如今的首钢遗址公园已经是一个集体育、科技、文化、产业于一体的“新首钢高端产业综合服务区”，不仅是城市更新、美学升级、产业结构调整的文化新地标，还烙刻着中国工业时代的足迹，见证着中国工业文明的璀璨发展。

资料来源：前瞻产业研究院．工业旅游如何展现新时代中国工业形象？[EB/OL]．(2022－02－22)．http：//news.sohu.com/a/524544948_473133.

单元六 云旅游产品策划

【学习目标】

1. 熟悉云旅游产品策划的主要流程，能够分析旅游资源优势、分析市场需求和产品定位，并提炼产品亮点；

2. 掌握云旅游产品策划的原则，能够应用于产品要素选择和组合中；

3. 了解云旅游对整个行业发展的重要作用，提升对本专业的认知、理解和热爱。

【课堂导入】

传统导游转型“云游”

受新冠疫情影响，持续“停摆”的旅游业复苏十分缓慢。众多的旅游爱好者只能怀揣着“世界那么大，我想去看看”的梦想，打开手机，从“云端”穿梭在祖国的大好河山中，感知当地的风土人情。对旅游从业者来说，没有游客也就没有了工作。随着云旅游逐渐走进大众视野，遭受重创的文化旅游产业也被赋予了新动能。很多导游敏锐地发现了新机遇，“摇身一变”成为主播，重返景区开启云直播。他们努力打造自己的内容风格，继续带着网友“云游四方”。沉寂的线下旅游市场开始在线上逐渐火热。

4～6 人为一组，阅研课堂导入材料，思考以下问题：

1. 哪些旅游景区或旅游项目适合进行云旅游？
2. 传统导游如何转型才能做好云旅游？

【知识讲解】

一、我国云旅游的发展现状

（一）云旅游的产生

互联网的普及和云计算、VR、AR、AI 等新技术的迅速发展催生出一种“线上＋线下”融合旅游的新形式——云旅游。云旅游是将旅游全过程资源和服务进行整合，利用互动运营平台等智慧旅游工具，随时随地为互联网用户提供旅游全资讯的一种旅游数字化发展形式。简言之就是待在家中，通过直播、虚拟仿真等工具和手段进行游览参观。云计算、大数据、5G、VR、AR 等新技术的发展是云旅游得以实现和推广的技术基础。随着这些新技术在旅游产品设计中的深入应用和不断发展成熟，云旅游在沉浸感、代入性、方便性等方面必然会给旅游爱好者带来越来越美好的体验。

（二）云旅游的兴起

同程、艺龙与马蜂窝旅游网发布的《新旅游消费趋势报告 2019》显示，AI、AR、VR 等技术在旅游行业的应用对旅游消费产生深刻影响，95% 的游客会在出行前浏览这类旅游内容。有专家预测，未来几年内，这类新技术将成为主题公园、博物馆、旅游景点的标准配置。中国青年报社社会调查中心发布的《青年云旅游调查报告》显示，74.8% 的受访者会选择云旅游，59.7% 的受访者表示对云旅游的体验不错，84.1% 的受访者认为云旅游丰富了自己的旅游体验。在景点类型的选择上，受访者的关注点也不尽相同。《青年云旅游调查报告》显示，67.2% 的受访者表示自然景观是他们最感兴趣的云旅游目的地。

虽然疫情防控常态化下全国各地不少景区闭门歇业，但云旅游却以此为契机，步入发展壮大的“快车道”。许多景区为满足游客的愿望，利用景区视频监控系统开通了云旅游模式。2021 年 12 月，文化和旅游部资源开发司发布了 2021 年智慧旅游典型案例，共有 27 个项目入选。故宫博物院在原有“玩转故宫”小程序的基础上，全新升级了“智慧开放”项目。该项目对AR实景导航在故宫场景应用进行了探索。AR和全景技术的接入，突破了传统参观博物馆对时间和空间的限制，人们可随时浏览全景故宫，即使不在故宫或是闭馆日，也可以独享空无一人的紫禁城。像故宫博物院“智慧开放”项目这样的案例，已如雨后春笋般地在全国生根发芽。云旅游通过丰富、立体的表现形式，使消费者在家中实现了“诗和远方”的梦想。

（三）云旅游的优势

1. 低成本、高效率

云旅游不同于常规的旅游线路产品，食、住、行、游、购、娱六大要素并不是必备要素。通过云旅游，消费者足不出户就能饱览天下，不仅省下了传统旅游所必需的金钱支出，如交通费用、食宿费用、参团费等，而且可以自主选择景区、景点，自主控制开始和结束游览的时间、景点停留时间等，真正实现了低价、高效的目标。

2. 全程无忧新体验

云旅游不受时间、天气、场地等传统旅游活动的限制，无须考虑景区的交通状况，更不用担心会遇到“黑导游”等问题。游客对旅游行程具有绝对的控制权，这为游客带来全新的体验和认识。

3. 提供全新服务方式

云旅游覆盖多个平台，容纳多种新技术手段，打通了线上线下，因此能为旅游供应商提供更好的营销渠道和服务基础，让它们可以从游前的行程预览、游中的增强体验到游后的行程回顾全方位地完善为游客服务的每个细节。

课内阅读

云旅游，不仅看上去很美

随着5G、VR等新技术的普及应用，曾经只能通过照片、文字被记录的风景名胜在手机上变得活灵活现，这让不能身临其境的人们隔着屏幕找到了旅游的快乐。受新冠疫情影响，人们的旅游出行受限，使云旅游在短时间内聚集了令人无法忽视的流量。抖音生活服务联合巨量引擎城市研究院发布的《五一抖音旅行报告》显示，今年“五一”假期，共有2.5亿人次在直播间跟着导游打卡景点；网友宅家观看旅行视频，完成了38.5亿次云旅游。

来自携程旅行网上的一名主播小 A，他平时的工作是通过直播带网友打卡景区、酒店等。他说，一场 40 分钟的直播通常会吸引约 50 万人次观看。“通过我们的镜头和讲解，很多人会被‘种草’，产生旅游消费的冲动，即使当下无法成行，也会把我们的推荐放进愿望清单。”在他看来，云旅游虽然不能算作真正意义上的旅游，但它“种下的草”为旅游业的复苏埋下了希望的种子。

“新冠疫情之下，借助云旅游的流量效应，为疫情过后游客的回归增加了可见度和关注度，成为旅游目的地的现实需求。”飞猪旅行网度假事业部负责人说。除了国内目的地，众多海外热门目的地也加入云旅游的队伍中。截至目前，泰国、德国、法国、英国等数十个境外目的地旅游局已陆续登录飞猪官方直播间，单场直播最高观看量达 114.5 万人次。

通过云旅游获得关注的景区、酒店、餐饮等企业，关心着如何将流量转化为销量。“我们会从消费者的角度体会购买者的关注点在哪里，在拍摄过程中突出特色，在直播时解答好各种问题，让大家看后想去体验和消费。”小 A 说，被成功“种草”的消费者可以直接点击链接购买旅游产品，“这类产品一般都会给消费者提供一个较长的出行时间选择，在最终核销前可以随时退改，避免疫情的不确定性给消费者带来损失。”

此外，借助云旅游，很多博物馆等文化场所实现了国宝在云端呈现、云端讲解，积累的人气带动了文创产品的云端销售。云旅游能将线上的关注转化为线下的消费，具体的形式包括：通过云旅游产生旅游冲动，进而购买目的地、旅行社产品；预订某些极具性价比的预期产品，如酒店、机票等；购买旅游目的地周边产品，如特产、纪念品等，这能在一定程度上缓解疫情之下旅游企业的经营困难。

资料来源：张雪．云旅游，不仅看上去很美［N］．经济日报，2022 - 06 - 04.

4 ~ 6 人为一组，认真阅读课内阅读资料，讨论完成以下问题：

1. 云旅游的兴起对传统旅游行业有什么冲击？
2. 这些旅游资源分别适合什么样的旅游者？

二、当前主要的云旅游产品

1. VR/AR 云旅游

这是目前最普遍、消费者接受度最高的云旅游产品之一。消费者通过 VR 云旅游身临其境般地进入虚拟场景进行沉浸式的体验，能够从任意角度看到身边的景物。这一独特的 VR 云旅游体验是通过 720 度 VR 全景技术实现的。技术人员首先利用全景拍摄设备全方位地对景区的各个点位进行实景拍摄，然后进行拼接生成、添加功能等一系列处理制作而成。游客只需一部手机，通过 720 度全景三维立体的展示，在家中就可以漫步于景区内的任意景点，还可以通过情景再现等项目充分了解景区的人文历史。

中国移动推出的 5G 云旅游系统，利用“中国移动瞰景”App 进行投屏展示，通过 5G 结合 VR 的方式对景区进行直播。“中国移动瞰景”App 主要以中国地图的形式展开，将各省优质景区的实时全景视频链路融入当前可观看全国 17 省 80 余个景区全景实时视频，让游客可以在家里观看全国美景，在疫情期间体验 5G 云旅游。故宫博物馆上线了“故宫展览”App，以一期一个主题的方式为用户提供不同展厅不同展品的 VR 视频，即使错过线下展览也可以通过 App 观展。除了 VR 技术，故宫团队还利用 AR 技术设计新的文创产品。例如，通过 AR 技术，打开手机 App，扫描故宫的某一个牌匾，即可弹出与这块牌匾及宫殿相关的历史影像。很多景区开始尝试把 VR 技术作为实体旅游的补充，让游客得到更完善、更丰富的体验。利用 VR 技术，可以让游客在景区内体验到由于季节或其他因素而体验不到的内容。这样，夏天去公园游玩的旅客就可以用 VR 看到公园冬天的景色，参观古建筑的人们还可以看到建筑的搭建过程。

2. VR/AR 导览

另外一种较为常见的 VR/AR 产品就是智能导览系统。借助 VR/AR 技术开发的智能导览更像是一个私人导游，只需要一部手机就可以全方位自主了解景区的游览事宜。VR/AR 智能导览还可以避免人们在旅游中遇到“黑导游”、强制购物等问题，为人们的景区游览带来便利体验。此外，VR/AR 智能导览还能实时预测天气、智能路线规划、专业解说等，对于自由行的游客来说是非常有价值的获取信息的渠道。上海旅游管理部门推出了“浦东滨江 VR 全景旅游地图”，只要打开“阅读浦东・浦东滨江 VR 全景旅游地图”App，上海中心、东方明珠、金茂大厦、上海环球金融中心、中华艺术宫、世博园、梅赛德斯奔驰文化中心等 12 个标志性建筑便可以尽收眼底，动动手指就可以“走进”这些景点，还有专业解说“陪同”。旅游景区和旅游企业还可以在 VR 云游中巧妙植入各种营销元素，在不打扰游客的前提下使品牌深入人心，成为打造网红景区、引流转化的一大利器。VR 云游中也可以融入周边住宿及设施的信息，形成整个围绕景区的“线上 + 线下”一体生态，为游客提供优质的、全方位的服务。

3. VR/AR 营销

将 VR 作为一种营销方式，通过拍摄旅游目的地全景宣传视频向用户提供游前体验服务，让用户可以在旅游之前先了解旅游景地或酒店的真实情况。相关调研显示，有近20%的受访者在VR技术的帮助下选择旅行目的地，约25%的受访者计划使用VR技术来选择旅行目的地。

4. 线上直播

直播云旅游具有较强的互动性和体验感，能够让用户充分体验目的地的景色和文化。旅游企业也可以以此为基础，充分利用直播促进营销。例如，斗鱼直播平台上线了“游云南”，同步推出丽江玉龙雪山、保山龙江大桥、冰雪海洋世界、丽江蓝月谷湖、大理三塔公园等景点的直播节目，原汁原味地展现当地风土人情。斗鱼与武汉大学共同打造了“云赏樱”直播，让网友隔空欣赏樱花开放的美景。数据显示，赏樱直播活动开始半小时内，斗鱼直播间观看人数快速上升。美团平台也上线“宅家云旅游”专题。在美团门票频道，点击“免费云导览”，进入专题，就能免费获取各大景区的在线语言导览：可以欣赏北京天坛公园里神乐署的琴瑟乐器、斋宫的红墙绿瓦，可以“前往”上海迪士尼度假区开始一次奇幻的童话之旅，还能在陕西历史博物馆边听边学镶金兽首玛瑙杯背后的故事。山东旅游部门推出的“云游孔子博物馆”活动，直播活动丰富精彩，不仅介绍场馆里的基本陈列，还讲解展品背后的文化故事，通过六个单元介绍了孔子的生平、思想以及对政治、教育界的影响等，讲解员旁征博引、娓娓道来，让博物馆的文物变得鲜活生动，吸引了27万多名网友一起在线赏国宝、品文化。

5. 云旅游＋文创

借助云旅游打开文创产品销售渠道的博物馆不在少数。苏州博物馆首次在淘宝直播平台进行直播，第一场就吸引了25万人次，第二场更是达到33万人次。仅这两场活动的观看人次，就相当于以前3个月的参观人次。线上直播期间，其淘宝店内的文创产品，如陶冶之珍冰箱贴、大邦之梦徽章、唐寅创意茶泡袋等合计销量过千件，这3项文创产品营收粗略估计就达2万元以上。拼多多平台上的文创产品的销售额2021年同比增加了233%。博物馆直播活动带动文创产品销售，既鼓励了设计师创作，也增加了景区收入，成为文创产品一种新的销售模式。

课内阅读

云旅游还会持续多久

云旅游可以看作线下旅游无法开展时的一种替代方案。新冠疫情过后，云旅游的热度肯定会有所下降，但从目的地营销层面来看，旅游博主的个人IP、旅游短视频的视觉冲击和旅游直播带货给出的爆款价格，已形成营销引流和产品销售的新范式。在这种趋势下，旅游业势必会追赶这波流量红利。

“在云旅游的相关视频中，有大量网友的评论和反馈，游客可以作为参考，提前获取旅游信息，进行在线咨询与预订等。”抖音相关负责人认为，云旅游可以成为一种常态化的旅游目的地推广模式。由字节跳动公益与抖音生活服务联合发起的“山里 DOU 是好风光”项目陆续在广西、四川、河南、山西等地落地，该项目通过直播、短视频等方式助力目的地营销，为旅游业复苏、农民增收蓄力。抢抓云旅游营销的红利，离不开一定的专业技能。抖音相关负责人表示，“刚接触云旅游的地方，大多存在缺少专业人员的问题，对运营团队的构成、方法与规则等不了解。为此，我们不断开展免费线上直播培训，希望能帮助当地更多人掌握直播云旅游的技能。”

云旅游虽然无法带来身临其境的旅游感受，但相比走马观花式的实地旅游，云旅游借助数字技术等丰富旅游体验，等疫情结束后，可以作为实地旅游的有益补充。云旅游直播的方式可以讲解更多知识点，让旅游有更加有趣和细致的体验。数字化创新让博物馆等目的地更容易接近和参与，这能帮助观众理解复杂且微妙的概念。飞猪数据显示，“五一”假期，故宫博物院、秦始皇兵马俑博物馆、恭王府、金沙遗址博物馆 4 场直播观看量超 400 万人次。除直播云旅游外，飞猪还将数字技术融入博物馆等文化类景点的旅游体验中。

可以预见，围绕云旅游的服务创新，将不断提升景区、博物馆等旅游目的地的智慧化服务水平。云旅游在提升吸引力与文化内涵以及增强游览体验上将发挥长远作用。

资料来源：张雪．云旅游，不仅看上去很美［N］. 经济日报，2022-06-04.

4-6 人为一组，认真阅读课内阅读资料，讨论完成以下问题：

1. 当前云旅游产品包括哪些类型？
2. 云旅游的发展前景如何？

三、云旅游产品设计开发中的主要问题

1. 缺乏优质的内容生产

如果没有好的内容，即使再先进的高科技手段也无法创造真正成功的云旅游产品。旅游企业、各类平台和管理机构要培养更专业的复合型人才，尤其是挖掘更多

云旅游内容生产者，能够充分利用每座城市、每个景区独特的文化脉搏，提供优质的内容，吸引游客的关注。

2. 产品同质化严重

现在很多云旅游产品仅仅是把线下资源全盘照搬到线上，创意、表现形式等方面同质化严重。一个没有创意或技术创新的云旅游产品最终会因为失去自身独特的价值而被消费者抛弃。因此，云旅游产品应该保持差异化，重视跨界融合创新。云旅游产品的开发者不应只是向消费者提供线上发布的图文或者视频，而是要借助产品实现与消费者的实时互动，让游客在视频或直播中获取专业的讲解，获得实地旅游很难了解到的信息和没有的体验等，这样的产品才能创造价值。

3. 产品真实还原能力有待进一步提升

云旅游已经具备比较好的技术基础，但是仍然有很多消费者反映在云旅游过程中有不真实感，影响旅游体验。这种不真实感主要源于科技对于旅游体验感的还原度不够，脱离了旅游的文化意蕴。未来，还要继续加大 AR、VR、AI、大数据等技术在文旅景区的深度应用。

4. 线上流量转换为线下客流的能力有待提升

云旅游的异地体验特性和传统旅游存在重大差别，无法给景区带来住宿、餐饮等方面的收入，因此，成功的云旅游产品应该具备强大的线上流量转换为线下客流的能力。设计产品时需要统筹研究线上线下如何更好结合，给游客带来更好的旅游体验，为景区和旅游企业带来更多收益。

【思政之窗】

在家就能看世界

最近天气很好，不知道大家有没有趁初夏的好时光出去游玩一番呢？受新冠疫情影响，众多的旅游爱好者只能待在家中，但是他们那颗看世界的心始终无法平静下来。

不知道从什么时候开始，“世界那么大，我想去看看”“说走就走的旅行”这些网络流行语已经不再流行。确实，新冠疫情限制了我们寻找“诗和远方”的脚步。不过，朋友们不要太过失望，最近又有一个词很新鲜，那就是云旅游。有人不禁好奇，旅游这事儿还能在线上吗？众多的旅游景区纷纷开展文旅活动，策划直播推广活动，来满足大部分游客游览祖国大好河山的愿望。

例如，热门旅游省份云南以云旅游为核心，组织了一系列活动。来自云南各个地方的导游，通过云南省文化和旅游厅的官方短视频账号在一些景点进行现场直播。巴拉格宗特有的原始生态自然风光和文化魅力，大理的蝴蝶会、普洱茶的欣赏体验，以及云南省的美好风光及文化产业，都将通过直播向世界各地的网友展示。山西省“万导游带你去云旅游”直播推广活动也在不断进行中。除此之外，一些旅游企业也开始参与云旅游。例如，同程旅行在全国 12 个旅游胜地以“中国的第十二小时”为理念推出了 24 小时不间断的旅游直播，以在同城旅行官方微博、微信视频号、抖音号直播的形式向大家展现中国的历史文化和美丽的自然风光。直播从西双版纳的夜景开始，到我国首都结束，用镜头带游客“环游”了祖国的大好河山。

虽然目前的疫情还没有消失，但是我们心中对生活的热爱、对旅行的向往还在，目前通过云旅游的方式满足我们的精神需求，虽然云游天下还远远不够，不过终有一日我们会摘下口罩，亲自去看一看祖国的大好河山。

资料来源：旅游大百科．在家就能看世界，中国旅游日带领“云旅游”迅速发展[EB/OL].(2022－05－27). https://www.sohu.com/a/551588647_121119242.

思考问题：如何理解云旅游与传统旅游形式的关系？
提示：云旅游是科技发展和旅游方式改变的产物，为广大旅游爱好者提供了全新的旅游方式和旅游体验。但是它和传统旅游形式在本质上是相互支持和促进的共生体，二者协力发展才能更好地促进整体旅游产业的进步与发展，为游客带来更美好的旅游体验。

【任务执行】

云旅游产品评价

初步了解云旅游产品的应用情况，发现其优缺点。

第一步：实训前准备。要求学生提前阅读本单元内容相关的文献资料，熟悉相关知识点。

第二步：4～6 人为一组，通过网络查询等手段找出 5 个云旅游产品。

第三步：初步分析这些云旅游产品的创新点、市场竞争力、可改进提高之处，完成表 3－6－1。

表 3-6-1　云旅游产品分析

产品名称	创新点	市场竞争力	改进建议

第四步：以小组为单位，制作展示 PPT，进行 10～15 分钟的现场汇报，每个同学都要参与 PPT 制作和展示。

第五步：小组自评和互评，教师点评。

【课后作业】

扫码测试

【拓展阅读】

在传播红色文化的新路上不断前行

（讲述人：伍嘉希，毛泽东同志主办农民运动讲习所旧址纪念馆助理馆员）

2020 年 3 月，我从毛泽东同志主办农民运动讲习所旧址纪念馆（以下简称农讲所）借调到中共三大会址纪念馆工作，受新冠疫情影响，原计划的展览无法正常进行，我们便以直播和小视频的方式进行新媒体推广。在 11 天里，我和馆里的小伙伴做了 4 期“平凡与伟大——雷锋同志诞辰 80 周年纪念展”的直播，累计观看总量达 433.2 万人次。

展览的每一期直播我都会认真思考要传达的精神内涵。除一般性讲解外，还穿插了学生出演的情景剧。他们自己讲雷锋、演雷锋，并与抗疫精神相呼应，把雷锋精神与当下热点相融合。其中一期邀请了给中国工程院院士钟南山写信的小学生和当地驰援武汉的一名医务人员的孩子到场。雷锋精神如何体现？在一线奋战的抗疫英雄不就是我们的当代雷锋吗？参演情景剧的每个同学都经历了一次沉浸式体验，对雷锋精神的感悟更加深刻，会自觉化身为宣讲员，让直播起到延伸拓展的作用。

同年清明节期间，我们在“南方+”广州视频平台推出“云祭扫寄哀思，广州杨家祠清明线上缅怀先烈”的直播，当时特别设置了一个给革命先烈献花的功能，超过640万人次观看了此次直播，并在网上祭扫。杨匏安烈士的孙子杨峻说：“我和妹妹一家人怀着激动的心情观看了清明祭奠先烈的网上直播，让我们再次接受了一次理想信念教育，谢谢你们!”

这两次直播是我作为“云导游”的开端，从此，我们借助直播与短视频，让红色文化传播得越来越远。农讲所收藏了大量珍贵的红色文物。去年6－7月，我们精选了包括《农民问题丛刊》、周恩来手书“毛泽东同志主办农民运动讲习所旧址”、孙选的藤箱、周其鉴和陈伯忠用过的茶煲、彭湃用过的碗5件文物，推出5期《小文物大时代》的短视频，讲述文物背后的红色故事。该视频一经推出就在当地引起了很好的反响。有一次我带团站在门口，正要讲正门上方“毛泽东同志主办农民运动讲习所旧址”的题字，就听到有游客喊：“你们快看这个匾额，我看过一个视频专门介绍过，那是周恩来总理当年亲自题写的……”新媒体为红色文化的传播提供了新路径，有利于红色文化的传承创新和深度传播。

我们还以红色文化与传统文化相结合的方式，把更多人从线上引流到线下。农讲所原为番禺学宫（孔庙），始建于1370年，是一座红墙黄瓦的古建筑，我们邀请汉服爱好者在农讲所拍照片和视频在网上进行宣传，吸引了很多年轻人游园打卡拍照。为了让更多群众参与到红色文化传播中，日前，我们发起了“农讲所红色故事讲述人”遴选活动，发掘一批真正热爱红色文化、传承红色精神的市民，选拔后对其进行培训，邀请他们录制《红讲台》里新推出的“农运风云”栏目的音视频，目前已经收到很多报名音频。

目前，农讲所的线上直播和小视频已经常态化，几乎每个讲解员都可以胜任从写脚本到拍摄、出镜、剪辑等一系列工作。微信公众号上的“藏品推介”已经推出78期，“走进农讲所”也做了7期直播，每期的观看量有三四万人次，积累了一批“铁粉”。在馆里开设的一些临展上，我们会制作相关的小视频作为补充说明，讲述展览背后的故事，使展览形式更加丰富多元。

资料来源：伍嘉希．“云导游”：把红色文化传到更远处［EB/OL］.（2022－07－02）. http：//news. sohu. com/a/563244651_120006290.

安徽黟县探索“云旅游”新模式

“观众朋友们，大家好，今天我们直播的第一站是西递村的田园风光。放眼望去，大片油菜花与古民居交相辉映，走在花间，有一种‘久在樊笼里，复得返自然’的畅快。”一把油纸伞、一袭青纱裙，金灿灿的油菜花田里，有一个身影面对镜头落落大方，对着手机屏幕将古村落的自然山水娓娓道来。

这是一场旅游直播，由安徽省黄山市黟县文化旅游体育局主办，主播是黟县徽黄旅游发展公司西递景区的导游徐宁娟。3 月 20 日一大早，徐宁娟就为当天的“云旅游”做起了准备。“这是我主持的第二场直播，但这次的路线和上次有所区别。所以我要提前规划好，多走几遍，把握好时间。”

青砖小瓦马头墙，回廊挂落花格窗。从徽派建筑的雕梁画栋，到诗礼人家的家风家训；从农家小院的袅袅炊烟，到寓意深刻的西递楹联，徐宁娟全都了然于心。“有网友好奇晚上的西递村有什么好玩的，我简单介绍一下西递夜游。”言语间，徐宁娟将直播镜头对准了胡文光刺史牌楼。“这个建筑和夜游有啥关系?”观看直播的网友发问。“胡文光刺史牌楼是西递村的地标性建筑，过去一到晚上就黑乎乎的，没有风景可看。”徐宁娟和大家展开互动，“现在我们西递从徽文化入手，依托山水牌楼，打造了夜游。白天逛累了，晚上在村口能看看牌楼的光影秀。”“每天都有夜游吗?”“太棒了，真想实地体验一下”……感受到网友们的热情反馈，徐宁娟稍微放松了些。半个小时的直播结束时，不少观众意犹未尽。徐宁娟顺势邀请大家：“等疫情结束后，来西递做客。”

此前，暂停营业的西递景区探索“云旅游”新模式，通过镜头分享美景、解答网友提问，已成为景区“线上营业”的一个重要途径。近日，恢复了对外开放的西递村又开展了春季“云端赏花”活动，继续推广线上旅游。截至目前，徽黄集团已进行 5 场直播，浏览量超百万人次。“从观看人数和互动数据来看，旅游直播的宣传效果不错。”徽黄集团相关负责人说，“‘云旅游’的受众群体多元，通过线上直播接触旅游信息，激发大家线下出游的热情，值得一试。”

“这个季节属于黟县旅游旺季，往年 3 月全县游客量单日能达 10 万人次。今年游客骤减，只有同期的 1/10。”黟县文旅体局局长程丹说，“将美景以直播的方式带给大家，既能缓解宅家的焦虑，又能起到推介黟县的作用。我们计划将‘云旅游’作为常规活动长期办下去，也希望能吸引更多直播平台上的粉丝来黟县走一走。”

资料来源：黄艳，关飞．安徽黟县探索“云旅游”新模式 足不出户游古村［N］. 人民日报，2022－03－30.

第四章　旅游产品营销认知

单元一　旅游产品营销的概念和流程

【学习目标】

1. 掌握旅游产品营销的概念和特点，区分旅游产品营销与一般产品营销的差异；

2. 熟悉旅游产品营销的流程，能够针对旅游企业的实际情况提出营销建议；

3. 正确认识旅游产品营销的职业道德，践行社会主义核心价值观。

【课堂导入】

栾川旅游营销

栾川原是河南西部一个名不见经传的国家级贫困县，然而近年来，该地旅游产业异军突起，游客接待量由 20 万人次增加到 790.6 万人次，旅游综合收入从 5000 万元上升到 30.7 亿元。目前，该县拥有国家 A 级旅游景区 12 家，其中 5A 级 2 家、4A 级 4 家，全县打造出一个包括山水游、农家游、温泉游、滑雪游在内的休闲旅游品牌，成为中国旅游强县之一。

首先，栾川在塑造新的旅游形象品牌上，策划了一系列宣传、营销活动，如 2007 年在中央电视台“天气预报”栏目做了为期一年的形象品牌展播，在《大河报》和河南旅游网上举办为期一年的“绿色栾川 · 健康乐园”和“七嘴八舌话栾川”博客征文活动，引起了强烈反响。

其次，加强与龙门石窟、少林寺等世界一流品牌景区的合作，强力推进区域联合营销，打造中原文化山水游精品、绝品线路。正是这种魔术一般灵活多变的营销战略，提高了栾川的影响力和知名度，使之成为中原旅游市场上令人刮目相看的生力军。

最后，栾川成功地策划实施了鸡冠洞“一吻千年”热吻大赛、“黑人留学生”宣传栾川旅游、“亚洲第一巨人”宣传栾川旅游、伏牛山滑雪场郑州现场造雪仪式、万名健康老人骑游绿色栾川、全国县域旅游经济论坛等一系列大型营销活动，在社会上产生强烈的轰动效应。与此同时，老君山、龙峪湾、重渡沟、养子沟等旅游景区都要承办4个节庆活动：春季的“老君山文化旅游节”、夏季“消夏避暑节”、秋季的“伏牛山金秋红叶节”和冬季的“伏牛山滑雪节”，目前这4个节庆活动已成为中原地区旅游节庆活动的知名品牌。

资料来源：曹雪文，郭凌志．河南栾川 脱贫攻坚 乡村旅游增活力［EB/OL］．(2020-09-07). https：//wgxj. luanchuan. gov. cn/html/2020/news _ 0907/474. html.

4~6人为一组，阅研课堂导入材料，思考以下问题：

1. 什么是旅游产品营销？
2. 栾川县在旅游营销方面做了哪些探索？

【知识讲解】

一、旅游产品营销的概念

旅游产品营销指旅游企业或者组织通过市场调研了解游客需要，然后配置内部资源，努力提供适合这种需要的产品和服务，使游客满意、企业或组织获益的管理过程。广义上，旅游产品营销应当包括旅游产品进入市场前的活动，如市场调研、市场机会分析、市场细分、目标市场选择、产品定位等一系列活动，也包括产品被购买后的营销活动，如产品使用情况追踪、售后服务、信息反馈等一系列活动。

旅游产品营销可以从以下四个方面来理解。

第一，以旅游消费者的需求为导向，协调各种旅游经济活动，力求通过提供有形产品和无形劳务来提高游客的满意度，从而实现旅游企业的经济和社会目标。

第二，旅游产品营销是一种动态管理过程，包括分析、计划、执行、反馈和控制，企业或组织或个人需通过营销调研、营销计划、营销策略执行和控制等一系列营销管理活动来完成经营目标。在营销计划中，营销者必须进行目标市场定位，在营销策略决策中，企业或组织也必须进行市场开发、产品设计、价格制定、分销渠道选择、信息沟通和销售促进等各项政策。

第三，旅游产品营销的主体包括所有旅游组织（包括政府、非营利性组织和旅游企业），客体包括旅游市场中对有形事物和对无形劳务的营销。

第四，旅游产品营销意味着交换，就旅游经营者而言就是用旅游产品交换金钱，但并非所有的旅游产品都是用于利益交换的，如有些旅游景点免费供游客参观，只要游客选择在此景区观光，交换就依然有效。

二、旅游产品营销的宏观和微观环境

旅游产品营销存在于一定的宏观和微观环境下，为确保旅游产品策划符合市场需求，必须首先对宏观和微观因素进行综合考虑。

（一）宏观环境

旅游并非人们的生活必需品，一场计划很久的旅游活动很可能会因为突降大雪、汇率下降等突发事件被调整或取消。旅游业是一个高度开放的行业，旅游机构本身无法把握和控制，难以预测的外部因素会对它产生巨大影响。

影响旅游产品策划的宏观环境可以分为政治法律、人口、社会文化、经济、自然、科技、交通运输、公共卫生八大因素。

旅游从业人员必须关注这些环境因素的特征和变化，适应它的特点，了解它的趋势，有助于形成对环境变化更加积极和灵活的应对策略。

课内阅读

疫情中旅游大国的萧条与希望

2020 年初，席卷全球的新冠疫情对旅游大国泰国是致命打击。为减少输入型病例，泰国民航局 4 月初发布命令，暂时禁止所有国家的客运航班入境。4－5 月以来泰国的外国游客数量几乎为零。

泰国旅游和体育部预计，如果疫情在 2020 年底前结束，2020 年全年赴泰国的外国游客将同比减少 32%，旅游从业者都将受到严重冲击。为帮扶失业者，泰国政府 3 月底通过了总额为 500 亿泰铢（约合 108 亿元人民币）的预算计划，从 4 月开始连续 3 个月为每位失业者发放 5000 泰铢（约合 1080 元人民币）救济金。

以泰国东部度假胜地沙美岛为例。2020 年 7 月 25 日至 28 日是泰国国王寿辰小长假。随着疫情后逐步解封，逐渐恢复了久违的热闹。乘坐快艇前来的游客在码头上排起长队。不过，由于海外疫情形势严峻，国际游客仍被拒之门外，来沙美岛的都是本地游客。为吸引游客，沙美岛所属的罗勇府举办了美食节、音乐节、自行车比赛和足球赛等活动。几乎所有酒店的房价都降了一半。为保证社交距离，政府限制每天上岛人数不超过2700人，仅为疫情前的1/3，并规定每家酒店只能开放50%的房间，以避免部分热门酒店爆满，另一些酒店没有客源。

据了解，外国游客带来的收入占泰国旅游业收入的2/3。在没有外国游客时期，政府通过发放酒店、餐厅及机票优惠券，奖励抗疫前线医务人员旅游等方式刺激国内旅游，虽然不能从根本上解决问题，但希望借此让旅游业运转起来，让旅游业者“活下来”。

资料来源：陈家宝．在沙美岛感受疫情下的泰国旅游业［EB/OL］.（2020－07－30）. http：//zj. people. com. cn/GB/n2/2020/0730/c186327－34194186. html.

4～6人为一组，认真阅读以上资料，讨论以下问题：

1. 为什么泰国旅游陷入萧条？
2. 宏观环境对旅游产品营销有什么影响？请举出至少1个实例。

（二）微观环境

旅游企业围绕构成旅游产品的食、住、行、游、购、娱六大要素形成专业分工，并相互合作或竞争，形成了旅游产业的生态环境，决定了旅游营销的微观环境。旅游营销微观环境中的主要参与者及其相互关系如图4－1－1所示。其中，旅游供应商→旅游企业→旅游营销中介→顾客链条为营销系统的核心链条，它们之间相互依存、相互影响。

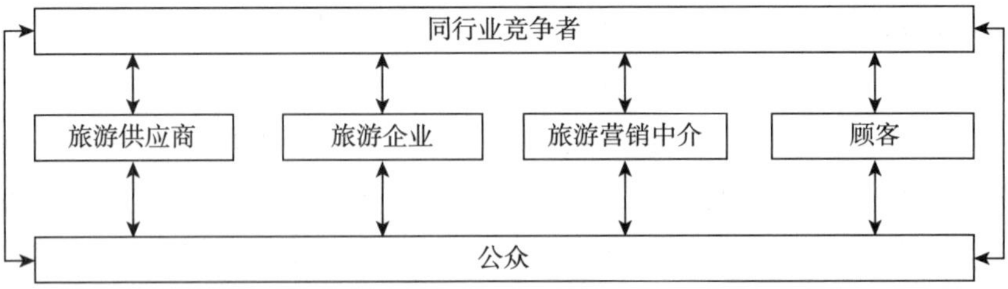

图4－1－1　旅游微观环境中的主要参与者及相互关系

旅游企业内部环境是旅游市场营销的可控环境，包括人力资源状况，技术实力，资金实力，市场运作能力，企业组织结构，管理模式，企业文化，品牌印象度、知名度和美誉度等。对于旅游市场营销而言，企业内部各部门之间相互配合的默契程度十分重要。旅游供应商指向旅游企业提供满足其经营活动所需各种资源的企业。旅游供应商所提供产品和服务的数量、质量、时间、价格等对旅游企业市场经营活动有一定影响，如在每年的三个旅游黄金周期间，由于某些产品和服务不能充分保证供给，有些旅行社不得不婉拒游客；一些企业因供应商提供的旅游产品数量和质量没有保证与游客发生纠纷。旅游市场营销中介指协助旅游企业推广、销售和分配旅游产品给旅游者的所有企业和单位，包括旅游中间商、实体分配企业、旅游市场营销服务机构和金融机构四类。顾客是旅游产品服务的最终对象。旅游行业是竞争性行业，旅游企业在市场营销活动中会面临众多同行业竞争者，正确认识、了解和看待竞争者，才能知己知彼、百战不殆。社会公众指对旅游企业营销有现实或潜在影响的群体，处理好与社会公众的关系，有助于维护旅游企业的良好形象。

三、旅游产品营销的特点

旅游产品具有不同于其他产品的独特性，因此旅游产品的营销不能一味地采用实物产品营销的方式进行，而需要有自己与众不同的方式。

1. 注重口碑传播

消费者在购买旅游产品之前很少有机会先行试用，只有购买并使用产品后，才能发现其是否真正符合自己的需要。因此，消费者在选择购买旅游新产品前大多会通过各种渠道咨询他人的建议或意见，这就决定了口碑营销传播的重要性。保障消费者实际体验到的情况与之前获取信息的一致性，是其实现成功营销的一项关键因素。

2. 运用情感手段

由于旅游产品作为服务产品具有无形性，消费者在购买时会有情感依赖。这意味着在促销活动中强调情感方面的吸引力往往会更有效。营销者对一家旅游企业、一个旅游目的地或者一项旅游产品必须赋予其某个与众不同的个性，增添一定的色彩，如利用某个事件或节庆节点等，使旅游消费者与之产生情感共鸣，从而产生购买欲望。

3. 突出产品创新

当前旅游者日益成熟、消费多样，旅游信息也越来越容易获取，旅游新产品一旦成为爆品就很容易被复制，极易造成产品的同质化，因此旅游企业必须随时关注对产品或顾客服务的创新，缩短产品开发与营销周期，不断开发自身旅游产品的独特亮点。

4. 增强资源整合能力

旅游产品涉及旅游组织或企业与多个合作方之间的关系，如旅游供应商、交通承运商、旅游中间商以及旅游目的地营销组织等，它们所提供的服务往往通过各种不同类型的包价旅游产品组合在一起，提高对旅游消费者的吸引力。因此，旅游产品的营销需要各个方面的不同资源，确保各个环节顺畅对接。

课内阅读

神秘三星堆引发“考古旅游热”

2021 年 3 月 20 日，国家文物局、四川省文物局在“考古中国”重大项目工作进展会上通报了四川广汉三星堆遗址重要考古发现与研究成果。被誉为“世界考古第九大奇迹”的三星堆古遗址位于四川省广汉市鸭子河南岸，距今已有 3000～5000 年历史，是迄今为止在西南地区发现的范围最大、延续时间最长、文化内涵最丰富的古蜀文化遗址。

从 1934 年开始，考古队就开始对三星堆遗址进行发掘和保护。从 20 世纪八九十年代起，三星堆遗址迎来了长达 20 年的大规模发掘，考古队清理出成片新石器时代的房址遗迹，出土标本上万件，“三星堆文化”由此得名。

多个平台数据显示，近些年三星堆遗址新发现不仅再次受到世界瞩目，更走进了大众的心里。截至 3 月 28 日，短视频抖音平台上，关于三星堆话题的播放量为 12.4 亿次；新浪微博数据显示，三星堆遗址考古重大发现话题有 11.9 亿人次阅读，14.4 万人次讨论；百度指数近一个月数据显示，关键词“三星堆”的资讯指数日均值为 7167，同比上升 39943%，环比上升 6685%。的确，互联网的发展，短视频的兴起，让考古与大众之间的距离越来越近。新发现中最受欢迎的要属黄金面具，网友更是饶有兴趣地玩起了“金面具 P 图大赛”。另外，一只画风清奇的猪也吸引了大众的目光，圆圆的脸、小小的眼睛、大大的鼻孔和泛着笑意的嘴角竟然撞脸“愤怒的小鸟”。有网友表示，其 9 岁的儿子天天要上抖音看三星堆，还说以后要成为一名考古学家。也有网友表示迫不及待地想要一睹真容，虽然文物已经有几千岁了，但也可以“萌萌哒”，希望多多开发可爱的考古周边。

有人说，一般考古都是越挖越明白，三星堆遗址却越挖疑问越多，而正是这些未解之谜的神秘感，更加激发了大众的好奇心。三星堆的走红，也让考古旅游成为今年清明节假期的一大出游热点。同程旅行数据显示，3 月 20 日零点至 25 日零点，同程旅行小程序、App 等平台上三星堆博物馆及周边住宿、交通票务等关键词搜索访问量增长了 800%。携程数据则显示，不少游客不惜打“飞的”前来一睹神秘的“古蜀文明”。从门票客源来看，约五成游客来自四川本省，江苏、北京、广东、重庆、上海的游客订票最多；从年龄来看，“80后”“90后”人群最具探索精神。随后，三星堆博物馆表示，三星堆博物馆与四川省文物考古研究院将联合建立一个开放式文物保护修复馆，预计4月试运营，5月18日正式开放。据悉，三星堆文物保护修复馆设有文物储藏室、陶器修复室、玉器修复室、金属类修复室、象牙修复室等，可以对不同类型的文物进行保护修复。开放后，游客可以在这里直观地感受到文物的修复过程、方法和技术，了解文物修复与保护知识。

资料来源：国家文物局．国家文物局举行2021年“考古中国”重大项目进展工作会［EB/OL］.（2021-03-20）. http：//www. scio. gov. cn/xwfbh/gbwxwfbh/xwfbh/wwj/Document/1700745/1700745. htm.

4~6人为一组，认真阅读以上资料，讨论以下问题：

1. 案例体现了旅游产品营销的什么特点？
2. 结合主题旅游产品策划所学内容，探讨在此基础上如何策划旅游新产品。

四、旅游产品营销的流程

（一）旅游市场机会分析

旅游市场营销机会指与企业内部条件相适应，能实现最佳组合策略和营销目标，促使企业自身发展的环境机会。旅游市场机会分析就是发现、评价和选择有吸引力的市场营销机会，特别是分析机会是否和旅游企业自身的战略计划相吻合，是否具备利用这种机会的资源条件。旅游市场营销机会分析主要包括旅游市场环境分析、旅游消费行为分析、旅游市场竞争者分析。社会客观环境和游客的需求是不断变化的，旅游企业必须不断地寻找旅游服务与管理的机会，这是营销管理过程中的首要步骤。

（二）研究和选择目标市场

旅游企业获得了有利的市场机会后，要按照不同的需要、性质和具有不同行为特征的客户群体对市场进行细分，然后决定选择进入一个或几个细分市场。这个过程就是目标市场的选择。研究选择目标市场分为四个步骤：测量和预测市场需求、进行市场细分、在市场细分的基础上选择目标市场、实行市场定位。

（三）制定营销战略和策略

旅游企业选择目标之后，要根据自身的实际制定营销战略。市场营销战略指旅游企业在现代市场营销观念下，为实现其经营目标，对一定时期内市场营销发展的总体设想和规划。战略是长久的、全局的决策行为。步骤包括战略分析、战略制定、战略实施组织的确定。内容包含旅游企业发展与竞争战路、市场营销资源配置和市场营销费用等方面的基本决策。

（四）制订营销计划

旅游营销计划是营销管理过程中最重要的一项内容，经常以计划书的形式呈现。规范的计划书要有以下内容：内容概要、目前旅游营销状况、旅游营销机会和问题分析及结论、计划期旅游营销目标、计划期旅游营销战略、旅游营销战略的实施计划、费用预算和利润计划、旅游营销计划的控制措施。

课内阅读

营销计划书的编写

5W：What（什么）：营销的目标和内容

Who（谁）：营销的人员

Where（何处）：营销的场所和地点

When（何时）：营销的时间和日程安排

Why（为什么）：营销的理由和原因

3H：How（如何）：营销如何运行

How much（多少）：营销的总体预算

How feel（感受怎么样）：营销的结果和效益

营销计划书的基本结构与内容

封面：包括标题、委托方、营销策划人、日期、时间段、保密级别及编号

目录

摘要：是对营销计划书内容的高度概括，要突出重点，简明扼要

营销目标：是营销计划要实现的期望值，分为市场目标和财务目标

SWOT 分析：包括优势、劣势、机会、威胁分析和综合分析

营销战略：包括市场细分、市场定位和目标市场战略

营销策略：对产品、价格、渠道和促销等营销因素进行优化组合和合理运用

行动方案：包括任务、时间、地点、方式、机构、条件和激励等
营销预算
营销控制及应变措施
附录：包括市场调查报告、旁证材料、佐证材料和参考文献等

（五）旅游营销活动的管理

旅游营销活动的管理是对旅游企业营销活动过程的实施和控制，这是旅游产品营销的最后一个步骤。影响旅游市场的因素复杂多变，在实施营销计划的过程中会出现很多意外情况，旅游企业必须不断调控，并对计划进行有必要的修正，确保营销目标的实现，同时不断积累经验，为以后的计划提供重要的参考资料。

旅游营销活动的管理主要通过设置高效的营销组织机构，对营销活动进行计划、组织、执行、评价，以及对营销人员进行培训和管理等。它包括四个管理系统：市场信息系统、市场计划系统、市场营销组织系统、市场营销控制系统。对旅游景区营销活动进行管理主要是为了保证景区营销目标的实现。

【思政之窗】

旅游营销的道德与责任

美出天际的“天空之镜”，竟然是几块拼凑的镜子，周边环境杂乱不堪；浪漫迷人的“普罗旺斯薰衣草花海”，其实是一小片稀稀拉拉的盆栽；刷爆朋友圈的“梦幻灯光节”，现场充斥着各种“土味皮卡丘”……近年来，各地“网红景点”层出不穷，但一些景点通过虚假宣传“诱骗”消费者，受到市场监管部门的处罚。业内人士认为，在当前旅游业逐步复苏的背景下，旅游景点应修炼好产品和服务的“内功”，不能为了短期利益而触碰法律红线。

2020 年 5 月，滴水源景区“天空之镜”景点的实拍视频上了热搜。从视频中可以看到，这个对外宣称是斥巨资打造、国内首创的“天空之镜”，仅仅只是将一些镜子铺在地上，且镜子上布满了脚印，与宣传图片对比反差巨大。据了解，这个色彩浓厚的“天空之镜”网红景点，实施了“以小充大”“移花接木”等虚假宣传手段。市场监管部门的调查显示，这个“天空之镜”实际镜面约 8 平方米，却号称“超长 9D 玻璃天空之镜”；建设施工费用 1.5 万元，却号称“斥巨资打造”；显示有蓝天白云、彩色气球等场景的多张图片更是直接从网上搜集，无一处为景区实景照片。

旅游业是释放消费潜力、扩大内需的重要支撑，“网红景点”的兴起在一定程度上反映了旅游消费的增长态势。但虚假宣传做的是“一锤子”买卖，这样的“网红景点”注定只能“红一时”，不仅自身经营不可持续，最终还会给整个旅游行业和消费环境带来损害。

诚实守信，是社会主义核心价值观，也是中华民族的优秀道德传统。诚信乃立身之本，是为人处世的基本准则。在进行旅游产品营销时，我们要遵守营销道德，坚守诚实守信的底线和原则，传递鲜明的社会主流价值导向，成为社会主义核心价值观的自觉践行者。

资料来源：成都商报．照片美出天际　实景杂乱不堪［EB/OL］.（2020－11－01）. https：//e. chengdu. cn/html/2020－11/01/content_687682. htm.

思考问题：什么是营销道德？如何从社会主义核心价值观的角度理解遵守营销道德规范的重要意义？

提示：营销道德是用来判定市场营销活动正确与否的道德标准，即判断企业营销活动是否符合消费者及社会的利益，能否给广大消费者及社会带来幸福感。在进行旅游产品营销时，我们要坚持诚实守信的原则和底线，遵守营销道德，成为社会主义核心价值观的自觉践行者。

【任务执行】

旅游营销岗位认识

通过训练，熟悉旅游营销岗位职责和能力要求。

第一步：实训前准备。要求学生提前阅读本单元内容相关的文献资料，熟悉相关知识点。

第二步：4～6 人为一组，通过网络查询等方式收集至少 5 个旅游营销相关岗位招聘信息。

第三步：收集旅游营销岗位的主要职责、学历和能力要求，完成表 4－1－1。

表 4－1－1　旅游营销相关岗位招聘信息

旅游营销相关岗位名称	主要职责	学历和能力要求	备注

续表

旅游营销相关岗位名称	主要职责	学历和能力要求	备注

第四步：归纳总结旅游营销相关岗位主要职责、学历和能力要求，与自己当前知识能力进行对比分析，提出未来努力的方向。

第五步：小组选派代表进行口头展示。

第六步：小组互评和教师点评。

【课后作业】

扫码测试

【拓展阅读】

旅游营销案例

泰国清迈文化营销——通过影视剧迎合市场

《泰囧》这部并不明显展现外景地的电影奇迹般地催旺清迈“旅游热”。2013年4月，在清迈举行的泰国传统泼水节几乎变成中国人的节日。泰国观光酒店业协会北部分会的负责人透露，清迈泼水节的酒店预订中，中国游客占55%。有数据显示，在《泰囧》播出前，2012年泰国有270万名中国游客，但只有10万人去清迈。资深旅游文化专家刘思敏表示，《泰囧》迎合了搞笑的大众娱乐趋势，而泰国本身就是中国游客重要的旅游目的地，清迈在影片里清新优美，有利于克服游客对泰国游的审美疲劳。

意大利的托斯卡纳（露天音乐会）利用文化影响力举办艺术节吸引游客

意大利中部的托斯卡纳区，以自然风景、世界遗产、文化和美酒佳肴著称。这里是文艺复兴和著名作曲家普契尼的故乡，也是世界首家银行的创建地，这里有拥有百座教堂的中世纪小城、欧洲最著名的中世纪广场，到处遍布着古老的建筑和绘画雕塑杰作。托斯卡纳是孕育艺术家、学者、科学家和音乐家的乐土，它拥有意大利超过50%的艺术遗产。游览如此之多的文化遗产对于任何一个学者来说都是独一无二的体验。

托斯卡纳每年都会举行63个节庆活动，包括8个音乐节（爵士、蓝调、宗教音乐、民间音乐、古典音乐等)、12个戏剧节庆、7个舞蹈节、36个从音乐到戏剧到夜总会等各类娱乐节目表演。不容错过的还有一些城镇组织的盛大节庆（如利沃诺的威尼斯映像节和马萨—卡拉拉的Lunalica节)。更重要的是托斯卡纳拥有900个海滨度假胜地，分布在大大小小的自然文化景观之中，因此每年有百万游客选择托斯卡纳作为度假目的地之一。

马来西亚体验营销与文化营销的结合

马来西亚定位“亚洲魅力所在”有充分的理由。亚洲三大古老文明——马来文明、中华文明和印度文明，在马来西亚汇聚、融合，并与当地原住民文化相互激荡，造就了马来西亚独特的多元文化。马来西亚的旅游营销在很大的层面上属于文化营销的范畴，无论是民族文化、宗教文化、语言文化还是饮食文化，乃至殖民地文化，在政府主导下，马来西亚旅游相关部门都做了很精彩的“文章”。

首先，节日庆典打造新的旅游格局。例如，对于马六甲，宝贵的建筑与历史才是这座沧桑城市的灵魂，当地有很多印度人和荷兰人的后裔，为了让更多游客体验到这种移植文化的魅力，旅游部门与企业联合策划包装“印度村”“荷兰村”等文化体验景点，每年还组织村民举办热闹的“印度屠妖节”“荷兰海神节”等传统节日，并邀请游客参与其中。这种融合历史、宗教与民俗的旅游产品受到了游客的普遍欢迎。

其次，举办各种形式的推介会开展海外营销。从2003年开始，一年一度的“全球会聚马来西亚”是马来西亚旅游部主办的一个全球性旅游推广活动。邀请几十个国家的媒体、企业、旅行社等代表参加。

最后，马来西亚积极拓展会展与奖励旅游的海外市场。旅游部门与航空公司合作，向全世界推广前来马来西亚举办会展与奖励旅游。

资料来源：武陵山大裂谷.10大海外旅游目的地营销成功案例分享[EB/OL].(2018－06－10). https：//www. sohu. com/a/234938357 _ 146332.

科技对全球旅游发展趋势的影响

世界旅游城市联合会委托中国社会科学旅游研究中心完成的《世界旅游经济趋势报告（2018)》显示，在旅游领域，科技进步正在极大地改变全球旅游发展趋势。绿皮书专题报告撰稿人沈涵等对近年来与旅游业发展密切相关的八大科技进行了分析，探究其技术特点、在旅游业中的应用以及对全球旅游发展的影响，从而对科技推动下的全球旅游发展趋势进行剖析，对我国旅游业发展的驱动转型、发展态势和技术进步的影响提供借鉴。

新科技革命创造全球旅游产业——新效率、新标准、新格局

人工智能及相关的云计算、区块链技术将提升全球旅游产业运行效率，全面提升服务质量和产品标准。传统旅游行业中大量的人力劳动将被人工智能取代，从而减少重复作业，缩减人工客服成本。人工智能强大的数据处理能力将大大提升服务效率，改善顾客体验。人工智能将改变产业运行模式，人力密集型的旅游产业的运行模式将面临极大的改变。但是人工智能并不会彻底取代人工，而是有助于人工提供更为复杂和高质量的面对面服务。全球旅游产业的人力资源战略将发生重大调整。

新科技革命重塑全球旅游产业——金融基础生态和信任体系

在全球旅游业中，区块链、云计算等技术将全面提升旅游业支付效率，重塑顾客忠诚计划。旅游流程中产生的消费积分可以通过区块链获取和消费，旅游各个环节的消费能被轻松即时整合进旅游者的电子钱包，新的顾客忠诚和奖励计划将极大地改变旅游业和旅游消费模式，各个碎片化产业被整合，引发广泛的多品牌联盟，促进高级项目债务管理及客户定制化动态发行/赎回期权管理体系的构建。区块链的自治、公开等特性使其成为一个独立的信任体系，对于共享经济下的旅游产业发展具有重要意义。爱彼迎（Airbnb）等企业已经开始使用区块链简化交易，提高旅游产业链的消费体验与效率。

新科技全面升级旅游体验和产品设施——改变消费模式

VR、人机交互、人工智能等技术突破了原有的旅游体验局限，带来全新的旅游产品和设施设备，全面升级旅游目的地的建设。这些技术将多方位渗透到未来旅游目的地的设计建设中，产生真实场景和虚拟场景的重叠，提供古迹复原和数字化文化遗产保护，使目的地建设的模式和方法发生重大改变，旅游者体验和现场效果都将得到增强。人工智能能更精确地获得消费者数据，VR和人机交互设备可以让游客与虚拟世界交流和互动，改变旅游者的消费决策。人机交互技术还会重构旅游过程，从而对全球化的游客流动行为产生影响。热门和冷门旅游目的地的界定将会改变，良好的旅游设施带来游客实际体验，这一传统的发展优势将被新技术带来的感知体验取代，这将给旅游目的地的发展战略和资源路径带来很大冲击。

新技术推动全球生态旅游——升级和智能化管理

新能源、物联网等技术为绿色旅游、低碳旅游的发展提供有力的技术支持，促进节能、环保理念和开发模式在全球展开，推广更高的环境保护标准。利用地理信息系统（GIS）整合的大数据平台和云计算的技术支持，旅游业可以整合公安、交通运输、环保、国土资源、城乡建设、商务、航空、邮政、电信、气象等相关方面涉及旅游的数据，与主要网络搜索引擎和旅游电子运营商合作，建立社会数据和旅游及相关部门数据结合的旅游大数据资源，推行旅游的数字化管理，为旅游生态保护、旅游安全管理等提供高效的智能手段。

资料来源：何德旭，杜志雄，张广瑞，等．旅游绿皮书：2017—2018 年中国旅游发展分析与预测［M］. 北京：社会科学文献出版社，2018.

单元二　旅游产品营销的战略和策略

【学习目标】

1. 掌握旅游产品营销的战略，能够区分整合营销和分众营销的差异；
2. 掌握旅游产品营销的三个策略，了解每个策略应用的场景及各自优势；
3. 正确理解文旅高质量发展对提升国家文化软实力、扩大国际影响力的重要性，增强对旅游行业的理解、认同和热爱。

【课堂导入】

旅游营销模式的变迁

20 世纪 80 年代至今，旅游营销大致经历了三个阶段。旅游营销“1.0 时代”是以报纸、杂志和电视等平台为主的硬广告宣传，如华侨城集团早期在中央电视台的晚会、节目中以及在特区报、南方周末、中国旅游报等主流媒体做的硬广告等；旅游营销“2.0 时代”是以户外广告牌、车体广告、电梯广告等户外广告为主的营销模式，开始呈现分众化、碎片化趋势，如黄山、庐山在车站投放的户外广告牌等；旅游营销“3.0 时代”是以网络平台营销等为主的营销方式，如三亚蜈支洲岛、北京慕田峪长城等景区植入电影、综艺，各大景区入驻微博、微信等社交平台，这一时期的营销更注重线上与线下活动的协调、配合。

近年来，旅游营销无论在内容设计上还是在传播渠道方面，都发生了一系列变化，营销渠道、传播平台更加多元化，旅游营销形式也不断丰富。遵循传播平台的发展和大众审美、兴趣的转变规律，只有抓住每个时代的传播特点、大众关注的焦点，旅游营销才能做到全面、深入、生动、有效。

资料来源：中国旅游报．文旅融合新时代——走心营销才能更好“赢销”［EB/OL］. (2018－12－07). http：//www. cinic. org. cn/zgzz/yx/461743. html.

4～6人为一组，阅研课堂导入材料，思考以下问题：
1. 旅游营销模式发生了什么变化?
2. 当前旅游营销新模式具有什么突出特点?

【知识讲解】

旅游产品营销需要通过战略确定统领性、全局性的方案和对策，通过策略确定实现和实施策略的各种具体手段和方法。旅游产品营销的战略主要包括整合营销战略和分众营销战略。旅游产品营销的策略主要包括品牌营销、借势营销和网络营销。

一、旅游产品营销的战略

1. 整合营销

整合营销是对各种营销工具和手段的系统化结合，并根据环境进行动态调整，使参与各方都能实现价值增值的营销理念和方法。简单来说，整合就是把各个独立的营销整合为一个整体并发挥协同效应，如广告、直接营销、人员推销、包装、事件、客户服务等。

首先，整合营销是一种新的营销理念和营销模式，企业通过与消费者进行有效的沟通，满足消费者需要的价值取向，确定企业统一的促销策略，同时协调使用不同的传播手段，发挥不同传播工具的优势，以较低的成本形成强大的宣传攻势和促销高潮。

其次，整合营销是一种管理思想和管理理念，通过整合企业内外部的各种资源和要素，使企业真正实现从以生产为核心向以营销为核心的方向转变。

最后，整合营销是一种管理体制和管理手段，通过合理有效的机制，统摄企业的内外部资源，使企业对内、对外的沟通与传播机制完全建立在整合营销的思想之上，实现企业内部管理信息的整合和对外传播信息渠道的整合。

2. 分众营销

分众营销就是通过周密的市场调研后，锁定一个特定的目标消费群体，然后推出这一特定群体最需要的细分产品，以适应这一特定群体的特定价格，通过特定的渠道，并用特定的传播和促销方式进行产品营销的精确营销手段。

首先，要锁定分众目标消费群体。要将大类的、广义的目标消费群体根据年龄、性别、收入和职业等进行细分，然后将细分后的消费群体类别与市场上最吻合的产品进行匹配。通过调研和分析找到一个其他产品相对较弱的目标消费群体类别，把自己的产品锁定在这一分众目标消费群体。

其次，进一步具体了解分众目标消费群体的消费习惯、行为、心理和喜好等，为下一步分众营销的正式执行做充分准备。然后，要制造分众化的产品。生产差异化、个性化的产品，形成企业自己新的竞争屏障，已成为新兴企业的必由之路。一个好的分众化的产品，要能够迎合分众目标消费群体的消费需求和喜好，达到他们内心的期望。

再次，要制定分众化的价格。购买力是决定一个消费群体消费水平的重要指标。不同消费群体的购买力不同，对价格的敏感程度也不相同。因此，为分众化的产品制定价格时，一定要考虑分众目标消费群体对价格的敏感程度，并制定特殊的分众化的价格。

最后，进入分众化的终端。不同的产品有不同的终端。必须要让分众化的产品进入分众化的终端。经过细分后的目标消费群的群体特征更明显，消费倾向更接近，能接触到他们的终端特质更突出。

课内阅读

如何开展分众营销

为进一步增强旅游产品竞争力，可从市场需求、产品打造、广告传播和销售渠道等角度充分发挥分众营销的优势。

一是旅游市场的细分化。旅游市场可细分成多个具有需求差异的板块。如以年龄、性别、受教育水平、就业状况、收入和职业等为变量进行细分，以旅游的季节、时间、距离、目的和方式为变量划分等。以休闲旅游为例，可将其主力市场分为五大类：家庭朋友休闲、老年组织休闲、商务接待休闲、会议培训休闲和山野运动休闲。当然，需求的差异不仅取决于这些可以识别的变量，还依赖心理等主观因素。

二是吸引力打造的分众化。针对细分市场，应该打造不同的吸引结构与吸引模式，进行细分的包装。同样一个森林氧吧项目，对老年人，打造疗养概念；对中年人，打造修复概念；对女性，打造美容概念；对儿童，打造森林游乐概念。在产品多样化的同时，包装出不同的吸引力光环，达到最佳的细分市场营销及组合营销效果。

三是吸引力传播的分众化。针对分众目标消费群体的特征，进行分众化的广告和促销。通过针对性更强的传播方式和方法的运用，使广告和促销的效果最大化，最终实现投入与产出效益的最优。消费心理学研究表明，不同年龄、性别、受教育程度的消费者，对广告、促销的方式与内容的喜好呈现出一定的差异性。例如，对于同样受过良好教育的女性，25～30岁年龄段最好和“年轻”“美丽”这些词联系在一起，30～40岁年龄段最好和“时尚”“魅力”这些词联系在一起，对于55岁以上年龄段最好和“健康”“长寿”这些词联系在一起。

四是销售渠道的分众化。相对于大面积“撒网”、四处“铺货”的传统营销渠道体系，对销售渠道进行精确细分，仔细研究产品及各类销售渠道模式的特点，更容易找到符合目标消费者的渠道，逐步形成渠道差异化的优势，从而在同质化产品中成功突围。

资料来源：孙国学，赵丽丽．旅游产品策划与设计［M］.2版．北京：中国铁道出版社，2016.

4～6人为一组，认真阅读以上材料，结合所学知识，思考并回答以下问题：

1. 旅游产品的分众营销包含哪些环节？如何发挥分众营销的优势？
2. 请举出至少1个实例，具体说明该产品如何开展分众营销。

二、旅游产品营销的策略

（一）品牌营销

旅游品牌指旅游经营者凭借其产品和服务确立的代表其产品及服务形象的名称、标志和品牌标识语，是企业品牌和产品品牌的统一体，品牌已成为营销最有力、最持久，效益最高，成本最低的营销方式。

1. 旅游品牌的构成要素

旅游品牌主要由品牌名称、品牌标志和品牌标识语三个要素构成。

旅游品牌名称必须以核心产品为依托，旅游者听到品牌名称就会产生情感的认知和建立相关联想，并刺激旅游消费的动机。如“香格里拉”在藏语中的意思是“心中的日月”，象征着理想生活和至高无上的境界。云南中甸县改名为“香格里拉”，就是考虑了这种品牌要素背后的情感因素，极大地提升了旅游目的地的吸引力。

旅游品牌标志要体现旅游产品自身的特征，传递一定的市场信息。旅游品牌的设计要具有亲和力、传播力和影响力。例如，携程商标突出的字母“C”既代表了携程（Ctrip），也代表了携程一贯以客户（Customer）为中心，海豚造型扬起波浪、向上腾跃，充满动感活力，既寓意携程蓬勃进取的精神，也体现了携程在移动互联网、云计算时代引领潮流；颜色专用蓝色和橙色，蓝色象征携程的高科技与可信赖的专业服务，橙色象征携程的激情和探索精神。

图4-2-1　携程品牌标志

旅游品牌标识语要有独特的创意，能够强化品牌的识别性。因此，在设计时需要深度挖掘旅游地资源的灵魂，通过精练的文字或千古传颂的古诗等来体现。例如，杭州宋城的品牌标识语是“给我一天，还你千年”，丽江的旅游目的地品牌标识语为“丽江柔软的时光”“丽江一米阳光”等，在旅游者心中留下深刻的烙印。

2. 品牌营销与策划

旅游品牌营销主要以旅游形象的整合为核心进行形象传播，增加旅游吸引力，刺激旅游产品的购买。旅游品牌策划是使企业或产品品牌在消费者脑海中形成一种个性化的认识，并使消费者与企业或产品品牌之间形成统一的价值观。旅游品牌的策划是从品牌设计、定位、识别、传播到延伸的一个有次序、有层次的整合过程。

3. 品牌策划的程序

（1）品牌塑造。品牌塑造要从市场分析、品牌定位和产品提升三个方面着力。首先是对客源地市场状况、历史文化、民俗和旅游资源进行分析研究，然后提炼旅游品牌主题。例如，通过“借光”定位法，借用著名景区的影响力突出自身类似的价值，把三亚誉为“东方夏威夷”采用的就是这种方式。还可以采用差异共生定位法。例如，同样处于桂北旅游区，桂林旅游以“山水甲天下”闻名，邻近的柳州则以螺蛳粉美食和桂北风情而卓越。

（2）品牌包装。旅游品牌的包装指针对品牌概念所做的整体商业文化的包装，包括品牌形象识别系统设计，宣传口号设计，听觉、视觉、味觉包装等。例如，四川乐山的旅游形象宣传语是“乐山、乐水、乐逍遥”，一首日本歌曲《无锡旅情》让成群结队的日本游客来到无锡，《太湖美》《请到天涯海角来》等脍炙人口的歌曲为相关景区带来了流量。

（3）品牌传播。品牌传播的效果与传播方式的选择和设计密切相关。品牌传播的方式包括广告传播、软文传播、公关传播、销售促进传播和人际传播等。广告传播是以策划为主体，以创意为中心，对目标受众进行的以品牌名称、品牌标志、品牌定位和品牌个性为主要内容的宣传活动。广告是提升品牌知名度和客户信任度、忠诚度，塑造品牌形象和个性的有力工具。软文传播是以摆事实、讲道理的方式，以强有力的针对性内容迅速实现产品销售的文字模式和口头传播途径。公关传播主要通过运用新闻点塑造企业品牌形象，树立美誉度和信任感。销售促进传播主要通过赠券、赠品、抽奖等方式促进产品和服务的销售。人际传播主要通过企业工作人员的讲解咨询、示范操作等服务，使公众了解和认识企业品牌。口碑传播也是一种非正式的人际传播，家庭与朋友的影响、消费者直接的体验经验等都形成了口碑传播，是性价比最高的信息传播工具和可信度较高的宣传媒介。

课内阅读

玉龙雪山的营销之路

做大品牌：整合产品集群发展

玉龙雪山景区在2007年成为全国首批66家5A级景区之一，升级后整合周边七个景区的经营权，做大丽江旅游核心品牌景区，从单一景区扩展为旅游产品集群。游客只需手持一票，就可在两天内游览大玉龙旅游区。从市场实践来看，玉龙雪山景区的品牌扩展策略是成功的。

“大玉龙”作为主品牌。策划设计“大玉龙”的新概念，将大玉龙旅游区作为主品牌，将包括玉龙雪山景区在内的8个景区作为子品牌。这样既放大了玉龙雪山的品牌效应，使人产生良好的品牌联想，又使8个景区所形成的产品序列清晰可辨，凸显了大玉龙旅游区内的景区高品质和产品多样性。同时，在经营权整合的基础上，对大玉龙旅游区内的所有景区实行统一经营管理，有利于提升景区品质和服务水平。更重要的是，这种互利共赢的方式将景区之间多年来为了争夺客源而展开的激烈竞争消弭于无形。

联票和单票双轨制。对于八大景区的整合，游客和旅行社最担心的是变相涨价和捆绑销售。为了消除市场疑虑，管理层采取了两个具体措施：一是大玉龙旅游区的联票价格定为190元，与8个景区单独购票共计285元相比，大幅下降33%；二是联票和单票双轨制，游客想去单个景点，仍可以单独购票。这种灵活的价格策略，在推出之后很快被市场所接受。在全国景区普遍涨价的情况下，玉龙雪山景区却波澜不惊，足见其市场运作的沉稳老练。

构建景区绿色交通。大玉龙旅游区占地约 50 平方千米，为了让游客获得更好的旅游体验，景区着手解决三个问题：合理设计旅游线路、构建生态环保的便捷交通、做好游客旅游的安全保护。

细分市场：精耕细作渠道创新

丽江市和玉龙雪山景区的游客来源主要有以下特征：一是客源结构以国内为主，以国际为辅；二是高端市场显现，客源结构多样化；三是新兴市场和境外市场快速增长。针对丽江市的客流结构及其变化趋势，玉龙雪山景区的营销策略创新主要体现在三个方面，其中重点加强了对境外市场的宣传促销力度。

分众传播。在市场细分的基础上，针对国内市场、欧美市场、日本市场和东南亚市场等具体市场的特性，选择适合的媒体，采用该市场的潜在消费群体容易接受的方式，开展促销宣传活动。

特色活动。与有实力的策划公司建立长期合作关系，保证新的活动创意层出不穷。综观玉龙雪山景区活动策划的特点，主要体现为“三个结合”：与民族文化结合、与体育赛事结合、与影视作品结合。

渠道拓展。在本地市场，主动联合相关机构，共建全市共生式旅游营销联合体；在省内市场，与其他景区建立契约式联合营销体系；在外地市场，建立完善的旅游分销体系；在周边市场，加强与香格里拉旅游区内的热点景区的联谊与合作。

印象丽江：实景演出成功探秘

价格策略。作为一台新推出的大型实景演出，《印象·丽江》票价高达 190 元，又尚未形成口碑效应，其营销难度可想而知。《印象·丽江》独辟蹊径，采取了一种超强势的，也是非均衡的门票价格政策。其基本思路是“抓大放小”，门票优惠政策和销售奖励措施向战略合作旅行社大幅度倾斜。例如，大型地接社全年团队人数超过 5 万人，就能享受逐级累进的门票优惠和销售奖励；中小旅行社全年团队人数低于 5 万人，就很少或不能享受门票优惠。这种“把鸡蛋放在少数几个篮子里”的做法，看似具有很大的市场风险，但却成就了《印象·丽江》的市场成功。

渠道控制。《印象·丽江》在市场营销过程中，渠道模式是“有选择的分销”。所谓“有选择的”，指景区并不针对所有旅行社实行分销，而是抓住旅游分销链上的某些关键环节，与少数旅游代理商合作，逐步建立多层次的分销渠道。景区之所以这样做，是为了改变旅游市场的游戏规则，加强对客源市场的营销控制力。

资料来源：郑泽国．丽江玉龙雪山景区营销成功案例分析［EB/OL］.（2010－05－12）. http：//www. emkt. com. cn/article/466/46614. html.

4～6 人为一组，请认真阅读以上课内阅读材料，结合所学知识，思考并回答以下问题：

1. 玉龙雪山采取了哪些营销战略和策略？

2. 为什么玉龙雪山的营销方式取得了成功？

（二）借势营销

借势营销是将销售的目的隐藏于营销活动中，将产品的推广融入一个消费者喜闻乐见的环境里，使消费者在这个环境中了解并接受产品的营销手段。具体表现为通过媒体争夺消费者关注，借助消费者自身的传播力，以及依靠轻松娱乐的方式等潜移默化地引导市场消费。主要优势包括受众的信息接受程度较高、传播深度和层次高、宣传成本低、投资回报率高等。

1. 借势营销的策略

借势营销要注重关联度、关注度、传播度。在进行借势营销时，要求与所借之势具有一定的关联度。关联度越高，借势的理由越充分，成功率也越高。借势营销存在不少盲目跟风的现象，仅凭事件的高关注度就积极地投身其中，而不管产品与“势”能否搭上关系，就生搬硬套地将二者硬拉到一起，最终反而会受到质疑，落个“画虎不成反类犬”的结局。借势营销主要是借助事件影响力营销，影响力取决于人们对事件的关注度。关注度主要通过媒体对事件的报道体现，与关联事件的重要性、趣味性等有关。借势营销能否成功，传播中的引爆点是至关重要的。澳大利亚昆士兰旅游局“世界上最好的工作”营销事件就充分利用了引爆点，通过互联网拓展了事件传播度，吸引了全球网民的关注与参与，大大提高了大堡礁景点的知名度。

2. 借势营销的形式

（1）借文化之势。文化是特定人群普遍自觉的观念和方式。例如，我国春节前，大家都在不约而同地做着同一件事情，朝着一个目标前进——回家。在中国人的概念中，春节就要全家团圆，这种对春节普遍认同的观念和方式就是文化。春节期间营销的主题自然就是团圆了。“上有天堂，下有苏杭。”这句绝佳的广告词可谓神来之笔，不但使苏州和杭州这两个“人间天堂”蜚声海内外，还使两地的旅游业大受其益。一首歌唱响无锡，一幅画火了周庄，一首诗成就了寒山寺，一部电影捧红了西溪湿地……这些旅游景区的功成名就显示了文化的力量。

（2）借影视之势。影视作为一种新型的旅游营销方式，已经成为旅游营销和改善目的地形象的重要手段和媒介平台。随着影视剧的播出，旅游目的地成为旅游热点。对很多人来说，影视除提供物质和精神享受外，还能吸引他们到拍摄场地去旅游。优秀的影视作品在客观上加强了外景地的吸引力，是卓有成效的宣传工具，具有较高的旅游价值。例如，乔家大院因张艺谋导演在山西晋中的乔家大院拍摄电影《大红灯笼高高挂》而名扬天下，迎来了历史上的旅游高峰，游客人数和门票价格都翻了一倍；电影《少林寺》使河南开封的少林寺成为经久不衰的旅游景点，弘扬了传统的佛教文化和博大精深的中国武术。

（3）借体育之势。体育赛事也是旅游品牌最好的广告载体，具有沟通对象数量大、传播面广和针对性强等特点。人们对体育的热爱往往是不计路途、成本的。企业借助冠名和赞助广受人们关注的重大体育活动和体育比赛来推广自己的品牌，吸引消费者和媒体的关注，达到传播品牌的目的，体育正在成为旅游策划的重要关注点。例如奥运会、世界杯等都是旅游热点活动，一般体育赛事对旅游业的影响并不只在举办年，1996 年亚特兰大奥运会对旅游业的作用表现在举办前的 3 ~4 年，韩国在举办年游客人数上升 6.6%，之后两年又分别上涨了 16.4% 和 13.5%。

（4）借新闻之势。企业利用社会上有价值、影响面广的新闻，或者与相关媒体合作，抓住时机把自己的产品和新闻事件或消费者身边的热点问题联系在一起，发表大量介绍和宣传企业产品或服务的文章，以理性的手段传播自己，从而吸引公众的视线，来达到借力打力的传播效果。2009 年随着曹操高陵的发掘，人们的视野聚焦到了安阳西高穴村这个号称“旅游价值不在秦始皇陵之下”的曹操墓。河南安阳把曹操高陵建成三国文化考古、文物保护基地和旅游景区，并以此开展了一系列相关活动。2020 年底，四川理塘的丁真凭借一段不到 10 秒的视频意外走红，四川甘孜理塘县文旅体投资发展有限公司与他签约，丁真成为家乡的旅游形象大使。

（5）借明星之势。现代营销理论认为，让消费者在众多相似的同类产品中记住其中一个产品是比较困难的，但如果通过一个有特点的公众人物来引导消费者记忆，往往会收到良好的效果。明星一向因高知名度和高曝光率被看作商品通向消费者的最好媒介。因此，利用明星来宣传企业产品，借此提高产品知名度，从而扩大产品的市场份额，已被许多企业看作促进销售的宝典。利用消费者爱屋及乌的心理，借助明星的知名度来加速品牌传播，加大产品的附加值，借此培养消费者对该产品的感情和联想，来赢得品牌忠诚度。例如，2013 年，携程首次起用邓超作为明星代言人，“携程在手，说走就走”成为当年最朗朗上口的广告语之一，让更多用户从情感角度认识并了解携程品牌。

三、网络营销

旅游网络营销指旅游企业以电子信息技术为基础，以计算机网络为媒介和手段进行的各种营销活动，是目标营销、直接营销、分散营销、顾客导向营销、双向互动营销、远程或全球营销、虚拟营销、无纸化交易、顾客式营销的综合。旅游网络营销的常见方法包括搜索引擎营销、视频营销、软文营销等。

（一）搜索引擎营销

搜索引擎营销（Search Engine Marketing，SEM），就是根据用户使用搜索引擎的方式，利用用户检索信息的机会尽可能地将营销信息传递给目标用户。简单来说，搜索引擎营销就是基于搜索引擎平台的网络营销，利用人们对搜索引擎的依赖和使用习惯，在人们检索信息的时候将信息传递给目标用户。旅游搜索引擎是从比较购物网站发展起来的。其最初设想是为消费者提供从多个在线零售网站的机票、酒店、旅游度假方面的比较资料。当用户检索某个旅游目的地景点、机票、酒店、旅游度假时，所有销售该商品的网站上的产品记录都会被检索出来。用户可以根据产品价格、对网站的信任和偏好进行选择。常用的国内旅游搜索引擎包括去哪儿网、途牛旅游网、携程旅游网等。

（二）视频营销

视频营销指基于以视频网站为核心的网络平台，以内容为核心，以创意为导向，利用精细策划的视频内容实现产品营销与品牌传播的目的。它既具有电视短片的优点，如感染力强、形式内容多样、创意新颖等，又有互联网营销的优点，如互动性、主动传播性、传播速度快、成本低廉等。视频包含电视广告、网络视频、宣传片、微电影等多种方式。比较常见的视频营销方式有贴片广告和植入广告。

大家通常在电影、电视剧或视频的片头或片中看到的插入广告都可称为贴片广告，其中网络视频贴片广告与电影院线的贴片广告是较为常见的两种模式。贴片广告的营销针对性强、目标精准，相对价格也比较低廉且播放频率高，但在付费会员的端口，用户可以直接免去片头广告，导致其营销效果在用户转化方面大打折扣，因而在内容上要求也会相对较高。以视频为基础的广告的展现就是植入广告。植入广告的植入模式分为场景植入、台词植入、道具植入以及情节植入。植入广告的渠道可分为影视广告、网络视频、宣传片、微电影及娱乐营销中的综艺冠名等。

当前新型的视频营销模式，主要是以“短视频 + 社交”为代表的“视频营销 + 互联网”的新型视频营销模式。随着移动互联网时代下短视频媒体平台的兴起，互联网已从读图时代跨进短视频时代，短视频成为当下国人尤其是“90 后”“00 后”日常在网上消遣的方式之一。他们不单是喜欢看短视频，更喜欢根据自己的兴趣爱好和特长创造短视频的内容。

（三）软文营销

软文营销指通过特定的概念诉求，以摆事实、讲道理的方式使消费者走进企业设定的“思维圈”，以强有力的针对性心理冲击迅速实现产品销售的文字模式和口头传播。软文营销要达到期望的效果，需要重点关注以下方面。一是要以客户需求为核心，针对用户的不同职业，使用与之相关的专业语言，如对年轻读者尽量使用当下流行的语言；二是必须充分体现一定的新闻价值、学习价值、娱乐价值和实用价值；三是要紧追时事热点话题，朋友圈对于热点事件的转发和评论会引起广泛关注；四是与竞争者比较分析，凸显自己的优势，吸引消费者的关注；五是篇幅短小精悍，精准戳中消费者的痛点；六是要用成功案例进行佐证，增强说服力，引发共鸣和信任。

课内阅读

谭松韵新剧破3亿！取景地就藏在家门口，高铁20分钟即达

最近，小飞君期待了很久的剧《锦心似玉》终于开播了。“不老男神”钟汉良和“软萌小花”谭松韵的组合十分圈粉。目前为止，整部剧刚刚更新十几集，虽然部分剧情有些套路，但是并不妨碍观众“嗑糖”，小飞君身边就有一些人一边猜着剧情走向，一边在男女主的互动里上演大型“真香”现场。除剧情之外，整部剧的制作也十分精良。细腻的家宅文化，古典的明式服饰，还有考究的传统场景……分分钟就能把人拉进那个繁华而又风起云涌的时代。

于是，追剧的小飞君又马不停蹄去“挖”了取景地，才发现，原来剧中很多场景都是在绍兴拍摄的。

绍兴一直是一个让小飞君念念不忘的地方。小飞君一直觉得，如果将梦里的江南落在现实里，那便是绍兴的模样。虽名气不及苏杭，但不显山、不露水的绍兴更适合拿来私藏。

木心先生说“无骨的江南不只是苏州，有骨的江南当看绍兴”。这座有着2500余年历史的老城，既有时间的风骨，也有岁月的风流。

绍兴被称为“一座没有围墙的博物馆”。不仅是因为这里汇集了大禹陵、舜禹遗迹、古越旧址等诸多的珍贵古迹，也是因为这里早就已经把历史刻在了骨子里。

走进绍兴，你就能看到随处可见的清末民初的老民居上早就布满了青苔，光是传承下来的老字号店铺就足足有1350多家……它没有故意做旧去迎合大众，而是成为了时间忠实的记录者。

绍兴也从来不乏“才气”。唐代的贺知章，宋代的陆游，明代的徐渭，近代的鲁迅、秋瑾、蔡元培，数不胜数。书圣王羲之在这里创作的《兰亭集序》，陆游在这里写下“满园春色宫墙柳”的千古名篇，袁宏道曾说这里“士比鲫鱼多”并不是完全夸张。

也有很多人因为让人垂涎三尺的美味小吃而爱上这里。说来也奇怪，绍兴美食往往以“醉、霉、腌、臭”等著称，但却只要一壶黄酒、一碟豆，就能让人醉倒在这江南的温柔乡里。

就在去年，绍兴入围了“2020 年中国最具幸福感城市”，带着江南的冰肌玉骨、吴风雅韵，以一种纯天然的生活姿态，继续驻守在时光一隅。

资料来源：Feekr 旅行．谭松韵新剧破 3 亿！取景地就藏在家门口，高铁 20min 即达［EB/OL］.（2021－03－03）. https：//www. sohu. com/a/453730008_119630? scm=1004. 765522798541209600. 0. 0. 0.

4～6 人为一组，认真阅读以上材料，根据所学知识，回答以下问题：

1. 本案例采取了哪些软文营销技巧？
2. 本案例的软文营销有哪些优势？

【思政之窗】

高质量文旅融合，打造文化软实力

国家“十四五”规划提出，到 2035 年建成文化强国，国家文化软实力显著增强，阐明了提升国家文化软实力的重要内涵和实践方向。就文化和旅游业来说，高质量文旅融合是推进文化与旅游在更广范围、更深层次、更高水平上实现深度融合，通过更好地满足人民群众日益增长的文化和旅游生活需要，助推中华文化走向世界，加强城市、国家形象的国际亲和力和民族文化的国际影响力，从而提高国家文化软实力。

桂林是一颗璀璨耀眼的世界明珠，无数名流墨客、旅游达人都期盼到桂林饱览美丽的山山水水，感受人文习俗，品尝饕餮饮食。桂林旅游一次次地以它独特的美而惊艳世人。在打造世界级旅游城市的道路上，桂林再一次吸引了全世界的目光。一是建设世界级旅游城市需要文化自信。文化与旅游具有先天的融合性，文化是旅游的灵魂，旅游是文化的载体。桂林建设世界级旅游城市需要以文塑旅、以旅彰文，提升格调品位，充分彰显桂林悠久的历史文化传统，把桂林历史文化名城的魅力展现于世人的面前。二是建设世界级旅游城市需要文化传统。桂林在建设世界级旅游城市的过程中，需要不断挖掘优良文化传统，提升桂林建设世界级旅游城市的文化软实力。三是建设世界级旅游城市需要文旅融合。桂林建设世界级旅游城市，需要加强文旅产融合，不断提高文化软实力。越是民族的，就越是世界的，桂林不能跟着别人走，或者模仿别人，桂林旅游一定要本真和原创。

桂林建设世界级旅游城市，必须要有世界级的优良传统文化与之媲美，更需要深度挖掘文化内涵，实现高质量文旅融合，提高文化软实力。

资料来源：凌海金，凌常荣，房代香. 融入优良传统文化，提升桂林建设世界级旅游城市的文化软实力［EB/OL］.（2022－05－21）. http：//txy. gxnews. com. cn/staticpages/20220521/newgx62884776－20761537. shtml.

如何理解高质量文旅融合和文化软实力提升对加强城市、国家形象的国际亲和力和民族文化的国际影响力的重要性？

提示：文化软实力集中体现了一个国家基于价值理念、文化创造、精神风貌等表现出来的凝聚力和生命力，以及由此产生的吸引力和影响力，是综合国力和国际竞争力的重要组成部分。通过促进高质量文旅融合，推进中国文化与旅游在更广范围、更深层次、更高水平上实现深度融合，更好地满足人民群众日益增长的文化和旅游生活需要，助推中华文化走向世界，加强城市、国家形象的国际亲和力和民族文化的国际影响力，从而提高国家文化软实力。

【任务执行】

旅游目的地营销调研和分析

掌握旅游产品营销的战略和策略，对比不同旅游目的地的营销战略和策略，并分析其营销效果。

4～6 人为一组，根据所学的知识，并查询网络资源和图书馆资料，完成以下实训任务。

第一步：实训前准备。要求学生提前阅读本单元内容相关的文献资料，熟悉相关知识点。

第二步：收集至少 3 个不同旅游目的地的营销战略和策略案例，完成表 4－2－1。

表 4－2－1　旅游目的地的营销战略和策略

旅游目的地名称	举例说明采取的营销战略（如整合营销、分众营销）	举例说明采取的营销策略（如网络营销、品牌营销、借势营销等）

第三步：分析总结不同旅游目的地营销战略和策略的优劣势及最终的效果。

第四步：小组选派代表进行口头展示。

第五步：小组互评和教师点评。

【课后作业】

扫码测试

【拓展阅读】

按下暂停键之后，文旅产业如何抓住营销机遇劫后重生？

一场突如其来的疫情，让 2020 年的春节变得不同与难忘。旅游业在此次“战疫”中，被按下了暂停键，一时间文旅产业面临着经营停摆、现金流承压等实际考验。但危机中孕育着转机，而转机隐藏着商机！抢占市场，营销先行。利用这次“休息”做好再次开门迎客时的创新产品体验与品牌形象，提前准备好一系列引爆流量的营销计划，才能成为这场“战疫”结束后真正的赢家！疫情之下，弹奏好文旅营销的三部曲至关重要。

品牌先行，找准市场

疫情期为旅游目的地及景区品牌重塑提供了契机，经过市场漫长的冰封，游客对于各旅游品牌的认知渐渐模糊，对于一些文旅品牌定位不清晰、目标游客不准确的旅游目的地来说，这正是重新塑造更具卖点的文旅品牌形象及旅游产品的好时机。

盘点资源，独树品牌。对旅游目的地品牌形象最直接、最感性的认知，在很大程度上决定了消费者的第一选择。因此，利用这个契机进行文化挖掘、梳理资源、卖点提炼、品牌建立等品牌体系建设工作，将成为提前抢占市场的利器，也将对产业发展起到更长远的正面作用。

洞察需求，创新产品。利用这个空窗期，进行消费者需求调研，构建与消费者对话的机制，提升产品与服务。同时，要注重迎合旅游消费心理，从安全旅游和食品健康入手，联合全产业链，与渠道商以及“吃、住、行、购”等商家共同推出为游客健康负责的产品，宣传当地美食文化和生活方式，消除游客对食品安全的顾虑。

瞄准市场，凝聚焦点。进行深入的市场分析，找准自己的三级市场，并制订精准的分级分阶段营销计划，在疫后快速让市场回温。此外，人们碍于安全考虑，短时间内长途旅行团将被搁浅，近郊游或将成为新宠，因此要注重对疫情后市场回暖的节奏把握，抓住行业复苏过渡阶段自驾游群体的周末游市场，进一步针对近郊旅游，策划 1 ~2 小时自驾圈的线上营销计划。

线上“花式营销”，线下“人气满满”

为防止疫情扩散和保护自身安全，“宅家”成为春节度假方式，人们躺在床上开始了从微信、微博到抖音的网上冲浪，促使了线上流量“井喷式”增长。

抢占流量池，开启“云旅游”。快速搭建线上图文、短视频、直播、VR 旅游平台的营销战略和人才部署，提升线上内容的原创力与传播力。抢占“双微一抖”的巨大流量池，推出图文、短视频类营销内容，通过建立与消费者的互动平台，传播更加趣味化、场景化的优质原创内容，增强消费者黏性。与此同时，网红直播、VR 全景游也将为旅游体验与消费带来强有力的线上营销刺激。

全新活动创意，蓄势景区开门红。针对行业回暖期启动新的营销活动、节庆活动的策划设计，更加注重线上与线下的手段结合、白天与夜晚的结合，更加注重对文化内涵的包装与植入，使之更加符合当前主流旅游消费群体的“口味”，更加注重消费者游客的参与和体验。活动不在于多，而在于精。在疫情结束后快速推出精品化、有内涵、有特色、创意新、体验强的旅游节庆活动，能够快速吸引人气带动消费。

文化符号输出，实现 IP 落地

IP 指知识版权，站在文旅角度来说，IP 可以理解为旅游吸引物，是旅游产品的核心内容。作为旅游地的一种无形资产，IP 能够有效传播目的地文化，提高旅游地的知名度，更重要的是能够获得可观的经济收益。如果品牌带来用户，那么 IP 就带来粉丝。

让文创“走出去”，让景区“活起来”。在疫情期间城市及景区等旅游目的地要积极探索景区文创礼物的研发与渠道建设，充分挖掘地方特色资源及在地文化内涵，围绕品牌定位，以精准文化定位、IP形象构建、产品设计、生产供应、销售推广、模式运营等手段，将城市及景区独有的文化要素渗透生活方式与日常细节，将文创产品打造成为旅游名片和旅游消费新的增长点。

资料来源：巅峰智业．按下暂停键之后，文旅产业如何抓住营销机遇劫后重生？[EB/OL].(2020-02-17). https://www.sohu.com/a/373709634_234564.

与时俱进推进全域旅游营销

河南是国内拉开旅游新媒体营销序幕的省份之一。近年来，河南旅游的新媒体营销紧跟时代步伐，勇于创新尝试，重磅推出“2016豫见”系列主题旅游营销活动，以创意引爆河南深度游，有效促进了河南旅游业的发展。

文化为魂：“老家河南”大品牌，推动中原文化走向世界

文化是旅游之魂。在当今个性崛起、内容为王的时代，以文化聚焦为手段，更有利于目的地发挥自身优势。河南是中华文化的摇篮，中华民族的灿烂文化与重要发明多源于河南，文字、农耕、周易、儒释道、功夫，不胜枚举。为了将这些丰富的文化资源转变成旅游市场营销的关键点和吸引力，河南省旅游局以品牌主导、部门协同、媒体融合、全域联动为总体营销思路，通过“十大文化符号”探寻活动，走访50余个景区与城市，梳理河南全域旅游资源。随着活动的展开，河南省丰富的旅游文化资源直观地展现在广大游客面前，有力地提升了“老家河南”品牌知名度和影响力。

科技为体：科技媒体大融合，缔造“老家河南”新传奇

以品牌文化为主导，坚持新兴技术融入，是河南旅游新媒体营销的另一法宝。在新媒体渠道整合方面，河南早在2012年就成立了河南旅游营销的线上组织“豫聚团”，充分整合社会网红、网络“大V”等自媒体资源，构成新型的旅游新媒体联盟组织，成为河南旅游开展旅游营销活动推广的基础平台。随着大众旅游时代的到来，结合游客出游形式的变化，河南省旅游局还将逐步培养一批对“老家河南”具有高度品牌认知与认可的自媒体资源，最终形成全方位、多角度的联动平台。此外，在新媒体营销中采用直播形式，新技术的融入为大众创造出令人耳目一新且更加直观的感受，进而带来更佳的旅游传播体验，出奇制胜，最终产生更显著的活动传播力和影响力。

全域为本：全域营销大格局，铺设“老家河南”新蓝图

河南丰富而悠久的历史文化资源，为河南开展全域旅游提供充分的土壤。全域旅游营销需要对“老家河南”品牌内涵进行全面渗透。全域旅游是全景、全时、全业、全民的发展模式，全域内任何特色要素都可以成为旅游营销的关键支撑。在互联网和体验经济的背景下，全域旅游营销需要省局地市协同联动，线上、线下全面整合，旅游与文化、农业等各个行业灵活跨界。

综观全域，驻马店嵖岈山景区利用节事活动贯穿市场营销；洛阳白云山的跨界营销实现突破式发展，举办的瑞贝卡时尚假发2017年趋势发布会，众星云集，吸引国内各大媒体争相报道；安阳红旗渠·太行大峡谷景区成功创建国家5A级景区；清明上河园成功塑造国内主题景区运营的典范，6月登陆新三板挂牌上市；云台山景区开启体验旅游引领转型升级，特别是新建的U形玻璃栈道让游客体验惊险和刺激；老君山客流量迎来“井喷式”增长……可喜的成绩离不开政府推出的各项促进政策，同时也是河南省这一年来在全域旅游营销方面的大胆探索与有益尝试。

此外，结合当前时事热点开展旅游营销活动，也是河南全域旅游营销的特色要点。郑徐高铁开通、G20峰会举办之前，河南省旅游局与去哪儿网共同开展了“老家河南惠动江南”主题营销活动，力求定向精准、深度实效。在去哪儿网推出的“5折惠民季”大促活动中，河南省旅游局协调省内17家4A级以上景区给予江浙沪游客门票半价的优惠，去哪儿网则将佣金返还给购买产品的游客，并配合开展了一系列的抽奖互动等推广活动。1个月内，江浙沪赴河南旅游订单量比去年增加287%，景区门票预订同比增长327%。同时，在奥运期间，河南省借势结合朱婷、宁泽涛等河南籍知名运动员身份开展了相关营销活动。

资料来源：王雪冰，孙晓强．与时俱进，创新融合“老家河南”借助新媒体推进全域旅游营销［EB/OL］.（2017－01－22）. http：//www.lovetly.com/article/67604.htm.

单元三　旅游产品营销的专项类别

【学习目标】

1. 熟悉旅游目的地营销、旅游景区营销和饭店营销的内容和流程；
2. 掌握旅游目的地营销、旅游景区营销和饭店营销的策略，能够针对不同类别和不同情况提出营销建议；
3. 正确认识政府管理在旅游行业发展中的引导作用。

【课堂导入】

湖南张家界景区营销案例

以峰林为背景，拿稻田作舞台。2022 年 7 月 13 日，“张家界顶踏歌行”网络主题宣传活动首站打卡武陵源。在悠扬的歌声中，游客与市民争相体验“民宿 + 非遗”“民宿 + 艺术”“民宿 + 农耕”“民宿 + 茶艺”等旅游新业态，感悟张家界传统民俗文化的独特魅力。这场历时 3 个月的旅游营销活动，在线上引起大量关注，仅仅开展两天，网络综合点击量就超过了三亿次。新媒体时代，“张家界”3 个字，一直自带流量。

十年来，张家界旅游营销，以天马行空的创意，搅动一池春水。2012 年 10 月，首届翼装飞行世锦赛在张家界举办，被美国《时代》周刊评为“2012 年度全球 25 项最棒的发明创新之一”。这项比赛，不仅创造了翼装飞行运动的竞赛方式和规则，也是人类运动史上第一次在空中进行的飞行比赛，足以载入世界体育史册。2017 年 10 月，F1 赛车手驾驶世界知名品牌越野车在天门山天门洞 999 级天梯，进行史无前例的“汽车挑战天梯”纪录片拍摄，并于 2018 年初进行全球投放播出，张家界绝美风光以不一样的方式亮相世界。2018 年 8 月，一台红色钢琴被直升机吊装至张家界的标志性景点——御笔峰，著名钢琴演奏家元杰以一曲《我爱你，中国》，与索溪河畔的 118 架钢琴遥相呼应，呈现出人类音乐史上最为经典的“高山流水”之景。2020 年 4 月，张家界山水组合原创山野民谣《你莫走》上线，短时间内，抖音、快手等短视频平台发布的翻唱作品突破 100 万个，人气指数和影响力连续一个月占据酷狗 TOP 500 音乐排行榜首位，网络综合点击量超过 70 亿次，形成特殊的“张家界音乐现象”。

资料来源：宁奎，向韬．以峰林为背景，拿稻田当舞台——“张家界顶踏歌行”网络主题宣传活动首站打卡武陵源［N］. 湖南日报，2022－07－13.

4 ~ 6 人为一组，阅研课堂导入材料，思考以下问题：

1. 旅游景区营销指什么？
2. 张家界景区做了哪些营销活动？特色体现在哪里？

【知识讲解】

旅游产品营销涵盖了旅游产品形成过程中各个环节，本部分重点讲述旅游目的地营销、旅游景区营销和旅游饭店营销。

一、旅游目的地营销

（一）旅游目的地的构成要素

判断一个旅游地能否成为一个目的地，可以从旅游目的地的构成要素来分析。提高旅游目的地营销效果，要充分理解各个构成要素的优劣势及对旅游消费者的吸引力。旅游目的地主要有以下构成要素。

1. 独特的旅游吸引物

旅游吸引物指一切能吸引旅游消费者的旅游资源和条件，旅游吸引物主要包括自然吸引物、人文吸引物和特殊吸引物。这是旅游营销的基础条件。

2. 旅游市场空间和规模

旅游目的地需要具备足够的市场开发价值和市场发展空间，旅游地的市场可进入性、市场体系完备、市场运营机制公开平等，是支撑旅游产品规模化开发的前提条件。

3. 旅游目的地的可承载性

旅游目的地的可承载性由硬资源和软资源两个因素决定。硬资源指各种资源如环境资源、人力资源、社会文化资源等的物理容量，软资源指资源吸引力、服务管理水平、人力资本质量、生态环境质量、创新能力等。一些旅游目的地由于缺乏内在活力，只有景观资源，没有服务和内涵，其旅游资源的价值也大打折扣。

（二）旅游目的地的类型

旅游目的地的数量和种类非常多，本部分按照空间范围大小将旅游目的地分为国家旅游目的地、区域性旅游目的地、城市旅游目的地和景区性旅游目的地四种类型。

国家旅游目的地指一些旅游资源特色鲜明且相对集中的国家，尤其是一些对旅游业依赖性较强的小国，如马尔代夫等。区域性旅游目的地是从一个国家的空间范围来划分的，如中国区域性旅游目的地包括华东、东北、西南等。城市旅游目的地是从一个特定旅游区域空间范围来划分的，城市不仅是重要的旅游吸引物，是旅游资源丰富的地区，同时承担了旅游住宿、交通、娱乐和服务等要素体系的功能，成为现代旅游活动的中枢。景区性旅游目的地是旅游目的地的最小单位，只有既对一定规模的旅游客源市场具有专门吸引力，又能为旅游者提供系统完备旅游服务的规模性旅游景区，才具有旅游目的地的属性。

（三）旅游目的地形象定位和传播

1. 旅游目的地的形象定位

旅游目的地形象是旅游目的地的生命，是形成竞争优势的最有力工具。个性鲜明、亲切感人的主题形象可以帮助旅游目的地在竞争中占据有利地位。如瑞士的“永久的天堂”、西班牙的“斗牛士”、中国香港的“购物天堂”等主题旅游形象都具有鲜明的特征。

旅游目的地主题定位是形象塑造的前提，首先，进行地方性研究，对地方历史文化进行解读和提炼，精练总结该地区的基本风格，包括文化特征与自然特征等；其次，进行市场受众调查，深入了解潜在旅游者对目的地市场的需求状况及个性偏好；最后，在形象定位过程中实施差别化策略，确定本产品的独特性。例如，曲阜作为历史文化名城，与平遥、西安等城市相比，是同质竞争旅游城市，而与三亚、北戴河等海滨度假地相比，则明显属于异质竞争。

2. 旅游目的地的形象传播

这是旅游目的地自我营销的过程，主要可采取以下四大策略。

（1）事件引爆策略。通过举办大型主题活动，扩大旅游地的知名度，如张家界的“飞机穿越天门洞”、昆明的“世博会”、宜昌的“告别三峡游”。事件引爆策略对知名度较低、旅游资源比较丰富、旅游业处于起步阶段的旅游目的地较为合适。

（2）市场细分策略。针对不同客源地的旅游消费者的需求进行分析，针对不同的目标市场采取不同的促销内容和方式。例如，各地游客对三亚的旅游目的存在差异性，东北游客主要出于避寒考虑，其他地方的游客则更多考虑度假因素。

（3）全民营销策略。信息传递的数量和质量，以及游客满意度的提高，都依赖全民的参与和支持。一方面，民众信息传递成本很低，传递效率高；另一方面，由于新媒体的兴起，民众对营销信息的转发、传播，使每个人都可以成为营销盛宴的重要参与者。

（4）主题营销策略。主题形象的确定要突出旅游目的地个性，强化吸引力与游客记忆。每个著名的旅游目的地都有自己鲜明的主题特征。例如，深圳是最开放、最具有活力的城市之一，珠海是最宜居的城市之一、珠港澳发展核心城市之一等。一旦确定了城市主题形象，旅游目的地的营销活动就要围绕这个主题开展。

课内阅读

沈阳塑造城市文化旅游崭新形象

豪放、悠久、传奇、时尚、年轻、活力……每个人心中，都有一个词形容沈阳，这个词便是沈阳在每个人心中的“形象”。记者近日从沈阳市文化旅游和广播电视局获悉，沈阳将立足“文化旅游+”，构建品牌营销、场景营销、活动营销、媒体营销四位一体机制，塑造沈阳文化旅游新形象。

品牌营销

“传奇盛京、魅力沈阳”是对这座古老又年轻的城市最好的诠释。沈阳将强化这一核心文化旅游品牌，叫响文化沈阳、历史沈阳、山水沈阳，创新打造特色文旅主题。沈阳文旅资源丰富，以历史文化、红色文化、工业文化为主线，深化“文化旅游+”，建立IP矩阵，将更有利于精铸文化旅游品牌。主要围绕历史文化游、红色文化游、工业文化游、研学知识游、民俗体验游、美丽乡村游、生态观光游、冰雪运动游、体验沉浸游等板块，沈阳2021年共推出116条不同主题旅游线路；着力加强内容输出，拍摄《沈阳力量》系列人物访谈栏目和《沈阳记忆》系列纪录片，出版介绍沈阳文旅资源的《纸本盛京》系列丛书；以“四季游”活动为载体，发挥龙头作用，推进沈阳都市旅游圈城市加强合作。通过一系列举措，让游客从不同角度感受沈阳之美。

场景营销

沈阳非常重视新营销场景布局，对全市A级景区、文化场所、文物景点、历史街区进行统一标注，在机场、高铁车站、地铁站点、公交车站及主要街路设置文化旅游引导标识；在机场、高铁车站设置“魅力沈阳”体验中心；引导“盛京好贺儿”旅游形象店进一步向城市书房、图书馆等公共空间布局；提升景区游客中心，做到服务优质多样。在此基础上，加强智慧旅游营销。委托OTA平台，建设沈阳文旅产品旗舰店；优化各涉旅企业，尤其是重点旅游景区智慧导览等系统建设；加快沈阳文化旅游景区、文物、历史建筑的智慧语音导览系统的建设；加快推进虚拟沈阳文旅体验空间的建设。

活动营销

马拉松、赛艇公开赛、合唱节、艺术节……近年来，沈阳文化、旅游、体育深度融合，一批高品质活动口碑颇丰，品牌效应凸显。下一步，沈阳将继续拓展“文化旅游+N”，推出有规模、有特色、有影响力的品牌节庆、展会、展览、赛事等。发挥文娱活动的旅游吸引力，通过打造爱情、音乐、历史等主题活动场景，为传统旅游业赋能；把旅游场景、戏剧情节、消费业态串联起来，开发沉浸式旅游线路；组织沈阳非物质文化遗产节、非物质文化遗产进景区、群众文化进景区、专业展演进景区；发挥小剧场潜力，以“文艺范儿”吸引更多年轻消费群体；坚持国际化、高端化、特色化发展方向，办好舞台演出、艺术展、文物展及沈阳冰雪节。

媒体营销

2021 年，“一宫两陵”的雪、沈阳鸡架、蒲河斑海豹等题材刷爆朋友圈，甚至登上微博热搜，吸引了全国乃至世界的关注；沈阳故宫博物院上榜 2021 年第三季度全国热搜博物馆百强榜单，位列东北片区榜首；沈阳“九一八”历史博物馆入选全国文化遗产传播十佳项目。近年来，沈阳市文化旅游和广播电视局积极捕捉利用特殊时机、场景等小题材，做好宣传沈阳“大文章”。2020 年，沈阳文旅单位携手沈阳经济区五个城市赴成都、西安开展文旅推介，全新诠释沈阳形象，在业界引起强烈反响。

沈阳将加强创意营销，坚持引进和培育两手抓，对接国内高水平 MCN 机构（集内容生产、品牌包装、营销策划、信息传播于一体的文化运营机构），对沈阳文化旅游资源及城市形象进行全景展示。巩固和发展传统客源地市场，进一步开发潜力市场。运用新媒体平台，探索建立文旅网红培育范式，通过精准投放实现“全民宣传营销”，全面展示沈阳的历史文化和时尚活力，展示宜居、宜游、宜业城市的崭新形象。

资料来源：刘海搏．沈阳塑造城市文化旅游崭新形象［N］．沈阳日报，2021－11－19.

4～6 人为一组，认真阅读以上资料，讨论以下问题：

1. 沈阳作为旅游城市的形象定位是什么？
2. 沈阳是如何开展旅游城市形象营销的？效果如何？

（四）旅游目的地营销手段

旅游目的地营销的手段，即可以为旅游目的地进行营销的方法或者工具，包括旅游宣传品、旅游解说、节庆等。

1. 旅游宣传品

旅游宣传品包括综合类宣传品，如旅游手册、旅游画册、导游图、旅游形象宣传片、宣传海报等针对旅游目的地旅游资源和产品情况的介绍；主题类宣传品，如针对生态旅游、商务旅游等主题旅游的详细介绍材料；专项类宣传品，如针对民俗文化、旅游节庆活动的单项旅游产品介绍。

旅游宣传品策划主要包括文案写作和宣传品图片制作。现在文案大多以软文的形式，涵盖受众群体关心的话题，增加独特性和吸引力。宣传品的图片要配合文案一起烘托主题。

2. 旅游解说

旅游解说是旅游目的地为旅游者提供的综合性信息服务，包括导游解说服务和自导式解说服务。导游解说是专职导游向旅游者进行主动的、动态的信息传导。其特点是双向沟通，能够回答游客提出的各种问题，还可以提供个性化精准服务。自导式解说是以书面材料、图形符号、语音等设施和设备向游客提供静态的、被动的信息服务，特点是解说内容一般经过精心挑选和设计，具有较强的科学性和规范性。

3. 旅游目的地节庆

旅游目的地节庆的策划营销是利用节庆时机开展营销活动，一般可分为准备初期、准备中期、临近举办阶段、节庆举办期间四个阶段。准备初期可以通过召开新闻发布会宣布举办节庆的消息，借助媒体宣传节庆活动的理念、举办时间和地点；通过向社会征集节庆项目名称、吉祥物、纪念品、口号等方式，扩大社会影响力和知名度。准备中期可以开展针对客源细分市场，通过设计海报、宣传手册、宣传片，参加旅游展会等方式向国内外旅游企业宣传推广等。临近举办阶段要强化营销，烘托气氛和营造欢乐氛围，加大宣传广告的力度和密度，为活动造势。节庆举办期间要通过各类媒体报道节庆盛况，塑造和宣传旅游目的地形象，为下一次节庆活动进行铺垫。

二、旅游景区营销

（一）旅游景区与景区产品

旅游景区指吸引旅游消费者前往游览的区域场所，能够满足消费者游览观光、消费娱乐、康体健身、求知解惑等旅游需求，具备相应的旅游设施并提供相应服务的独立场所。

旅游景区产品指景区能提供给市场并被旅游者消费、满足旅游者某种需要的旅游设施、旅游项目和旅游服务的组合。实际上，旅游景区产品就是旅游产品限定在景区范围的概念体现。

（二）旅游景区营销的程序

旅游景区营销的程序主要分为调研分析、确定目标、制定战略、制订实施方案（策略）、预算估计、实施控制等环节。其中，调研分析是至关重要的前提，可以采用SWOT分析方法来识别景区的优势、劣势、机会和威胁，从而提出有针对性的营销战略和策略。

编制旅游景区营销策划书实际上是将涉及的各个环节表述为文字，并作为具体实施的依据。旅游景区营销策划书可包括封面、正文两部分。正文要列明本次营销的目标、当前的营销环境分析、对景区市场的影响因素分析、市场机会与问题分析、营销目标、营销战略、策划方案各项费用等。

（三）旅游景区营销组合

根据4P营销理论，从产品开发、价格制定、销售渠道、产品促销四个方面来具体介绍。但在实际操作中，景区常将广告、公关、促销、人员推销等营销手段进行组合应用。

1. 产品开发策略

旅游景区产品是旅游景区一切经营活动的主体和核心。因此要着力打造景区产品的独特“卖点”。既可以对原有景区产品进行升级换代，也可以创造新的产品。例如，秦皇岛海滨旅游以往只集中在北戴河沿线，度假酒店多为政府机关或国企招待所，而今南戴河周边，尤其是阿那亚社区的发展，将海滨游览拓展为避暑度假，延长了旅游时间，刺激了消费升级，促进了秦皇岛海滨旅游多样化的发展格局。

2. 门票价格策略

门票价格策略既要考虑成本，又要考虑旅游者对价格的承受能力，从而使价格策略具有买卖双向决策的特征。景区定价应当从景区、旅游企业、游客各方利益的角度考虑，确保买卖双方实现“双赢”，最大限度地获得各方支持。

门票价格的设定要考虑景点资源评定价值和居民消费水平及承受能力，要促进资源的保护与利用，合理补充环境建设价值，补偿景区开发和管理成本，同时可以与周边景区进行联合定价。

3. 销售渠道策略

景区的销售渠道包括直接销售渠道和间接销售渠道。直接销售渠道是游客本人到景区景点或购票平台购买门票，然后进入景区游览。这种购买方式主要针对散客。间接销售渠道是通过旅游企业销售，有的通过线下旅行社，但大多通过大众点评、马蜂窝、携程等网络平台购买。旅游景区按照业务量对其给予不同力度的优惠或折扣。

4. 产品促销策略

产品促销工具主要包括印刷品、广告、新闻与公关、赞助和促销等。印刷品通过语言、文字或图像描述来推介景区。印刷品的设计、内容和规格以及发放对象都会对景区宣传成效产生影响。景区促销的广告渠道主要包括报纸、杂志、广告牌等传统媒体，也包括小红书、微信、微博、抖音等新媒体。产品促销是景区在淡季或特殊时期为增加业务量而暂时提供的优惠或折扣。例如，某游乐场在儿童节前后，推出“两名成人可免费携带两名12周岁以下孩子入园”的促销活动，吸引亲子家庭游玩。

（四）策划景区节事活动

节事活动既是一种旅游吸引物，也是提高景区知名度的一种重要手段。节事是节日与事件的统称。策划景区节事活动能够提高游客的参与感，形成良好的口碑效应；培育景区的新经济增长点，延长景区的生命周期；完善产品结构，延长游客活动事件；塑造景区形象，扩大景区知名度。

景区节事活动策划需要突出三大要素，一是要让游客有参与感，能激发其兴奋和激情；二是让游客有放松感，简洁易懂的娱乐活动能让更多的人获得体验感，如烟花大会、水幕电影等；三是便于在社交媒体“炫耀”，节事活动需要有一定的独特创意，吸人眼球的场景才能引发爆款，在社交媒体上引发广泛传播，带来巨大的影响力。

课内阅读

长城脚下戏冰雪，古北水镇推年味活动

古北水镇又开启了长城脚下的年味活动。据介绍，2022年1月25日至2月15日，古北水镇“长城脚下过大年”将如约而至，希望用长城文化和水镇的文化品牌，让更多人体会到浓浓的年味儿，以及新常态下的过年新方式。

以传统文化为主线的“长城脚下过大年”已连续举办多年，古北水镇也通过饮食文化、民俗文化、休闲文化和冰雪文化等内容，丰富着长城文化的体验维度。这一次，随着冬奥会即将开幕，古北水镇也将大力推广冰雪文化体验项目，将景区内河道打造成天然冰场，内设滑冰区、戏雪区、冰钓区，冰上滑梯、冰上碰碰车、雪地悠波球等项目，供冰雪爱好者和发烧友体验。同时，景区就地取材，将精美冰雕雪雕装扮成独有装饰，长城、老虎、冰瀑等大型冰雕造型栩栩如生，冰雪氛围浓厚。

体验京味儿民俗

春节里置办年货向来都是重头戏，家家户户置办年货、贴春联、扫房子等习俗逐渐成为特定仪式。春节期间，景区内由秧歌、福禄寿等传统民俗组成的花会巡游队伍将与人们进行互动，送上春节祝福。同时，日月岛广场的过大年集市将再现旧时商贸景象，走街串巷的担货郎、民间手工艺体验区、汇聚大江南北风味的小吃摊位……在充满浓郁春节氛围的景区里，不妨根据自己的喜爱置办一份独特的年货，让自己融入京韵民俗之中。“长城脚下过大年”将长城文化、非遗文化、冰雪文化、节庆文化等诸多文化融为一体，以不同载体还原着边关小镇的生活。

泡温泉拉满仪式感

对喜欢养生的人们来说，还可以在长城脚下泡个温泉。古北水镇拥有开采自地下 3376 米深的天然温泉，富含多种对人体有益的微量元素，是冬季疗养放松的极佳选择。免费开放的龙凤池、抬头即可看见长城的室外汤池、隐秘性极高的私汤温泉酒店……多种泡汤场景将春节的仪式感和健康指数拉满。

长城脚下品美味

年味儿还可以在这里找到。汇集中外各色美食的古北水镇，既有密云本地特色美味“三烧”、京味儿古法烤鸭、广式靓汤与茶点，也有注重精细中和的鲁菜和追求食物本味的淮扬菜，在这里能找到不同地域的家乡味儿，试图唤醒舌尖记忆的味道。

当然，古北水镇还表示将坚持疫情防控常态化，提供多种方式让人们过个安心年，包括倡导游客错峰出行、做好个人防护、实行实名制线上预约购票、自助取票等无接触方式，严控日游览人数、每日对室内外游览场所等公共区域进行高频次清洁和检查、客房每日定时紫外线消杀，餐厅推行公筷公勺等措施。

资料来源：底伊乐．长城脚下戏冰雪，古北水镇推年味活动［EB/OL］.（2022－01－20）. https：//www. jiemian. com/article/7030354. html.

4～6 人为一组，认真阅读以上资料，讨论以下问题：

1. 古北水镇是如何进行景区营销的？
2. 在新冠疫情背景下，在进行景区营销时需要做哪些特殊说明？

三、旅游饭店营销

（一）旅游饭店产品内容

旅游饭店是围绕满足旅游者过夜需求延伸的系列产品，既包括客房、餐厅、游泳池等有形的设施设备，也包括前厅服务、客房服务、用餐服务等无形的服务。旅游饭店是一种特殊的服务产品，主要包括预订服务、登记入住、离店退房服务、开具发票和结账服务、行李搬运和储存服务、餐饮服务、客房服务、娱乐服务等。

（二）旅游饭店营销的市场定位

旅游饭店的市场定位是让饭店产品在目标顾客的心目中树立明确的深受欢迎的形象而进行的各种决策及活动。旅游饭店的定位过程分为四个步骤，首先，选择适合的客源层次，明确各层次顾客的偏好，有针对性地提供产品和服务；其次，树立与众不同的市场形象，突出自己的风格与个性，如有的饭店主打民族风情和地方特色，有的则突出绿色环保理念，上海佘山世茂洲际酒店在废石坑原址上建成，独树一帜，别具一格；再次，选择适合的媒体宣传，既要关注该媒体在饭店目标市场人群中的影响力，又要注意节约广告开支；最后，饭店产品的设计要根据目标市场和自身形象，树立饭店的品牌形象和信誉。

（三）旅游饭店营销的渠道

旅游饭店营销分为直接销售和间接销售两种渠道。直接渠道指消费者在旅游饭店现场购买或在饭店官网购买饭店产品，不经过任何中间环节，即为直接渠道。间接渠道指消费者通过中间商，如旅行社，或者携程、大众点评、淘宝等网络平台购买饭店产品。直接渠道的优势包括：直接组织销售过程，可控性和灵活性较大；直接了解顾客需求及变化趋势；减少佣金支付和价格折扣。间接渠道的优势包括：扩大市场覆盖面，迅速增加市场份额；拓宽信息来源，为饭店经营决策提供更广泛的市场需求信息；通过合约或其他方式将饭店产品预付给其他机构，使饭店的经营风险得到一定程度的分解。

（四）旅游饭店的促销策略

旅游饭店促销既可以从广告、人员推销、营业推广和公共关系等传统营销策略出发，也可以采用实用高效的组合营销策略，如借助政府、媒体的渠道进行区域的品牌整体营销；利用节事举办活动；借助名人扩大影响力；提高质量，注重口碑传播等。此外，旅游饭店可以利用自身的独特属性进行实物促销，如根据饭店特色进行室内外的装饰、饭店商品的陈列、平面宣传海报的布置等。旅游饭店也常与航空公司联合开展“里程积分”活动，如万豪、香格里拉等酒店与航空公司联合开展“里程积分”计划，消费者购买饭店产品可以积累里程兑换奖品。还有一些饭店集团，如希尔顿、喜来登等，采用会员俱乐部的方式，对常客或大客户给予更多的折扣和优惠。

课内阅读

香港迪士尼探索家度假酒店满足您的探索欲

香港迪士尼探索家度假酒店是香港迪士尼乐园度假区内的亲子度假酒店，也是乐园唯一一个以度假和探险为主题的酒店。新酒店楼高七层，共有750个房间，客房有园林景观或海景景观。

四个庭园以迪士尼及迪士尼·皮克斯动画电影中的角色命名，包括以《飞屋环游记》中南美景致为主题的“彩鸟古云庭园”，呈现《海底总动员》中大洋洲悠闲景象的“小海龟庭园”，以《森林王子》中亚洲大自然为题材的“小哈顿庭园”，以及满载《狮子王》中非洲大草原特色的“拉飞奇庭园”。宾客可在酒店大堂的“梦想之泉”开始探索之旅，并在室外游泳池“雨澄泳池”悠闲畅游。

宾客在办理入住时，会收到酒店提供的一本探索手册，亲子家庭可以根据手册，在酒店内的不同区域一边探索，一边参与游戏，如拼图、收集印章等，集齐印章可以到前台免费领取礼物。迪士尼探索家度假酒店有70%的房间是可以做成连通房的。连通房能够让宾客在享有私人空间之余随时与邻近的亲朋好友分享趣闻、互相照顾。亲子服务的细节还有很多，如酒店提前在电话中录制了一些迪士尼人物相关故事，方便家长给孩子们在睡前播放，房间里有儿童拖鞋、浴袍、牙刷套装、儿童脚踏和浴盆等，豪华亲子房还有单独的帐篷和玩具。

迪士尼探索家度假酒店有三间主题餐厅。每间餐厅都糅合了不同文化元素及探索主题，可同时为500名宾客呈现世界各地的特色美食。在早餐和午餐阶段，工作人员会穿上迪士尼全新探索系列服饰与宾客见面。酒店内的丛林商店还推出了旅行袋、雨伞、草帽，以及印有酒店商标的徽章、盖有纪念邮戳的信封等多样化主题商品。

入住迪士尼探索家度假酒店将会获赠指定游乐设施的优先入场证，还可以预留座位欣赏迪士尼乐园内的剧场表演。10 月 1 日前预定迪士尼探索家度假酒店房间，还可在云龙轩免费享用两位成人和两位 12 岁以下儿童的自助早餐以及与迪士尼朋友见面。宾客也可以选择“两晚起住宿优惠”，最高可享受七五折房费优惠及免费升级服务。

资料来源：界面新闻．迪士尼探索家度假酒店满足你所有的探索欲［EB/OL］.（2017－03－21）. https：//www. jiemian. com/article/1189199. html.

4～6 人为一组，认真阅读以上资料，讨论以下问题：

1. 迪士尼探索家度假酒店的市场定位是什么？如何体现在产品策划上？
2. 迪士尼探索家度假酒店的营销策略包括哪些？

【思政之窗】

中央扶持政策落地　旅游项目推进有力

2021 年以来，旅游业遭受疫情、汛情等叠加影响，党中央、国务院以及各部门、各地政府紧密部署，在严防疫情通过旅游途径传播的同时，加大助企纾困力度，增加政策、资金供给，提振行业信心，有效推动旅游业可持续发展。截至 2021 年 8 月中旬，国家发展和改革委员会经商文化和旅游部，向各地下达了文化保护传承利用工程 2021 年中央预算内投资，共安排约 24 亿元资金，重点支持了 76 个旅游景区、旅游度假区等重大旅游基础设施建设项目及长城国家文化公园项目。

盐池县地处陕甘宁蒙交界地带，境内有隋、明长城四道，有“露天长城博物馆”的美誉。中央预算内投资支持长城国家文化公园建设，为盐池县长城保护修缮、文旅融合等带来了机遇，对带动宁夏东部旅游环线发展具有很重要的意义。湖南张家界武陵源核心景区旅游基础设施建设也获得了中央政策和资金的支持，增强了张家界旅游业复苏发展的信心。下一步，张家界将抓住时机，练好内功、补齐短板，紧抓基础设施提质，加快智慧旅游建设，更好推动旅游业复苏。西藏自治区山南市隆子县玉麦乡地处祖国边陲，此次玉麦景区的基础设施建设获得了中央资金支持，景区将加大红色文化主题项目的建设投入，把“守护神圣国土”红色之旅打造成特色旅游项目，加大招商引资力度，做好景区运营管理。

中国科学院地理科学与资源研究所旅游研究与规划设计中心总规划师宁志中认

为，当前旅游业面对疫情影响，中央预算内投资的下达，提振了社会投资信心、行业经营信心、市场消费信心，有助于提升旅游行业应对外部冲击的韧性和能力，全面增强全行业实现新时代高质量发展的决心和信心。

资料来源：中国旅游报采访组．聚焦助企纾困 推动高质量发展——中央扶持政策落地 旅游项目推进有力［EB/OL］.（2021－09－09）. http：//www. ctnews. com. cn/news/content/2021－09/09/content _ 111357. html.

思考问题：如何理解中央扶持政策对旅游业发展的重要意义？
提示：2020 年以来，受新冠疫情影响，旅游业经历了不小的冲击，旅游人数和旅游收入均呈断崖式下降，旅游行业及旅游从业者的信心有所下降。中央政府对旅游景区基础设施建设提供资金支持，提振了社会投资信心、行业经营信心、市场消费信心，有助于提升旅游行业应对外部冲击的韧性和能力，表明了政府对旅游行业新时代高质量发展的支持。

【任务执行】

旅游目的地节庆活动分析评价

通过训练，掌握旅游目的地节庆活动营销的策略方法。

4～6 人为一组，根据所学的知识，并查询网络资源和图书馆资料，完成以下实训任务。

第一步：实训前准备。要求学生提前阅读本单元内容相关的文献资料，熟悉相关知识点。

第二步：选择至少 3 个旅游目的地作为分析对象，通过网络收集旅游目的地相关资料，如主要旅游景区、亮点、旅游节庆活动等。

第三步：总结每个旅游目的地形象的主题，分析其旅游节庆内容及特点，填写表 4－3－1。

表 4－3－1 旅游目的地分析情况

旅游目的地名称	主要旅游景区及其主题、亮点	旅游节庆活动及其特点	备注

续表

旅游目的地名称	主要旅游景区及其主题、亮点	旅游节庆活动及其特点	备注

第四步：评价旅游目的地举行的节庆活动是否符合该旅游目的地主题形象的定位，并具体阐述原因。

第五步：小组选派代表进行口头展示。

第六步：小组互评和教师点评。

【课后作业】

扫码测试

【拓展阅读】

新零售趋势下：如何正确地拥抱旅游新零售

零售业风起云涌，打通了线上与线下的“任督二脉”，各大巨头纷纷布局，变革无处不在。腾讯的“智慧零售”、京东的“无界零售”、网易的“新消费”等概念，似乎都已准备掀起新一轮的新零售浪潮。然而纵横捭阖的背后，新零售的演化才刚刚开始。

布局线下门店就是所谓的旅游新零售吗?

2017 年被称为新零售的元年，对于旅游业来讲是十分重要的一年。在这一年中，携程、途牛、驴妈妈等 OTA 企业纷纷加大线下门店的铺设力度，传统旅游企业也在加快对门店的升级改造，资本相继入局。

截至 2018 年 1 月，携程旅游门店已经签约超过 700 家，开业 350 多家，分布在北京、上海、广州、深圳、西安等重点城市。同时，携程旅游、旅游百事通、去哪儿网三大品牌的门店数量已超过6500家，覆盖全国200多个城市。携程计划2018年在北京开通100个品牌门店，与去哪儿网、旅游百事通形成多样化布局，借助旅游百事通已有的门店服务基础，实现2018年全国开设门店数1500家左右。同时，途牛公布的数据显示，目前，途牛线下门店约200家，到2018年上半年将增加约150家，届时，线下门店在交易额中的占比将超过10%。除此之外，驴妈妈在西宁、乌鲁木齐、昆明、重庆、延边等全国110个城市设立子公司，线下门店已开设1300多家，并由一线、二线城市逐渐延伸至三线、四线城市。

目前旅游业面临很多问题，线下门店需要注重提升效率和体验升级，而驴妈妈旅行生活馆将是旅游新零售最真实的一种体现。驴妈妈和当地具有较高口碑和旅游资源、运营实力强的一线旅行社合作，采取线上线下旅游资源共享、产品互推互销、相互引流游客的模式，同时还与中国A股市场首家便利连锁超市——红旗连锁合作，抢占了旅游新零售的先机。

OTA业内人士表示，在旅游消费的不断升级的背景下，在线旅游企业的获客成本日益昂贵。同时，国内在线旅游整体渗透率比较低，目前约为10%，大家都在寻找一种有效的获客方式，不仅要降低租金成本，而且要提升曝光度、增加客户量。因此向线下门店进发是一些OTA企业发展的必然选择，也是进阶新零售阶段的一个重要尝试。

对于旅游行业，“新零售”到底意味什么？

旅游新零售的“新”体现在新业态、新人群、新品牌、新技术。零售向新零售转变，商业要素和流程都跟过去不一样，线上线下必须形成合力，强化顾客体验和零售场景，大数据是新零售的核心。旅游本质上是一种服务，是一种体验经济。OTA的优势在于更了解用户体验和效率，而线下旅行社更懂产品和服务，OTA与线下旅行社联手，发挥各自强项、优势互补，才能爆发更大能量。旅游新零售本质是以互联网和物联网、人工智能、大数据等为驱动，面向所有客户群体，提供全渠道、全品类、全时段、全体验的新兴零售模式，不是单纯的线下门店做“互联网+”，或者开一家线下门店。

在新零售时代，线上流量入口不能被忽视。在场景化消费时代，门店作为线下流量的重要入口，应被充分利用。驴妈妈总部与子公司将通过“标准化+中央创意库”模式在全国增设更多有品质的门店。电商的发展使实体店备受冲击。随着用户体验的不断升级，就会出现一个“线上+线下”的新融合，然后再加上现代的物流服务、移动支付的手段等，这些新要素经过行业的一番整合，就出现了所谓的新零售概念。

OTA已经让旅游产品的销售效率得到了显著提升。很多旅游门店都在升级，如将门市打造成体验店，体现了旅游门店的创新。目前，零售业最大问题是物流和配送，新零售的问题在于如何减少中间环节、提高效率、提升消费体验等。

在2017年的各种布局和铺垫之下，2018年的新零售会是一个全新的东西。2018年旅游业又会受到怎样的影响？是备受拥趸，还是鄙夷不屑？“不用急着出发，因为我们终会‘被抵达’。”也许，关于旅游新零售的好戏，才刚刚开始。

资料来源：品橙旅游．如何正确地拥抱旅游新零售？［EB/OL］.（2018－01－15）. http：//k. sina. cn/article _ 3903034300 _ e8a393bc001003bca. html.

如何做好一个旅行社门店的销售

旅行社门店如何实现留住客户、转化客户？由于旅行社所处地域不同，地区的差异会使客人的认知有所不同，因此要根据自己所在位置，确定实施的方法。

第一，你的门店开在哪里？是繁华的闹市区，还是人口密集的居民区？周围是写字楼，办公区还是生活区？不同环境的客户其实是有区别的。

第二，进来的客户是新客还是熟客？这两者也是有区别的。今天就只是说一说如何面对新客。

随着互联网的发展，进入门店的客户越来越少，更多的客户会通过网络、微信、电话等方式咨询。许多门市会通过发放宣传页的方式招揽客户，但大部分地区效果微乎其微。对于难得进入门店的客户该如何接待？如何提高下单成功率？

作为一个门店的接待人员，首先是学会“看人下菜碟”！这不是势利而是技能，“吃饭穿衣看家当”，这不是以貌取人，而是精准定位客户。看客户进门，就能知道客人的分类，这是门店接待人员的基本功。开车来的、走路来的、骑车来的，这些基本标志着客户距离门店的距离，以及是否有时间进行深谈。开车来的客户一般喜欢，开门见山，倾向远途旅游产品。可以向其推荐一些品质高的国内线路或者出境产品，要以品质为突破，不要纠缠价格，多介绍体验。步行或者骑车来的客户，一般在附近居住，有空闲时间和你聊，这时不要着急推产品，先稳住客户，唠唠家常，探探旅游需要，搞清楚客户的真实需要，再根据情况推荐产品。

旅游是一个需要闲钱和闲时的活动，对于紧张工作的上班族和有空闲时间的“银发族”来说，同一个的目的地产品的设计应有所区别。对于上班族来说，下班后出发更适合，因此下午或晚上出行会受欢迎，而一早出行，容易浪费大半天甚至一天的时间，就不易获得青睐。对于“银发族”，他们的时间比较充裕，甚至可以来一次“说走就走”的旅行，这样的客户，既可以避开旅游高峰期（价格高），还有机会选到尾单（价格低），用这样的思路为客户选择产品，客户会信任你的。

当客户跟你面谈，或者通过电话、微信联系你，那你应从谈话的细节中分析客人出游心理，从年龄、职业、旅游支出预算、家庭情况、曾经出游的情况、旅游经验等方面对客人进行预估。有许多客户在咨询之前，并没有一个明确的旅游目的地，只是想去旅游，应帮助客户作出合理选择，促成交易。此时的你不是卖产品，而是帮助客户选择产品，是站在客户的角度去看产品，而不是站在销售的角度去推销产品。

需要问客户的几个问题：

您之前去过哪些地方旅游？喜欢哪些地方？对哪些方面不满意？这可以帮助你了解客户的喜好，更精准介绍产品。可以避免出现被客户抵触的目的地和行程。

出行假期安排在什么时间？一共往返时间是多久？这个问题关系行程的价格，淡季、旺季的差异很大，有时甚至随着时间的变化，机票酒店价格会大幅变化，这直接影响了产品价格。

什么样的结构出行？现在外出旅游的结构一般有家庭游、亲友游、团队游等，家庭游还分携老游、亲子游、全聚游等，不同出行结构会有不同的产品特征，了解客户的出行结构，有利于帮助客户选择适合的产品。

旅游预算是多少？这是一个既隐秘又公开的话题，许多客户不愿意直接说出自己的预算，这个问题的问法需要一定技巧，不能过于唐突。

要通过前面的分析，推断客户的消费心理，恰当地推荐产品。

资料来源：易沃克旅游．如何做好一个旅行社门店的销售［EB/OL］.(2017-06-24).https://www.sohu.com/a/151721440_698307.

第五章　旅游产品新媒体营销

单元一　微博营销

【学习目标】

1. 熟悉微博平台的发展现状；
2. 理解微博营销和旅游微博营销的概念；
3. 熟悉旅游微博营销的优势；
4. 掌握旅游微博营销的策略。

【课堂导入】

“话题”是微博上的热点、个人兴趣和网友讨论等内容的专题聚合页面，是微博中最重要的一种兴趣主页。微博用户可以进入“话题”参与讨论，同时“话题”页面会自动收录含有讨论话题词的相关微博。微博还会随时更新热门话题列表，并将最热门的话题放在醒目的位置推荐给用户关注。微博“热搜榜”“超级话题”时时刻刻都会更新，已被众多商家作为营销的重要渠道。

打开新浪微博 App，查看“微博热搜”里的“话题榜”，观察并分析：

1. 最近有哪些热门话题？
2. 这些热门话题被大量转发、评论和点赞的原因是什么？

【知识讲解】

一、我国微博平台的发展现状

1. 微博的诞生

微博是微博客的简称，指一种基于用户关系的分享、传播和获取相关简短实时信息的广播式的社交媒体和网络平台。最早的微博是美国的推特。2006 年 3 月，埃文·威廉姆斯创建的新兴公司 Obvious 推出了推特服务。推特是一种鸟叫声，创始人认为鸟叫是短、频、快的，符合网站的内涵，因此选择了推特作为网站名称。

2. 中国微博平台的发展历程

微博社交网络的概念于 2007 年进入中国，2010 年，新浪、搜狐、网易、腾讯四大门户网站相继推出微博服务，被公众称为“微博元年”。由于微博使用起来简单、便捷、可互动，微博的用户数量快速增长，再加上名人、明星等相继在微博上开通账号，催化了微博“爆炸式”效应。2014 年 3 月，新浪微博将原“新浪微博”更名为“微博”，奠定了新浪微博在国内微博平台中的主导地位。因此，现在人们常说的微博泛指新浪微博，本书所指的微博也是新浪微博。

3. 新浪微博的发展现状

新浪微博数据中心发布的《2021 年微博用户发展报告》显示，截至 2021 年第四季度末，微博月活跃用户达到 5.73 亿人，同比增长 10%；日活跃用户达到 2.49 亿人，同比增长 11%。微博视频号开通规模突破 2500 万个，其中，粉丝数超过一千万人的视频号有 1500 个，粉丝数超过一百万人的视频号有 3.6 万个，粉丝数超过十万人的视频号有 15 万个。共有超过 1.8 万条视频登上微博热搜榜，视频类热搜约占整体热搜的 48%。热点资讯类视频已经成为热搜常客，此外，泛娱乐和泛生活领域的视频也频频出圈，带动了博主 IP 成长。2021 年，同比 2020 年微博视频号日均发布增长最多的十大领域有娱乐明星、搞笑幽默、情感两性、电视剧、综艺节目、美食、人文艺术、时尚美妆、电影、动漫。从内容播放规模看，泛娱乐、泛资讯等领域视频号增长最快。

二、微博营销概述

（一）微博营销的概念

微博营销指企业或非营利组织利用微博这种新兴的社会化媒体影响大众，通过在微博上进行信息的快速传播、互动、分享以及反馈，从而实现市场调研、产品推介、品牌传播、客户关系管理、危机公关等功能的营销行为。微博营销通常分为组织微博营销和个人微博营销。组织包括公益组织、政府、企业机构等；个人包括认证和非认证用户、知名人士、明星等。在微博上，企业和个人非常活跃，因此从某种程度上讲，可将微博营销划分为企业微博营销和个人微博营销。

1. 企业微博营销

企业微博营销的参与主体是企业，其最终目的是盈利。通过更新微博内容，企业可以让粉丝更快地了解企业的最新产品信息或者提高企业的知名度。通过微博平台，企业可以与自己的忠实粉丝建立直接的联系，不仅可以宣传企业，还能通过有奖活动、直播等形式实现产品的进一步曝光。

2. 个人微博营销

个人微博营销的主体是单独的个体、个人，这些个人可以是明星、“大 V”或“草根”，他们可以随时随地将自己的想法通过微博平台发布，同时得到粉丝的关注与转发。通过微博平台，明星可以让更多的粉丝了解自己的喜好，“大 V”可以提供更多的心灵鸡汤或专业知识，“草根”可以让更多的人知晓自己的动态。“大 V”指在微博平台上获得个人认证、十分活跃且拥有众多粉丝的微博用户，通常把拥有的粉丝数在五十万人以上的博主称为网络“大 V”。“草根”指在互联网上，相对于政府机构的民间组织、相对于名人“大 V”的普通大众、相对于专业新闻从业者的业余记录者。

（二）微博营销的传播特点

微博用户可以随时随地对信息进行发布、阅读、转发或者评论，用户参与度较高。通过微博进行营销，企业可以与客户建立一个全新的桥梁，客户可以与企业进行互动，增加客户的参与热度。同时企业可以收集客户的反馈，对企业产品的改进、服务的提升具有更好的促进作用。微博营销具有以下两个突出特点。

1. 独特性

微博营销的独特性体现在以下几个方面。第一，内容短小精练。字数的限制决定了微博的内容必须短小精练，不可有累赘的语言描述。同时发布微博内容时，用户还可以上传图片，图片的内容没有任何限制。第二，成本低廉。无论是个人微博营销还是企业微博营销，成本都较为低廉。只需网络、电脑或者移动端这些基本条件，用户就可以进行微博营销。第三，互动性较强。可以有针对性地向粉丝作出精准营销。博主在与粉丝进行话题互动中，建立了一种及时的沟通渠道，话题的建立、转发、评论功能增强了营销主体与粉丝的互动。

2. 不确定性

微博营销存在不确定性，体现在以下几个方面。第一，粉丝的数量和质量决定了营销的效果。明星或者“大V”自身拥有的粉丝数量较多，庞大的粉丝数量是粉丝质量的基础。“草根”本身的影响力、号召力不强，营销的难度相对较大。第二，网络存在海量的信息，更新速度较快。海量的信息在不断更新，重要的信息随时都可能被淹没在海量的信息之中，这对营销效果的影响比较大。第三，文案撰写困难。一段简短的文字要在吸引广大粉丝注意的同时实现转发、评论，对营销主体的写作水平有很高的要求。

三、旅游微博营销概述

（一）旅游微博营销的含义

随着微博在国内受关注的程度越来越高，众多旅游相关的企业和官方机构都分别开通了微博账号。文化和旅游部对旅游微博的发展也相当重视，强调各级旅游行政管理部门以及旅游企业应加强重视，用好微博工具。

旅游微博营销指旅游组织将微博作为一种工具，将微博平台作为基础，开展产品促销、信息收集、服务供应、文化宣传、互动交流等活动，进而达到增加收益、扩大影响力、了解网络舆情等目的。

（二）旅游微博营销的优势

1. 体验式营销

随着旅游者消费观念的升级，旅游不再是走马观花式的“打卡”，游客开始注重旅游的参与性和体验性。而旅游微博的出现刚好契合了体验式营销的需求，它注重价值的传递、系统的布局、内容的互动、准确的定位。通过及时的内容更新，微博官方发布游客感兴趣的话题，与微博粉丝积极互动交流。而游客或者微博官方发布旅游图片、旅途感受、旅途视频，分享旅游体验，为客户选择旅游目的地提供了参考的依据。同时这些游客或者官方微博发布的信息，还可以让粉丝或潜在的客户参与其中，亲身体验旅游的娱乐与休闲功能。

2. 传播成本低

传统营销方式的成本较高，这是因为营销开支包含的类目较多，第一，直接推销费用，主要包括直接销售人员的工资、福利、差旅补贴及培训费用等；第二，广告费用，主要包括媒体广告成本、产品说明书的印刷费等；第三，仓储费用，主要包含租金、维护费、折旧费、保险费等。而微博营销，既不需要直接推销费用，也不需要广告费用，更不需要仓储费用，营销成本基本为零。例如，“故宫淘宝”微博2019年6月6日对故宫的文创产品“古琴折扇”进行营销推广，当天就获得了278个粉丝的转发和238条留言，点赞数也达到了1226个。

3. 传播范围广

微博有机地融合了手机短信和微博的优势，突破了手机短信的点对点传播，并继承了手机短信的短小精悍的特点。微博的短小精悍吻合现代人的阅读习惯，吸引了一大批群众利用碎片化的时间来参与，同时以图片、视频和音乐等形式呈现，内容更为直观。因此，微博在大众面前的魅力得到大幅提升。此外，微博的开放性，不仅为微博提供了更多的互动话题，还可以让喜欢某博文的用户及时跟帖和转发，这样就可以扩大微博的公共话语空间，也扩大了微博的传播范围。

课内阅读

“带着微博去旅行”创新旅游营销新模式

拥有3.61亿月活跃用户的微博越来越会“玩”了。2017年8月10日“带着微博去旅行”这个已经连续举办5年的活动正式启动，截至2017年8月29日，相关旅行话题阅读量44亿人次，旅行视频播放量达4.9亿人次，旅行视频栏目播放量2.2亿人次。从早期的图文微博到短视频、直播，全景图，“带着微博去旅行”活动每年都会结合新技术和最新潮的玩法，为用户带去不一样的体验。随着玩法的增多，其商业化的生态边界也不断被挖掘和扩展出来，微博已经成为旅游行业在内容消费和营销方面的首选平台。

这场全民旅游盛宴，在微博上建立了包括中国北京、上海，以及美国、墨西哥等国内外99个目的地网页，让“#带着微博去香港#”“#带着闺蜜去旅行#”“#旅行最美风景照#”等多个活动话题火爆微博。与此同时，明星红人、企业机构、合作景点、旅游局也积极参与，共同掀起了一场线上线下共舞的全民旅游热。“#带着微博去旅行#”成为一种时尚，颠覆传统旅游行业的互联网创新营销模式，形成闭环营销服务体系。

4人为一组，认真阅读以上材料，选择“跟着微博去旅行”其中一个话题，列举其阅读数量、粉丝数量，分析该话题引起公众关注的原因。

四、旅游微博营销的策略

（一）扩大粉丝规模，提升粉丝质量

很多旅游微博的粉丝数量很多，但质量不高，粉丝的活跃度很低，存在大量的伪粉丝和“僵尸粉”。因此，旅游机构必须在扩大粉丝规模的基础上，大力提升粉丝质量。

1. 提升博文质量

通过提高博文的原创率，丰富博文的表现形式，用粉丝喜欢的图片、视频等形式来呈现博文，获得真正有价值的粉丝，切实提高旅游微博的营销能力。同时杜绝通过技术手段“刷粉丝”“刷评论”“刷转发”等违规行为。

2. 加强旅游机构与粉丝之间的互动

通过与粉丝随时随地互动，微博营销改变了传统营销中企业对消费者的单向传播关系。微博营销不是灌输式的推销，而是以用户需求为导向，真诚与粉丝沟通，积极解决粉丝遇到的问题，始终致力于建立一种可持续发展的关系，进一步树立企业形象。

课内阅读

海尔和故宫淘宝的官方微博

海尔官方微博是以粉丝互动反哺生产的忠实践行者。2016 年，有用户在故宫淘宝官方微博下“@”海尔官微，建议海尔制作一款外观是宫殿、宫牌上写着“冷宫”的冰箱。该用户同样“@”了其他家电品牌，但并未得到回应。海尔官微转发了该用户的评论，表示要“考虑一下”。随后，海尔官微管理人员联系了公司的冰箱定制部门，并将网友们的转发、评论、点赞数据汇总给他们。冰箱定制部门人员经过快速开会讨论后，在一天之内给出了冰箱设计图，并仅用 7 天时间完成了从用 3D 打印机生产到将冰箱送到该用户家中的整个过程。在“冷宫冰箱”诞生的整个过程中，用户进行创意输出，海尔负责创意变现，用户成为企业新产品开发的协助者。海尔做出“冷宫冰箱”后，网友的积极性备受鼓舞，纷纷在微博下评论留言，继续提出创意。而海尔也不负众望，在经过筛选和调研后，又相继推出了“剑网 3”概念家电、“Hello Kitty”定制家电、“哆啦 A 梦”洗衣机等来自用户创意的个性化产品。海尔对用户创意的积极反馈无疑是催发用户创

意生产力、帮助企业在与粉丝的交互中更好地为其服务的良好助推器。当然，用独特创意与高级审美“吸粉”无数的故宫淘宝官微也应网友提议做出了“冷宫”冰箱贴，一时间在淘宝上大卖，而原微博也带来了近2万人次的转发与3000多条的评论，用户交互的潜力不容小觑。

4人为一组，认真学习以上资料，思考讨论以下问题：
海尔和故宫淘宝微博在与粉丝互动方面做得较好，其产品营销策略是如何体现的？

3. 借助热点增强粉丝黏性

微博的热点话题是众多粉丝的关注焦点之一。旅游微博应该结合自身的品牌特点，借势热点话题进行内容营销，增强粉丝的黏性。运营中应注意以下两点。第一，结合旅游行业的特点选择热点话题；第二，结合自身的品牌和产品特性切合热点话题。旅游行业主要是为旅游者服务，要注意在一些热点事件中，为游客提供解决问题的建议和办法。例如，知名美食博主“日食记”在2017年6月1日儿童节发布了专为俘获宝宝味蕾的椒盐猪蹄的教学视频，获得了41987个粉丝的转发、8669条留言，点赞数高达49920个。

4. 利用抽奖活动吸引粉丝参与

抽奖中心是微博自带的营销功能，可以通过这个功能进行抽奖，由系统随机抽取中奖者。旅游机构在运用这种方式涨粉时需要设置相应的规则，例如，必须关注该微博，而且对已经发表的博文进行评论，并且“@”好友再转发等。这样不仅增加了粉丝数量，还扩大了微博的传播范围。

（二）提高博文质量，创新呈现形式

1. 重视内容建设，提高博文质量

优质的内容是最好的微博营销技巧。微博营销必须注重博文的内容，才能吸引粉丝的关注，进而吸引粉丝进行有效的互动。旅游微博的内容应该包括以下几个方面。一是巧妙讲述企业的品牌故事、企业经营发展历程等。这些内容应该放在微博的首页，让粉丝加深对旅游机构的认知，达到粉丝的价值观与企业保持高度一致，提高粉丝的忠诚度。但此类博文的数量不宜太多，避免软广告的嫌疑。二是传递旅游行业最新的服务信息、促销信息、旅游事件。旅游微博通过对这些信息的即时传

播，让粉丝对旅游行业有更加深入的了解，满足粉丝对行业关注的需求。这类信息要注重时效性，根据事件的进展及时更新内容。三是增加美食、健康等休闲内容。这部分内容的数量应该占大多数，让粉丝在该微博中不仅获得有价值的旅游信息，还可以找到休闲放松的港湾。这类博文每天都可以发布，而且要注重当前粉丝的工作和生活状态，提高博文对粉丝的吸引力。

2. 丰富呈现形式，吸引用户眼球

鉴于微博传播方式时效性极强、阅读时间碎片化的特点，博文的内容必须形象、简单明了和新颖，否则很难吸引粉丝的关注，可以采用以下方法吸引用户的关注。一是以拟人化的形式呈现企业的品牌形象。很多企业官方微博利用卡通形象拟人化拉近了企业和用户之间的距离，也让内容更加深入人心，如微博“我是江小白”的拟人化形象“江小白”和“故宫淘宝”的600岁网红萌萌哒形象等。二是图文并茂，丰富博文传播的形式。图片作为一种呈现方式，不仅能表达文字想呈现的内容，而且视觉冲击力和感染力比文学更加直接、强烈。三是重视视频、音乐作品。视频是一种视听合一的传播载体，其博文的内容更加简单、直观，也让粉丝更加容易理解；音乐微博不仅给粉丝提供了一个发表自己音乐作品的渠道，而且让其他粉丝可以听到一些优秀的原创音乐，实现旅游微博功能的多样化，实现微博与粉丝“双赢”的局面。

课内阅读

微博营销的隐忧

微博营销因其覆盖面大、成本低等诸多优点成为企业营销的宠儿，但是目前微博营销战略偏于雷同和简单，存在不少隐忧。其主要表现形式如下。

粉丝依赖

微博营销的成败在很大程度上取决于粉丝数量。企业微博发布的信息必须有大量的关注和转发，才能起到营销的效果。目前，少数企业为了提高其微博的粉丝数量，开始采用一些不正当的手法，如“互粉”（与其他博客互相关注）和“买粉”（直接花钱购买粉丝）等。这些行为可能会获得一些短期效益，但是从长远角度看，会导致微博平台的公信力下降，最终伤害营销商家和消费者的权益。

虚假促销活动

不少企业在微博营销时会推出各种实物奖励或是转发抽奖等活动。但是个别不良商家进行虚假促销奖励，其提供的奖品往往只是一种噱头，通过种种设计和限制，让参与者很少能获得奖品，甚至是内部人员冒充消费者领取。长此以往，这种欺骗性促销活动会使微博营销的效果大打折扣。

滥用病毒营销

病毒营销是企业利用微博中“@”的功能大范围地对粉丝进行提醒。这种动作偶尔使用会让粉丝感到新奇，但是如果过于频繁，甚至打扰了受众的正常工作、阅读和生活，其结果往往是粉丝产生逆反抵触心理。

专业人才匮乏

微博营销需要企业投入一定的资金和时间成本，建立专业的微博营销队伍。但是目前大多数企业缺乏此类专业的人才储备。微博写手多是外包人员、临时聘用人员或员工兼职，无法保证微博信息的质量。

4人为一组，认真学习以上资料，思考讨论以下问题：
企业应该如何保证自己的微博营销获得长久的生命力和吸引力？

【思政之窗】

微博不是法外之地

2020年6月10日，国家互联网信息办公室微信公众号“网信中国”发布通告，其指导北京市互联网信息办公室，约谈新浪微博负责人，针对微博干扰网上传播秩序，责令其立即整改，同时暂停更新微博热搜榜和热门话题榜一周，时间自2020年6月10日15时至17日15时。国家互联网信息办公室要求严肃处理相关责任人，对新浪微博依法予以罚款。

2020年6月10日晚间，微博管理员发布声明，根据网信部门的整改要求，微博热搜榜、热门话题榜自2020年6月10日15时至17日15时停止更新。微博将严格落实管理要求，切实履行主体责任，加强违法、违规信息管控，健全完善内部审核处置流程，积极维护网上传播秩序，构建微博社区的良好生态。

微博管理员发布声明后，有网友在评论区表示：“希望你们坚守职业操守，真心希望你们能够严格规范微博内容。我清楚你们有这种能力能够将微博内容全面规范起来。那么，我相信你们在未来给大家展现出的微博氛围是积极向上的。”

思考问题：如何正确理解微博不是法外之地？作为微博用户的我们，如何保证微博不会成为法外之地？
提示：微博不仅是一个网络社区，更是社会结构的重要组成部分，对于社会舆论、大众观感具有强大的影响力。因此微博运营方必须加强违法、违规信息管控，健全完善内部审核处置流程，积极维护网上传播秩序，构建微博社区的良好生态。微博用户也有责任监督微博上发表博文的质量，不信谣，不传谣，共同打造风清气正的微博生态。

【任务执行】

微博营销效果评价

了解有代表性的微博营销平台的构架、基本内容、主要表现形式、受众反馈等元素。

第一步：要求学生搜索故宫博物院、横店影视城娱乐频道、黄山这三个景区的微博，查看它们的微博运营数据情况，如粉丝数量、官方微博简介、最近1个月的微博内容等。

第二步：4～6人为一组，系统分析并对比这三家微博的粉丝数量、微博内容（如景区基本信息、日常活动、基础设施、旅游攻略、心灵鸡汤等）、博文呈现形式（如图文、视频、音频、直播、微访谈、VR旅游等）、微博转发评论点赞数、微博的创意等方面，完成表5－1－1。

表5－1－1　微博平台数据分析与测评

平台	粉丝数量	转发、评论、点赞数	微博内容丰富度	博文形式吸引度	微博综合创意度
故宫博物院					
横店影视娱乐频道					
黄山					

第三步：以小组为单位，制作展示PPT，进行10～15分钟的现场汇报，每位同学都要参与PPT制作和展示。

第四步：小组自评和互评，教师点评。

【课后作业】

扫码测试

【拓展阅读】

微博进化：社交赋能旅游营销新生态

新浪旅游与微舆情联合发布的《2018 微博旅游数据白皮书》数据显示，2018 年中国在线旅游预订市场用户规模首次突破 4 亿人，新媒体特别是微博打破了传统媒体旅游信息传播的垄断特权。在微博上，旅游兴趣人群继续保持高速增长，2018 年旅游兴趣人群达 1.94 亿人。更多用户热衷用多媒体内容展现旅游内容，其中，视频、长博文阅读量占比超过 31%。未来微博会进一步加大对网络红人与短视频内容的扶持力度。

2018 年，微博当中旅游兴趣人群规模持续增长，达到 1.94 亿人，旅游头部用户超过 8600 人，高速的增长率主要得益于微博持续开放的 MCN 策略。微博旅游领域 MCN 签约数量达到 69 家，达人签约 MCN 的数量达到 1056 个。自媒体和多媒体内容的大幅增长，进一步提升用户使用社交媒体发现旅游内容的阅读习惯，垂直领域“大 V”的意见对粉丝的决策起着至关重要的作用，决策“KOL 化”已经成为包括旅游业在内的各行业不可忽视的发展趋势。

2019 年，微博将主要沿四个方面特征扶持视频作者发展。第一，有原创生产能力；第二，系列化生产，有明确主题定位；第三，人格化；第四，IP 化，围绕影视、综艺、版权机构、版权 IP 的建设等。2018 年微博旅游短视频创作迎来大爆发，“周双更”旅游短视频节目超过 227 档，已有 42 档头部节目成功接入微博的酷燃视频。

由新浪旅游、新浪娱乐、沐光时代联合出品的互联网首档明星短视频节目——《慢游全世界》，3 期上线后，总播放量突破 2 亿次。《慢游全世界》项目的成功，加快了新浪旅游对超级 IP 的孵化进度，新浪旅游又先后与沐光时代、五洲传播、新浪影视等多家机构联手出品了《慢游》和《我行我宿》两档旅游栏目，其中，

《慢游》是沐光时代推出的《慢游全世界》国内版，立足于中国之美，透过不同行业意见领袖和人气明星的视角，带领观众深度体验国内不同地域人文特色。

而《我行我宿》以“民宿”主题为切入点，打造一个集纪录片、短视频、纪实微综艺多种节目形式于一体，面向全球传播中国声音，讲述中国故事。这些跨界孵化的高质量IP节目和跨领域联动活动，对旅游兴趣人群的转化有显著的拉升作用，有效帮助旅游自媒体构建粉丝关系。新型的粉丝生态已然成型。

资料来源：易北辰．微博进化 社交赋能旅游新生态［EB/OL］.（2018－12－26）. https：//www. sohu. com/a/284744406 _ 104421.

故宫淘宝极具创意的营销手段

故宫淘宝微博明确自身定位，通过精准营销将信息传递给目标受众，建立稳定的消费群体；利用社群营销抓住核心消费者，通过微博互动拉近与用户的距离，增强用户对品牌的黏性；通过紧跟时事热点、巧借故宫IP等借势营销，与其他品牌联合营销等策略，不断扩大品牌的知名度。

而“故宫文创”选择“高大上”风格，售卖价格高昂、风格年轻的产品，如眼罩、手机壳、便签本等。这些产品的价格往往比同类产品高出很多，使许多年轻顾客望而却步，具有一定经济能力的顾客又因产品风格选择放弃，导致产品的销售量不高，这是由于企业未能对自身进行精准定位。

在这一点上，故宫淘宝将精准营销这一手段运用得很好，精准营销指企业对自身有一个明确的定位，并根据定位准确地给目标受众推送营销信息，相对于传统营销方式而言，精准营销能够大量减少成本，同时又最大限度地达到营销效果。

故宫淘宝的企业关键词为“年轻”“有趣”，就连官方头像都设置成卡通版的皇帝形象，在一众以象形文字、博物馆建筑作为头像的文创类旗舰店中成为一股清流。它抓住具备强大购买力的年轻群体，将产品受众明确定位为年轻人，把营销方向瞄准年轻人，以微博为主要平台，通过各种“卖萌”的产品和趣味的营销方式在网上引起关注。此外，故宫淘宝还让原本难以触及的古代人、事、物以亲切的姿态展现在大众面前，推翻了大众关于这些形象的固有印象。

这种“反差萌”十分契合年轻用户的口味，激发了许多年轻人的兴趣与关注，大家纷纷点赞，甚至连《人民日报》、网易新闻也进行了转发评论，在一定程度上提高了企业的知名度，促进了品牌的二次推广。

在故宫彩妆系列发布不久，就有不少顾客在微博上以“图片＋文字”或视频的形式发表自己的使用体验。其中，美妆博主“芒果的化妆间”由于测评十分详细而得到故宫淘宝微博的转发。这样的互动能增加用户的参与感，激励消费者发布自己的“买家秀”，通过用户吸引用户，对产品潜在的客户进行营销，不仅实现了用户与品牌之间的双向互动，使二者建立密切且平等的关系，而且粉丝由于高度参与而产生的自豪感也在无形中提高了对品牌的忠诚度。

借势营销是在网络营销中一种最常见的营销方式。一个热点的产生往往伴随着巨大的流量，借势营销则是巧妙借用现有的流量，将品牌与热点结合，以帮助品牌进行宣传，从而提高产品的知名度和影响力。故宫淘宝在借助已有势能时，始终围绕历史文化这一大背景，并不是纯粹地为了借势而借势。它更侧重从内容方面着手，甚至是顺着热点内容，挖掘热点背后鲜为人知的趣事。相比其他借势方式，这样更有内涵，更符合文化产品的特点。例如，《甄嬛传》《步步惊心》等影视剧的火爆让大众关注到“康乾盛世”之间的雍正帝时期，故宫淘宝敏锐地捕捉到热点，发布雍正帝与年羹尧之间的故事。之后，《延禧攻略》《如懿传》两部电视剧热播，其中作为男主角的乾隆帝因为爱作诗、爱盖章、审美独特等特点成为人们茶余饭后的闲谈。故宫淘宝微博很快就转发了长文章《你们竟敢黑朕?》，以一个粉丝圈追星女孩的口吻，列举五大证据证明乾隆帝审美“在线”，再以不要轻易小看任何一件东西，引出重点——故宫台历。除此之外，很快又发布了同为软广告植入的“这样可爱的朕不 Pick 一下?”，向大家介绍了一个除审美、作诗之外还有独特爱好的乾隆。这篇文章一经发布便收获了 100 多万次的阅读量，不仅成功抓住了热点，还巧妙地介绍了一个“另类可爱”的乾隆，并用诙谐的语言解读每一件文物，使之更加有趣、易懂，既满足了大众的好奇心，同时也促使网友们主动传播这篇文章。

资料来源：Venturee. “故宫淘宝”极具创意的营销手段［EB/OL］.（2020－09－09）. https：//mp. weixin. qq. com/s/uotKbeGRS6siRizhBzQYfA.

单元二　微信营销

【学习目标】

1. 理解微信营销和旅游微信营销的概念；
2. 掌握微信、微博营销的差异性；
3. 熟悉微信公众号平台的定位；
4. 了解微信公众号的变现方式；
5. 掌握撰写营销软文的方法和技巧。

【课堂导入】

什么是微信？

微信用户超过10亿人，遍及世界各地，已经成为我们生活中无法割舍的一部分。我们每天都在使用微信，但是否真正了解微信呢？

微信不仅改变了我们的交流方式，还改变了我们的生活方式。2019年微信团队发布的数据显示，2018年微信的月活用户已经达到了10.82亿人，其中55岁以上的微信用户有6300万人。微信的使用数据也在急剧增长。每天发送消息的数量达到450亿次，通过微信直接通话的数量达到4.1亿次，比2017年增长了1倍。微信团队的研究报告中还对“90后”“80后”“70后”和55岁以上人群的使用习惯进行了详尽的数据分析。研究结果显示，“00后”最喜欢使用的表情是捂脸哭，“80后”最爱呲牙笑，“70后”最爱捂嘴笑，55岁以上的人最爱大拇指点赞。在阅读兴趣方面，“90后”的阅读内容从娱乐八卦转向了生活情感类内容；55岁以上人群从励志文化类内容转向了关注养生健康类内容；而“80后”的阅读偏好，则仍然停留在关心国家大事上。

思考题：

1. 不同年龄段人群的不同微信使用习惯是什么原因造成的？
2. 不同微信使用习惯对使用微信进行营销有什么影响？

【知识讲解】

一、微信营销概述

（一）微信营销的定义

微信营销是伴随微信的火爆而产生并兴起的一种网络营销方式，是企业通过公众号向已关注的用户及潜在消费者推送图文消息等相关营销信息的网络营销活动。

（二）微信营销的优点与缺点

微信营销已经成为商家推广品牌、宣传产品、获取客户的重要手段，其主要优点可以概括为“五高”。

1. 送达率高

营销手段的效果在很大程度上取决于信息的送达率，这也是评估所有营销工具功效的最核心的指标之一。现在的消费者已经对群发的手机短信和邮件无动于衷，并且设置了多种拦截手段进行过滤甚至屏蔽，而微信公众号群发的每一条信息都能完整无误地发送到终端用户的手机上，送达率极高。

2. 精准度高

微信朋友圈有天生的群体共性优势，拥有“粉丝”数量庞大且用户群体高度集中的垂直行业微信账号往往会成为炙手可热的营销资源和推广渠道。例如，某酒类行业知名媒体旗下的酒水招商公众账号，拥有近万名由酒厂、酒类营销机构和酒类经销商构成的“粉丝”群体，这些精准用户“粉丝”相当于一个盛大的在线糖酒会，每一名“粉丝”都是潜在客户，其营销信息就具有极高的精准度，可以达到事半功倍的效果。

3. 曝光率高

衡量信息发布效果的另一个关键指标是曝光率，它对营销效果有非常重要的影响。与微博相比，微信信息的曝光率更高。在微博营销过程中，较高曝光率的宣传文案要么是极少数技巧性非常强的文案，要么是关注度比较高的、被大量转发而引起广泛关注的事件，直接发布的广告微博很快就被淹没在微博滚动的动态中。而微信由移动即时通信工具衍生而来，通过铃声通知中心消息等设置提高了提醒力度，随时提醒用户收到新信息，其曝光率几乎可以达到百分之百。

4. 接受率高

微信用户是以亿为单位计算的，已经超过手机短信和电子邮件，成为中国最主流的信息接收工具，其广泛性和普及性使其具备了成为营销利器的坚实基础。一些微信“大号”拥有的粉丝量动辄数万人甚至数十万人，而且由于公众账号的粉丝都是通过主动订阅获取的，在很大程度上杜绝了被视为垃圾信息而招致抵触的情况。

5. 便利性高

微信营销的高效性在很大程度上要归功于移动终端和移动网络系统的迅速发展与进步。智能手机不仅拥有电脑的大部分功能，而且携带方便，用户可以随时随地获取信息，给商家的营销带来了极大的便利。

微信营销的缺点有哪些呢?

首先，存在安全风险。个人隐私安全和财产安全是现在众多微信用户最关注的问题之一，也是微信营销面临的最大挑战之一。二维码扫描、公共信息、语音聊天、朋友圈、微信位置服务等在技术层面上都存在一定程度的安全隐患。部分无良公司和犯罪分子利用微信平台实施不法行为。越来越多的网络钓鱼网站、隐藏着病毒的二维码、盗号软件、诈骗信息等层出不穷，都在透支用户对微信和微信平台发布的营销信息的信任度。

其次，有一定的盲目性。对商家或个体而言，微信营销的一个重要吸引力是低门槛和低成本进行营销活动。然而，低成本和低门槛也让一些公司失去了“精雕细刻”的动力，在使用微信开展营销活动时有一定的盲目性。网上充斥着未进行扎实的前期市场调研和精心策划就出台的营销文案，一味依靠强化微信营销的力度来强制性发送，试图用海量的产品销售信息冲击朋友圈，实现营销目标，但往往事与愿违。

再次，缺乏互动和缺乏沟通。微信营销基于强关系网络，如果不顾用户的感受，强行推送各种粉丝不喜欢的广告信息，会引起相关粉丝用户的反感。策划微信营销的重要关注点就是如何让粉丝乐于接受，甚至主动分享。当前很多公司进行的微信营销只是反复向客户方面发出信息，而这些信息很可能并不符合客户的需求。这种单向的、非个性化的营销方式严重降低了用户体验。一些公司使用微信营销吸引有限数量的用户参与体验活动，但由于选择的机会太少，一些已经应用的客户并没有被吸引和体验，这可能造成老客户的流失。

最后，监管措施加强带来的风险。微信本身不具有运营功能，因此很多企业会使用一些微信营销辅助软件来高效运营客户。随着管理部门对微信营销辅助软件的监管力度加大，微信官方对这类辅助软件的打击力度也在不断增强。如果微信营销违反规定，就有被封号的风险，如果账号不能解封，那么沉淀在微信账号中的客户资源也没有了；即使能解封，被封期间，客户无法第一时间找到企业解决问题，服务体验差，造成客户资源流失。

（三）微信公众号的账号管理

微信公众号是微信公共信息发布的重要平台，大体上分为三个类型：微信订阅号、微信服务号和微信企业号（见表5－2－1）。企业在营销时需要根据自身需求、用户情况来选择相应的账号类型，达到最佳的营销效果。

表5－2－1 微信订阅号、微信服务号和微信企业号的对比

比较项目	微信订阅号	微信服务号	微信企业号
适用主体	个人、媒体、企业、政府或其他组织	媒体、企业、政府或其他组织	企业、政府或其他组织

续表

比较项目	微信订阅号	微信服务号	微信企业号
消息显示位置	折叠显示在用户的订阅号文件夹里	直接显示在微信对话列表中	直接显示在微信对话列表中
推送消息	最多每天 1 次	最多每月 4 次	最多 200 次/分钟
消息的保密性	可以转发或分享	可以转发或分享	可以转发和分享，也可以对消息进行加密，加密的消息禁止转发和分享
关注时验证身份	可以被任何用户扫描关注	可以被任何用户扫描关注	只有通讯录成员可以关注
自定义菜单	通过认证后可以使用自定义菜单	无须认证即可使用自定义菜单	无须认证即可使用自定义菜单
高级接口权限	不支持	通过认证后支持	通过认证后支持
微信支付功能	无	通过认证后支持微信支付功能	通过认证后支持微信支付功能
定制应用	不支持	不支持	支持定制应用，多个应用聚合成一个企业号

课内阅读

微信怎样改变了我们的生活

微信支付让你告别钱包

2013 年 8 月，微信支付正式上线，起初用户增长缓慢，在 2014 年春节联欢晚会上出现转折。在微信团队的一系列精心设计的操作之下，利用“社交裂变 + 春晚流量”，微信红包一跃而成为当年最火的新年利是，助力微信支付短短 2 天绑定 2 亿张个人银行卡。移动支付覆盖的消费场景无处不在，出门不带钱包、一部手机行天下成为现实。吃喝玩乐都能用微信支付轻松解决。为了迎合年轻人的消费习惯，连锁超市和路边摊小商贩也开始使用微信收款二维码。不带钱包走遍天下已经成为越来越多的中国人的消费习惯。

朋友圈让你晒个不停

朋友圈于 2021 年 4 月上线，如今已成为深入人心的国民“秀场”，文字、图片、小视频等不同内容形态，使朋友圈越来越精彩。同时，朋友圈也让我们知道亲人朋友并未淡忘，一个点赞、一句留言都是关怀。当然，朋友圈也有不好的一面。例如，微商疯狂刷屏，朋友圈变成工作圈、广告圈。因此，很多人选择远离朋友圈，越来越少看朋友圈、发朋友圈，就连不少高度依赖的用户也设置为只开放最近三天动态，但朋友圈仍然是很多人难以割舍的一个空间。

公众号让你少奋斗几年

2012 年 8 月，微信公众平台正式上线。其实，公众号成立的初衷，只是给空空荡荡的微信增加一些可供用户消费的内容，但实际发展竟然引发了一场轰轰烈烈的新媒体革命，时至今日依然余波未绝。一批批的微信公众号达人以不同的姿态入场，成为新媒体革命的弄潮儿，共同塑造并影响了人们阅读的新媒体生态。经营公众号成为新媒体创业的沃土，俨然已是一种新风尚，微信帮助这些弄潮儿们以另一种方式共享移动互联网崛起的红利。

小程序让你用完即走

小程序于 2017 年 1 月正式上线。它的最大特点在于无须下载、即搜即用，充分地贯彻了微信创始人张小龙“用完即走”的产品理念。从表面上看，小程序可以替代不常用的 App，为用户手机内存减负，但其更重要的作用在于帮助微信完善自身生态圈，既吸引大量开发者，还尽可能俘获更多的用户。如今，小程序已成为大热的行业风口，超级 App 更把其当作标配，阿里、百度、字节跳动等互联网大厂均推出自家的小程序平台，小程序生态不断走向繁荣。

资料来源：龚进辉．微信诞生十年：张小龙深刻改变了中国［EB/OL］．(2021－01－07)．https：//new. qq. com/rain/a/20210107a0geyi00.

认真阅读以上材料，思考以下问题：

1. 微信为什么这么受欢迎？它具有什么特点？
2. 微信被认为是中国式创新之一，它缩短了中国和世界的距离，中国声音通过微信、微博、抖音等媒介传到全球各地。除此之外，中国近年来在 5G、大数据、人工智能、外太空探测等科技领域也取得了重大突破。请你谈谈自己的感受和认识。

二、旅游微信营销概述

（一）旅游微信营销的定义

旅游微信营销指各个地方的旅游管理部门及旅游企业等通过建立微信公众号，以移动端和电脑端为接收终端，进行旅游信息和数据管理、旅游信息投递、与用户及时交流互动的营销方式。在通常情况下，旅游微信营销既可以通过微信公众号后台的推送功能、咨询反馈功能，也可以通过微信群、微信扫码、朋友圈等，向潜在关联者传播旅游信息、出行攻略、推介地方美食等，进而实现树立良好的产品形象、旅游企业形象和旅游目的地形象的营销目标。

（二）旅游微信公众号的分类

清博指数统计曾经推出过旅游微信公众号排行榜。榜上排名前 50 名的旅游微信公众号按照运营主体的不同，可以大致分为旅游网站官方公众号、旅游政务机构公众号、旅游目的地公众号、旅游自媒体公众号（见表 5 - 2 - 2）。

表 5 - 2 - 2　旅游微信公众号的分类

类型	实例
旅游网站官方公众号	中国国家地理、携程、马蜂窝、租租车、驴妈妈旅游网、同程旅游
旅游政务机构公众号	文旅北京、江苏微旅游、洛阳旅游
旅游目的地公众号	故宫博物院、长隆旅游、芜湖方特、开元酒店、东呈酒店、维也纳酒店
旅游自媒体公众号	英国报姐、原来是柒公子、地球知识局、环球旅行、苏州微生活、深圳潮生活、魔都上海、骑驴、广州潮生活 V、Feekr 旅行、HK 最前线、品城记、周末做啥、杭州潮生活、广州吃喝玩乐生活、行旅之途、Lulu 的旅行日记、吃喝玩乐在长沙、带你游遍英国、周末去哪玩、长沙吃喝玩乐、南京吃喝玩乐、重庆潮生活、武汉本地宝、成都同城会、成都潮生活、ENJOY 上海、背包旅行、蒙古圈、发现新西兰、借宿、旅行雷达、你好杭州、深圳市吃喝玩乐生活、丽江读本

三、微信公众号的平台定位

要运营好一个微信公众号，最重要的工作就是做好平台的定位，涉及服务的行业、面对的受众群体、平台的性质和未来的变现模式。

（一）行业领域的定位

1. 从名称和头像入手

微信公众号留给用户的第一印象往往是名称和头像，它们是最能体现行业领域特征和品牌价值的部分。在海量的公众号中，只有那些设计精巧的名称和头像才能抓住用户的眼球，使微信公众号脱颖而出。因此公众号名称和头像的设计需要格外用心。

在命名公众号时应该注意以下几点。

与品牌一致，进行重复刺激。如果个人或机构已经有了一定的社会影响力和知名度，建议沿用广为熟知的名称，如爱彼迎（Airbnb）、黄山、南京博物院等。

字数少，便于搜索。名称尽量简短、亲切、好记，要考虑输入法等因素，尽量避免使用生僻字和复杂的英文，便于用户输入搜索，降低传达成本。

标签鲜明，过目难忘。公众号的名称应该体现独特的差异化认知，从而有效降低品牌记忆的成本。例如，“大忘路”和“猜火车”使用了我们熟悉的场景化的词语，“我走路带风”和“差评”使用口语化的方法。

在设计公众号头像时应该注意以下几点。

头像应与公众号的名字或定位相关，起到互补强化记忆的作用。例如，“故宫淘宝”头像就是一个皇帝卡通人物的形象，“插座学院”头像是一个插座，“我走路带风”头像是一个走路的行人，“不二大叔”头像是一个漫画大叔，“乌鸦电影”头像是一只乌鸦。

头像就是品牌的商标。例如，飞猪、马蜂窝旅游、亚朵生活、携程旅行网等均使用公司商标做头像，识别度非常高。

巧妙设计，将公众号的全称或几个关键字放到头像上。例如，微故宫、颐和园、成都生活、借宿等，其中，微故宫的头像非常特别，是用红色宫殿的图案将“宫”这个文字象形化，给人以深刻的印象。

头像应尽可能做到元素少、对比强。头像元素不能太复杂，这是因为头像本身显示尺寸就很小，而且会和其他公众号头像一起出现，如果需要点击显示大图，不符合其出现的场景。同时，头像设计还应该有较强的颜色对比，可以有效增强图案的辨识度和吸引力。

图 5-2-1 故宫淘宝、马蜂窝旅游、微故宫的头像

2. 从公众号功能介绍入手

创作出吸引眼球的公众号功能介绍是公众号成功的重要一步，其编写过程中应该注意以下几点。

对于用户预期不明确的公众号，建议采用个性化的文案，这可以让用户在关注前就产生足够的好奇。例如，“每天最后一分钟的人生学校，我们终将改变潮水的方向”，文字优美，意境深远，让人产生强烈的关注兴趣。

对于用户关注预期很明确的公众号，建议采用描述性文案，可以让用户的关注预期得到二次确认，便于用户关注之后的运营。例如，苏州微生活，“1000 万苏州人的生活家园”，这个公众号显然有自己明确的客户群体，因此使用描述性介绍，开门见山地表明自己的定位。

课内阅读

又萌又机智的故宫公众号

当我们说起故宫的时候，这座拥有近600年历史的古老宫殿给人的印象多半是和庄严、古老这类的词联系在一起。

不过，故宫淘宝微信公众号出现之后，公众号里那些又萌又机智的文章和图片完全颠覆了故宫过去的固有形象。《超能陆战队》电影上映时，故宫淘宝也没忘记“凑热闹”，发布过一张戴着皇帝帽子、披着龙袍的大白的无水印壁纸。

为了讲康熙皇帝玄烨如何教育子女，故宫淘宝还以雍正皇帝胤禛的视角，写了一篇《朕有个好爸爸》。文章的开头是这样的，“一个人能取得成就，20% 取决于个人努力，80% 取决于他的父亲。你问本宫是怎么得出此结论的？当然是靠瞎编啊！不过四爷胤禛就有个好父亲。”一番旁征博引之后，文章的最后，还为印有四爷画作的“耕织图记事本”卖了个广告——这本记事本在故宫淘宝店上售价 56 元，而这篇文章在微信上转发量则超过 10 万次。

随着电视剧《步步惊心》《甄嬛传》的热播，围绕着在电视剧里繁忙的四爷，故宫淘宝也不忘把之前宫廷生活等知识普及个遍。比起过去我们常见的那种诘屈聱牙的文献，故宫淘宝深入浅出的写法要有趣易懂得多。

资料来源：周卓然．为了吸引年轻人　故宫做了一个又萌又机智的公众号［EB/OL］.（2015－04－08）. https：//www. jiemian. com/article/258303. html.

4 人为一组，认真阅读课内阅读资料，分析故宫公众号成功吸引年轻人的深层原因有哪些？

（二）粉丝群体的定位

1. 功能定位

这里的功能其实指效果，具体来说就是该微信公众号能为受众群体提供什么样的服务、产生什么样的效果。如果是做美食的，就把公众号定位于美食专家；如果是做旅游的，就把公众号定位于旅游达人；如果是做摄影的，就把公众号定位于摄影达人。这样做会给用户留下更专业的印象。用“××美食”“××旅游”“××摄影”这类格式命名的微信公众号基本上都采用的是功能定位，如“环球旅行”“Feekr 旅行”“菜菜美食日记”“单反入门知识摄影技巧”等。

2. 群体定位

微信特有的圈层性决定了这是一个相对封闭的社交平台，主要限于朋友、熟人圈子的传播。因此，我们在定位受众时，要使群体更细分、更精准。例如，民宿类公众号“借宿”，将用户群体定位于对民宿有情怀的用户；美食类公众号“君之烘焙”，将用户群体定位于烘焙爱好者；旅行类公众号“小疆有话说”，将用户群体定位于对新疆的人和事感兴趣的旅游爱好者；文化类公众号“六神磊磊读金庸”，将用户群体定位于金庸书迷。

3. 地域定位

地域定位是针对区域性的公众号而言的。现在很多公众号都是针对全国范围布局的。但采用区域性定位，因受众群体是本地人，如果能在内容上深耕细作，反而能够形成更好的圈层效应。如“南京吃喝玩乐”“魔都觅食记”“北京吃喝玩乐”等。

（三）平台职能的定位

表面上看，微信公众号的运营目的各不相同，但认真分析一下，无非就是品牌宣传、销售转化和用户服务。但这几个目的并非独立存在的，公众号的内容会涵盖这三个方面，但运营者首先必须要明确运营的公众号主要负责解决的是什么问题，发的每一篇文章是否都是为了解决这个问题。例如，某个公众号的运营目的是销售转化，而发布的内容却一直在追求点击量和分享量，这就会导致该公众号没有实现应有的价值，影响了运营效果。

四、旅游微信营销的策略

（一）口碑传播

旅游行业的口碑效应非常明显，人们常有这样的体会：之所以会选择某个地方作为自己的旅游目的地，既可能是因为在网上看到别人写的游记、发的图片，被当地的美景所吸引，也可能是因为身边的朋友曾经去过，听了他们的描述之后对这个地方产生了好奇、向往……对于旅游行业来说，其他人的推荐往往会成为作出旅游决定的重要因素，因此旅游微信营销一定要利用好口碑传播的力量。

（二）内容为王

旅游类微信公众号在推送消息时，一定要重视内容的质量，不妨多做一些有趣的展示，如采用比较新奇的形式来介绍某个旅游城市经典的美食、文化、历史等。也可以推送一些人性化的实用知识，如某个地域的出行注意事项、消费须知以及文化特征等。最重要的一点是实现内容上的差异化，要做到这点，就要重视原创。例如，鼓励用户将自己的旅行经历记录下来并投稿，一些精华文章可以被发布到公众号上，既增加了微信内容的丰富性、实用性，而且有利于增加用户黏性。

（三）用户管理

在微信营销的过程中，应该特别重视用户管理。可以对微信用户进行调查，并进行分类，可将拥有 500 个以上好友的用户列为核心用户，对他们进行重点“耕耘”。例如，增加一些对应接口，让微信用户与消费数据绑定，让用户查到自己的消费记录、代金券、特权等。除此之外，还可以通过微信为用户提供一些便捷服务。旅游需要订机票、火车票、酒店，查路线、搜索当地美食等，如果这些过程都能够通过微信公众号来完成，用户就会感觉非常便捷、贴心，信任度也会大大提高。

（四）活动推广

微信作为一个即时沟通工具，其主要属性就是沟通，因此它是活动推广的天然平台。对于旅游行业来说，这一点尤为突出。通过活动推广，旅游微信公众号不但能够吸引更多的用户，还能鼓励用户分享、转发，提高用户的活跃度。一是能够给那些“沉睡用户”带来刺激，使他们活跃起来；二是能够借这个机会提高微信的转化率，把用户的参与转化为销售；三是通过这些推广活动，能够与用户高频率互动，使用户加深对品牌的认识与了解，提高用户对品牌的忠诚度。

【任务执行】

公众号的统计与分析

了解公众号的风格设计、功能定位与目标群体设定。

第一步：选取表 5－2－3 中的任意 5 个旅游自媒体公众号。

表 5－2－3　25 个旅游公众号

排名	公众号	发布	总阅读数	头条阅读数	平均阅读数	总好看数	微信传播指数
1	英国报姐	31/114	715 万＋	280 万＋	62763	58706	1265.75
2	原来是柒公子	29/44	322 万＋	256 万＋	73338	53733	1236.67
3	环球旅行	31/156	409 万＋	240 万＋	26222	20469	1140.03
4	深圳潮生活	31/93	386 万＋	217 万＋	41521	10398	1135.84
5	这里是美国	30/150	431 万＋	216 万＋	28734	13052	1129.65
6	中国国家地理	31/61	190 万＋	155 万＋	31190	20768	1099.01
7	周末去哪玩	26/52	183 万＋	157 万＋	35273	14741	1092.82
8	苏州微生活	31/63	203 万＋	166 万＋	32345	10139	1085.84
9	广州潮生活 V	31/93	283 万＋	168 万＋	30500	7787	1078.17
10	周末做啥	31/45	210 万＋	181 万＋	46730	2328	1064.25
11	马蜂窝	24/27	134 万＋	131 万＋	49736	4923	1063.20
12	行旅之途	9/11	86 万＋	78 万＋	78372	7363	1057.32
13	杭州潮生活	31/93	253 万＋	154 万＋	27294	6566	1054.96
14	吃喝玩乐在长沙	31/36	156 万＋	152 万＋	43534	3095	1054.45
15	Feekr 旅行	31/114	278 万＋	158 万＋	24447	5533	1053.34
16	成都潮生活	31/113	274 万＋	138 万＋	24251	6139	1040.69
17	重庆潮生活	31/67	179 万＋	135 万＋	26802	5872	1039.93
18	带你游遍英国	26/112	257 万＋	103 万＋	23005	10964	1038.01
19	铁路 12306	3/6	60 万＋	30 万＋	10 万＋	16233	1033.50
20	成都同城会	31/68	177 万＋	132 万＋	26075	8085	1033.09
21	南京吃喝玩乐	32/156	244 万＋	193 万＋	15660	5258	1031.32
22	骑驴	26/96	182 万＋	110 万＋	19017	9869	1020.09
23	携程旅行网	4/20	157 万＋	40 万＋	78933	3005	1018.59
24	广州吃喝玩乐	31/80	183 万＋	141 万＋	22899	4714	1018.31
25	Danso 旦	10/10	55 万＋	55 万＋	55680	8768	1004.12

第二步：以表格的形式记录这些公众号的名称、头像、功能介绍，分析它们的功能定位和目标群体定位。

第三步：以小组为单位，制作展示 PPT，进行 10～15 分钟的现场汇报，每位同学都要参与 PPT 制作和展示。

第四步：小组自评和互评，教师点评。

【课后作业】

扫码测试

【拓展阅读】

注册“微信公众号”秘籍

第一步，输入网址 https：//mp. weixin. qq. com。

第二步，点击右上角的“立即注册”。

第三步，选择主体。

订阅号：每天都可以发推文，文章要到微信主界面中的“订阅号”才能看到。

服务号：一个月最多只能发四篇推文，但是每篇推文都会像私信一样弹出。

小程序：小程序一般分两种情况，一种是绑定在公众号中，以实现售卖商品、粉丝管理等功能；另一种是帮助实体店面营销管理。在“微信界面—发现—小程序”中可以看到已关注的小程序。

企业微信：一般用于企业员工内部交流。

一般而言，个人以订阅号为主，企业以服务号为主。

第四步，输入相关信息。

第五步，激活邮箱、选择主体、绑定手机号、绑定银行卡等一系列操作，一般来说一两天就可以通过审核。

怎样做好一个成功的旅游类公众号

选题结构

旅游类公众号主要以活动宣传、景点介绍为主，伴有故事征集、生活理念等软文。民宿酒店类公众号的慢生活理念型软文较多，也有故事征集等。

旅游资讯类公众号主要是用户故事推送、景点介绍、活动介绍以及热点追踪等。

虽然主题各有差异，但旅游类公众号的内容大多以图文呈现，也有视频、长图，H5、漫画、SVG 等。

排版

排版看着都大同小异，但是其中玄妙却不少。

配色。航空和旅游资讯类公众号的特点是样式多样、颜色鲜艳，多以黄、红、绿、蓝等颜色为主，容易吸引眼球。景点和民宿酒店类色调相对统一，营造一种高雅、简洁的风格。如爱彼迎的公众号就很简洁，首页有歌曲，配图以动图为主，每篇文章基本都配有视频，利于营造慢生活、悠闲美好的家庭氛围。

配图。除图片清晰、质量高、无水印、风格统一外，还需要注重多图的排版。旅游类推文应以图片为主。

样式。航空以及旅游资讯类公众号的排版样式运用是比较大胆的，选用的样式较多，整体版面多样，而酒店类则较少运用样式，较为简洁。推荐春秋航空、马蜂窝、去哪儿网、爱彼迎等公众号。

除在图文上下功夫外，这些旅游类公众号在自动回复上也做得很优秀。

单元三　抖音短视频营销

【学习目标】

1. 了解短视频的定义、特点和发展历程；
2. 理解抖音短视频的营销价值；
3. 理解抖音短视频的营销策略。

【课堂导入】

“丁真的世界”，在抖音刚刚开始

近一个月，“甜野男孩”丁真几乎“住在”了抖音热榜上。就在这两天，“#丁真抖音直播吃晚饭#”的话题，关注度居高不下，又稳稳地登上了抖音热榜。眼睛明亮、高颜值的藏族男孩丁真露出虎牙，笑容清澈、纯真，暖化了很多人的心。在抖音丁真相关话题中，播放量破亿的话题有 6 个，播放量破千万的话题有 31 个，其中，“#丁真#”话题相关视频播放量已超过 12.3 亿次。“丁真的世界”——四川甘孜藏族自治州，也由此爆火。

一个人物让一个地区走红，结果并不让人意外。但“丁真效应”声势之大、效果之强，使其具备了更多审视评估新内容时代文旅营销逻辑与路径的价值。由此延伸，其实就是“流量＋内容”“IP＋场景”“线上＋线下”等多维度融合的营销方式正在形成，文旅营销模式正在迎来重构的关键时刻。

资料来源：新华网．“丁真的世界”，在抖音刚刚开始［EB/OL］.（2020－12－14）. http：//news. china. com. cn/live/2020－12/14/content_1077459. htm.

认真阅读以上材料，思考以下问题：

1. 丁真为什么能够在抖音上走红？
2. 其他地区能够复制“丁真效应”吗？

【知识讲解】

一、短视频发展概述

美国 Viddy 公司于 2011 年 4 月 11 日正式发布了首款移动短视频社交应用产品，宣告了短视频时代的开始。平台视频时长限制在 30 秒之内，用户可以使用该平台进行视频的拍摄、美化、编辑，视频制作完成后可以分享到脸书、推特、YouTube 等社交平台上。这款革命性的产品一经推出就风靡全球。

国内短视频应用虽然推出时间稍晚于国外，但发展迅速，已经后来居上成为引领世界视频社交产品的龙头。2013 年的 9 月腾讯微视正式上线，2014 年 5 月美拍正式推出。2013 年，“GIF 快手”从制作、分享 GIF 动图的纯工具性应用转型为移动短视频社区，随后更名为快手。2016 年 9 月，今日头条旗下的短视频应用抖音正式上线。2018 年之后，短视频应用市场上依旧活跃的基本只剩下快手和抖音及其头条系的火山小视频和西瓜视频。

二、抖音短视频的发展概况

2016 年 9 月，抖音正式上线。这是一款支持拍摄短视频和添加音乐功能的原创短视频社交软件，用户可以通过视频拍摄快慢的调整，使用特效、滤镜、场景切换等技术使视频更具有创造性、娱乐性。经过两年的发展，抖音已经从一个小众的音乐类视频原创平台成长为拥有数亿用户的大型社区中台。2019 年 1 月 29 日发布的《2018 年抖音大数据报告》显示，抖音国内日活跃用户数达到 2.5 亿人，月活跃用户数突破 5 亿人，成长幅度惊人，且潜力巨大。

课内阅读

抖音让中国文化走向世界

抖音在国内火起来之后不久，就踏出了国门。国外用户对它的喜爱程度之深，与国内几乎差不多。

目前，抖音的业务已经覆盖东南亚、日韩、北美、欧洲、拉美等地区，在部分地区的手机应用商店中排名甚至经常超过 YouTube 以及 Instagram 等。也就是说，抖音的火爆不局限于国内，甚至辐射海外，爱上抖音的不再只有中国的年轻人，还有更多的外国小哥哥、小姐姐们。对于抖音来说，营造出这种年轻人喜爱的氛围正是其成功的地方。不过海外的小哥哥、小姐姐们喜爱的可不只是抖音有趣的一面，还有抖音上大量的中国文化。

或许对于抖音来说，互联网科技只是借助的工具，文化才是真正不可或缺的。将传统文化内容以短视频的形式进行传播，抖音在全世界范围内可能都是“独此一份”。

抖音上展现较多的中国文化是水墨画、传统汉服、古筝古琴、陶艺等。它们不仅代表了中国的传统文化，而且在抖音上的表现方式有很多趣味性的因素，更加贴近生活、更为亲切。从某种程度来讲，抖音实现了文化与科技的互惠。

事实上，有很多外国朋友因为在抖音上看到关于中国的视频内容，于是到中国旅游。还有一些没来过中国的外国朋友，也因为抖音了解到中国的紫禁城、长城以及中医等，对中国有了更大兴趣。

资料来源：人民网．用年轻人喜欢的方式 抖音将中国文化“出口”到海外[EB/OL].(2018－04－22).https://www.sohu.com/a/229082467_114731.

4 人为一组，认真阅读课内案例，探讨抖音是如何助力中国文化在海外的传播的？有哪些成功的模式可以借鉴？

三、抖音短视频的旅游营销价值

（一）抖音短视频开启旅游营销新战场

抖音短视频内容精简、富有创意，传播迅速。国内很多旅游城市纷纷借助抖音平台进行旅游营销。抖音巨大的影响力使这些城市迅速成为网红打卡地，其中最具代表性的有丽江、重庆、西安、长沙等。例如，在抖音上走红的西安“摔碗酒”，其内容本身就十分具有创意，再配上一首欢快又洗脑的《西安人的歌》在网上迅速蹿红，吸引了众多游客千里迢迢地来到这个景点，就为体验喝完酒摔碗的快感。

（二）抖音营销适合旅游业应用的因素

现在旅游已成为抖音“美好生活计划”的重要组成部分，在抖音搭建的共生平台之上，旅游营销具有无尽的想象空间和独特的优势。

1. 提供优质的内容

旅游类抖音短视频的优质内容主要有两个重要特质。一是景点本身独具特色。无论是重庆的“洪崖洞”、马鞍山的“怪坡”，还是西安的“摔碗酒”，要么景观设计极为震撼、奇妙，要么情景活动有趣。因此，一个成功的“网红”景点首先要有能成为“网红”的潜质，才能为内容创作提供优质素材。二是作品中多元融合，妙趣无穷。抖音的“抖”来自软件内嵌的丰富特效，“音”体现为可供选择的海量神曲。那些成功的抖音视频大多数都具有节奏感强、魔性十足的特点，能带给受众新奇、炫酷的视觉感官体验。旅游营销人员在创作营销视频时，应该重视如何将旅游场景与科技元素、艺术元素融合在一起，为视频增添了现场感和艺术感，让视频极富创造性，更好地吸引观众的关注。

2. 对接契合的用户

根据《2019短视频营销白皮书》的数据，18～35岁的用户在抖音短视频中占比高达78%，且以一线、二线城市的居民为主。这部分用户是出游的主力军，同时，他们中的大多数是互联网的忠实用户，对互联网产品的参与意愿很高，善于创造，乐于分享，有较为强烈的社交需求。这些用户都希望通过拍摄和上传短视频来吸引关注，同时还会带动其他用户进行视频创意比拼。相比传统营销模式，动态短视频社交模式呈现出更强的交互性和参与性。在旅游类视频里，用户能够更加生动、全面地了解景区的全貌。此外，观赏视频的用户在评论区实现与播主的互动。评论是抖音用户原创内容中极其重要的组成部分。企鹅智酷2017年发布的报告指出，超过一半的抖音用户会看评论，21.8%的用户会参与评论互动。在旅游类视频的评论区，用户会对视频内容和质量进行点评、询问景区的名字和位置、交流旅游体验心得等。评论区的互动不仅具有第三方推荐的信任优势，还让评论本身成为优质的体验内容。

3. 打造共生的生态圈

抖音不仅是短视频播放与分享的平台，更是由优秀的产品和模式设计共同打造的可实现互利共生的生态圈。从旅游营销的视角看，利益相关者有抖音运营方、旅游地、播主及观赏用户等多个主体。在抖音平台上，所有参与者都有机会满足需求和创造价值。播主为抖音提供视频内容和吸引流量，因自己成为关注焦点或关键意见领袖而获得心理满足感和一定的物质回报，那些粉丝量达到十万人甚至百万人级别的“大咖”号，更可以选择与商家合作以寻求流量变现，获取更多的红利。用户在免费观看视频、参与互动的过程中贡献了自己的时间和注意力，为播主和平台创造了流量。而旅游目的地成为“网红”之后，游客量和旅游收入显著增加，平台运营方也将获得不菲的投资和广告收入。

目前，抖音与旅游营销的融合已经进入更成熟的新阶段。2018 年 4 月，西安市旅游发展委员会与抖音短视频达成合作，双方基于抖音的全系列产品，通过文化城市助推、定制城市主题挑战、抖音达人深度体验、抖音版城市短片对西安进行全方位的包装推广，用短视频向全球传播优秀传统文化和美好城市文化。

课内阅读

短视频营销常采用的推广方法

开屏广告

短视频开屏广告是在启动短视频 App 时展现的广告，广告播放完毕后进入推荐页面。开屏广告的展现形式为图片或视频形式，广告主可以根据企业的推广目标及推广需求选择适合自己的广告形式。

与“网红”及平台上的关键意见领袖（Key Opinion Leader，LOL）合作

品牌在刚刚进入短视频平台时，可联系部分“网红”或者平台上的关键意见领袖联合宣传，他们本身就有强大的信息传播力，为品牌的曝光带来一定的流量。

信息流广告

短视频信息流广告是在短视频 App 内推荐页面上出现的广告，具有明显的广告标识。这些广告制作精良，一般不会干扰用户，用户如果对该广告内容感兴趣或有这方面的需求，就会进一步点击该广告视频作进一步了解。

对企业的日常及领袖型人物进行传播

对企业的日常及领袖型人物进行传播，如小米和阿里巴巴的抖音账号都有类似的展示，即使只是平时的办公室日常也有大量用户参与评价互动。

发起或参与平台内的热门活动

这个方法类似微博的热门话题和短视频平台上特定的主题话题，它们通过热点来获取一定的曝光量。

夸张展示

用夸张的手法对产品进行推广。如有名的“神车”五菱宏光以容量大著称。

资料来源：新华网．“丁真的世界”，在抖音刚刚开始［EB/OL］.（2020－12－14）. http：//news. china. com. cn/live/2020－12/14/content _ 1077459. htm.

4～6人为一组，认真阅读课内阅读资料，对六种短视频常用推广方法进行分析，找出每种方法的优缺点。

四、旅游目的地抖音短视频营销策略

1. 以目的地自身建设为主、传播为辅

那些在抖音上走红的旅游目的地，无论是成都街头、厦门鼓浪屿、西塘古镇还是云南丽江，当地政府部门和旅游管理部门都非常重视旅游业建设与发展，而且都制定了合理的发展规划。至于一些偶然性走红，但只重短期利益而忽视长远发展的地区，往往会因为众多游客到来后发现预期与现实的落差而口碑下降，逐渐淡出人们的视野，最后销声匿迹。因此，营销时要重视如何更好地把线上、线下传播相结合。首先，线下结合节日举办有特色的活动、话题和挑战赛等，打造高质量的旅游活动。其次，活动的设计核心应以旅游者为主，充分结合线上短视频媒介，进行即时性、持续性传播。最后，在不同的热度时期根据目标游客制定相应的营销策略。

2. 重塑多元特色，打破旅游目的地刻板印象

对于历史悠久的传统旅游目的地来说，尤其要注意通过不断地创新打破在游客心中的刻板印象。这些旅游目的地因为历史底蕴深厚、开发较为成熟，已经成为大家耳熟能详的著名景区，但同时也因为在人们心中的固有形象而缺乏热点与关注度。这些地区应该充分挖掘旅游资源的内涵与特色，在传统特色产品的基础上，重塑多元特色，开发多维度、多层次的吸引物产品，满足更多年轻消费者的需求。这些创意不必追求奇特的震撼效果，只要表达创新的诚意，就会加倍得到消费者的认同。

3. 注重用户参与性，维护粉丝社区群关系

旅游目的地应当注重培育自己的粉丝社区群，将其转化为忠诚型的消费者，为平台产生累积效益。首先，旅游目的地应当注意对粉丝的维护，加强互动，根据粉

丝的个人特征分析他们的喜好，进行有针对性的内容设定和推送。其次，旅游目的地对视频发布效果进行动态监测，分析其受到关注或被忽视的原因，关注用户的评论，找到能引发用户积极参与讨论的关注点。最后，在粉丝量巨大且稳定的阶段，旅游目的地可以通过抖音短视频的投放广告形式，利用抖音短视频平台的同款推荐小窗口，恰当地进行广告推送，顺利实现利益转化。

4. 把控传播质量，杜绝虚假、夸大事实

网络传播中难免会有很多虚假信息，但是，对于旅游目的地来说，要不忘初心，秉持在市场长期生存的王道，合理地包装产品，适度地进行推广营销。所有为了营销效果而开展的过度虚假宣传，甚至故意扭曲事实、臆造虚构的宣传，都将随着时间推移而不攻自破。例如，宝鸡周原景区用妲己、纣王等历史人物进行网络传播，在抖音上受到了众多质疑，陕西旅游集团却以此为卖点，持续加强传播报道，最终产生了非常负面的社会影响。虽然该景区借此事件火了一把，但最终在舆论的压力下不得不以道歉告终，从景区的长远发展来看是得不偿失的。

课内阅读

丁真现象与文旅营销

回溯丁真成为“顶流”的过程，会发现围绕丁真，理塘和甘孜讲了一个不错的故事。从一个故事入手撬动整个文旅目的地，这条路径与抖音展示的文旅营销方法论不谋而合。

内容破圈：让美好之地被看见

流量虽不缺，但分流量者甚多，注意力经济竞争激烈。一个好故事通过什么渠道、形式来讲，也影响故事的触达率、转化效能。

在抖音，可以尝试“短视频＋直播”双擎驱动，抖音着重强调“立意与文化加持”，这在于在地文化是一个目的地差异化、独特性或唯一性的核心，既是场景营销、新场景营造、故事讲述等的支撑点，也是它们可持续为之的基础。

探寻和利用在地文化，从旅入手，向文挖掘，塑造文旅 IP，实现文化价值的不断放大，但这只是文旅营销的第一步。

IP 驱动：“滚轮”效应与打造消费新标的

在实现这一步后，文旅营销还讲究“滚轮”效应，形成一定的影响力。众所周知，好的 IP 意味着不可复制、价值共鸣，也意味着产业延展性与交互体验化。通过文旅 IP 驱动，城市文旅实现了从线上内容走向线下场景的顺利衔接。

产品转化：从“种草”到“拔草”

品牌力、影响力直接指向对用户“种草”。“拔草”成为营销的最后一个环节。新的“人—货—场”链条已搭建打通，能有多少直接的流量转化、沉淀，才是衡量营销效果的最主要维度。

以抖音来说，把线下销售引流至线上，以及通过“企业号 + 直播 + 群聊”，通过话题点、兴趣点打造，以及氛围营造，强化粉丝社交属性，增加沉淀的可能性，最终实现产品转化。

延伸来说，产品转化的过程（如用户再传播）继续成为营销内容，私域流量的运营、粉丝转化沉淀，成为后续营销、新产品转化的精细化用户，这也是对品牌力、影响力到效果力形成循环效应的更深理解。

4 ~6 人为一组，认真阅读课内阅读案例，思考通过短视频进行旅游产品营销需要注意什么？

五、旅游企业抖音短视频营销的策略

（一）重视提高三个方面的能力

1. 创作能力

创造优质内容能力是旅游企业营销方案获得高关注度的关键所在，旅游企业要围绕用户进行优质内容生产，然后借助平台优势开展营销，最终将内容转化为品牌营销利器。

提升优质内容的创造能力，首先要学会选题。为确保旅游视频与账号保持高度关联，选题内容与账号应定位一致。标题中可以植入关键词、行业专用词汇，添加热门话题标签等。如围绕旅游观景话题的切入点，在保持视频高清、切换自如、景点无缝衔接的同时，选择合适的背景音乐。为保持用户新鲜感，还要突出景点的独特之处，展现其稀缺性，如景点位置险峻，高度非常人所及。

2. 投放能力

有突出投放能力的企业在抖音上投放广告后能够根据效果及时、合理地调整投放策略，达到获取精准流量及用户的目标。另外，优秀的投放能力还意味着企业具备对高传播性内容的理解能力、投放量控制能力、平台政策把握能力以及平台资源对接能力。

3. 运营能力

运营能力包括内容理解能力、流程优化能力、持续用户互动能力及用户心理引导能力。运营抖音号进行营销时，需要这几项能力协同发力，密切配合，才能让营销方案落在实处，发挥效果，达成目标。

（二）适时引入直播

在进行旅游周边产品或旅游路线产品营销时，可以适时引入直播，采取“短视频 + 线上直播”的形式，及时进行流量变现。想要提升直播质量，必须善于把握用户的心理变化，及时提供相关信息打消客户疑虑。在推销旅游用品时，为了让用户深入了解产品性能，可以通过现场解答或者展示来进行沟通。例如，在展示雪橇使用方法时，详尽介绍其质量、尺寸及承载用户的体重；在展示冲锋衣时，详细介绍产品的尺码、面料和透气性。通过客服在线答疑，用户可直观地了解产品性能，促进用户消费购买。

此外，还可以在直播过程中灵活设置优惠活动环节，企业可以在整点或半点设置抽奖环节或直播间重磅优惠活动，吸引用户参与，提升用户期待值。通过爆款产品的打造和推广，加上丰厚的优惠，有效激发用户购买欲望。

【思政之窗】

“贵州 DOU 是好风光”文旅项目赋能乡村振兴

2022 年 7 月 28 日，“贵州 DOU 是好风光”项目启动仪式暨全省文化旅游新媒体培训开班仪式在贵阳举行。“贵州 DOU 是好风光”项目以乡村文旅发展为核心主旨开展活动，通过直播、短视频打通数字化经营链路。此次项目落地贵州，将深入贯彻落实“数字化助推乡村振兴”，以新媒体时代的人才培养为发力点，激发文旅品牌、达人创作力，让贵州风物成为乡村文旅的亮眼名片。

据悉，2019 年 3 月，“山里 DOU 是好风光”文旅扶贫项目落地贵州省荔波县，有效推广了当地的旅游和桑蚕、生态石斛、百香果、枇杷、蜜柚等农产品，帮助荔波打造文旅产业名片，助力脱贫攻坚。

聚焦乡村振兴领域的人才振兴，字节跳动公益与抖音生活服务为贵州开办全省文化旅游新媒体培训班，力图培养一批能带动当地旅游经济发展的商家和达人，共建贵州本地内容生态，助力贵州文旅行业发展。

抖音集团副总编辑李琳表达了抖音助力推动乡村文旅发展的决心，她表示，

“抖音将始终坚持‘产业驱动+人才培育’双管齐下，打造乡村可持续发展新模式”。同时，抖音集团企业社会责任部“山里DOU是好风光”项目总监徐家瀛表示，希望通过项目帮助贵州培养一批“乡村文旅带头人”和“乡村文旅助农商家”，协助商家做好抖音经营产品基础建设，打造贵州乡村文旅宣推的内容新亮点，提升村民收入，带动产业可持续发展。

据了解，抖音生活服务文旅板块在2022年初进入贵州，同千户苗寨、黄果树等著名景区紧密合作，携手“黔”行。截至6月，合作文旅品牌数增长6倍，文旅交易额增长9倍，视频创作者达65万人，共直播9845场次……抖音生活服务已成为贵州文旅商家经营新阵地。2022年“五一”期间，贵州天河潭景区借助抖音平台爆火，登上抖音景点榜第一、热销榜第一，抖音曝光热度高达680万。

另外，活动还邀请了贵州本地抖音达人多余和毛毛姐、念乡人周周、壶提提等为家乡在线助威，邀请世界共赏贵州至美风光。

资料来源：中国日报网．“贵州DOU是好风光”文旅项目赋能乡村振兴［EB/OL］.（2022－07－29）. https：//cn. chinadaily. com. cn/a/202207/29/WS62e3 e55aa3101c3ee7ae17a4. html.

思考问题：如何在乡村振兴中发挥抖音这样的网络平台的作用?

提示：“绿水青山就是金山银山”，大力发展旅游产业是乡村振兴的重要途径之一。利用抖音平台的影响力，制作有特色的宣传材料，可以有效提升景区的知名度，为农民增收致富提供有力的帮助。

【任务执行】

通过案例分析加强对抖音营销策略和方案制订的认识。

第一步：认真阅读以下案例。

永定土楼抖音宣传方案

结合永定土楼“做客永定·新概念旅游”，促进永定过境一日游向过夜深度游转变，发起抖音挑战赛活动。

引爆阶段：投放抖音开屏广告，发起抖音挑战赛。

升温阶段：投放今日头条信息流广告，跨平台覆盖全量用户。

延续阶段：抖音开屏持续推送，抖音挑战赛作品展播。

第二步：4人为一组，分析本案例的设计特点和成功之处，同时为北京环球影城设计一个抖音营销短视频的方案。

第三步：以小组为单位，制作展示 PPT，进行 10 ~ 15 分钟的现场汇报，每位同学都要参与 PPT 制作和展示。

第四步：小组自评和互评，教师点评。

【课后作业】

扫码测试

【拓展阅读】

抖音上的中国城市

近日，抖音、头条指数与清华大学国家形象传播研究中心城市品牌研究室联合发布《短视频与城市形象研究白皮书》（以下简称《白皮书》），从多个维度挖掘城市形象短视频背后深层次的意义。

《白皮书》着重分析了抖音平台。抖音是当下中国最流行的短视频平台，捧红了 200 多个视频数量达十万级“网红城市”和 11 个百万级的“爆款城市”。北京、上海、重庆分列前三位，而西安超过广州、杭州、深圳等一线和准一线城市，跃居第六位（见图 5 – 3 – 1）。

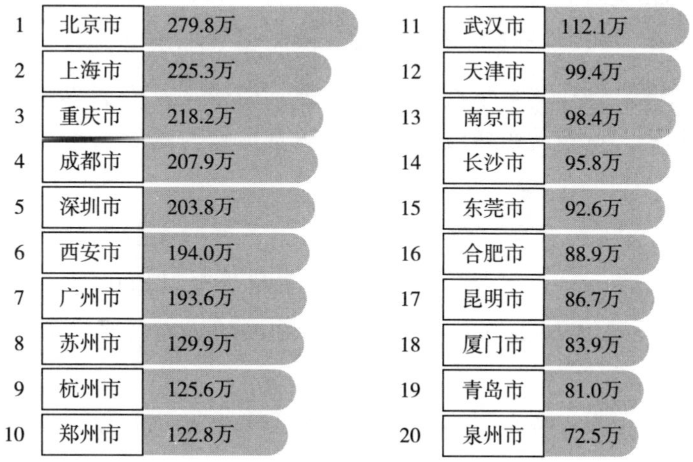

图 5 – 3 – 1　抖音平台相关视频数前二十名城市

根据《白皮书》，城市形象的短视频传播不仅在地域分布上较为均衡，中西部城市的传播量更有“集体崛起”趋势。重庆是唯一视频播放量达到百亿级别的城市，西安和成都两座西部枢纽城市也不落下风，分列第二、第三位。排名第十位的南宁在传播量上比肩深圳，实现了短视频层面上城市曝光度的大幅跃升。按照第一财经新一线城市研究所在2018年对中国城市的划分，15座新一线城市悉数入围传播量前三十名的榜单（见图5－3－2）。

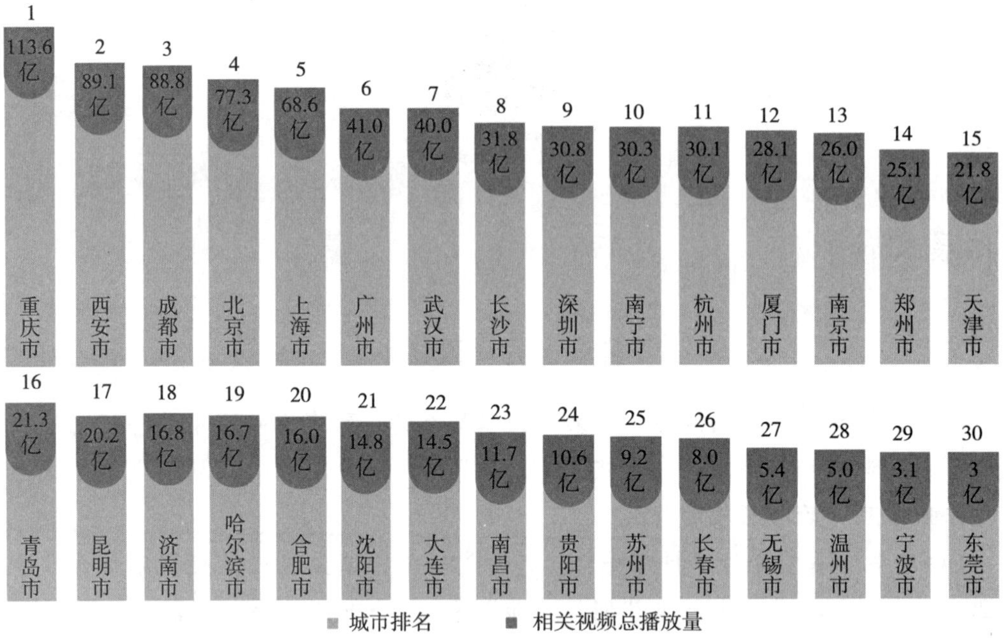

图5－3－2 城市形象短视频播放量前三十名城市

在所有以短视频呈现的城市形象符号中，最著名的当属重庆李子坝轻轨站。与背景音乐融为一体，列车沿轨道缓缓驶入一幢高楼第七层的片段，无意中激发了人们的关注爆点。这个或许在当地人看来稀松平常的场景，其相关视频在抖音上被播放了1亿次。可见，在移动端短视频阶段的城市形象传播，在形式上颇有创新开拓的余地。

《白皮书》总结，抖音平台制造并传播的一系列独具特色的新型城市特色符号可以缩写为“BEST”，即城市音乐（BGM）、本地饮食（Eating）、景观景色（Scenery）和科技感的设施（Technology）。这四类简单的城市符号结合在一起，形成较为丰满立体的城市名片。

即使在移动端短视频阶段，打造城市名片、集聚知名景观对一座城市依然有重要的经济文化价值。这种明显而切实的收益，则颇为直接地体现为城市旅游业的突飞猛进。2018年上半年，西安全市接待海内外游客约1.15亿人次，同比增长

45.36%，旅游业总收入同比增长56.32%。在清明假期，西安旅游部门发起“跟着抖音玩西安”等活动，仅三天西安接待游客数量就同比增长38.76%。

在抖音上，如果说一座城市的最初走红是偶然，那么它之后的影响力升级则得益于政府的大力推动。2018年，抖音平台与各地宣传机构的合作层出不穷，城市形象的短视频传播越发受到地方政府的重视。在移动端短视频阶段，政府依然是城市形象的定义者、热点的制造与推动者，而市民深度参与城市形象相关的内容创作，是城市形象的具体阐述者。

资料来源：中国青年网．抖音联合清华发布“爆款城市”打造法 城市形象传播进入短视频时代［EB/OL］.（2018－09－11）. http：//economy. youth. cn/dtxw/201809/t20180911_11724561. htm.

抖音打造亿级流量IP，“众乐之城”撬动成都文旅营销新势能

坐落于祖国东北的边陲小镇漠河，凭借“滴水成冰”的自然景象，吸引用户不远万里深入冰天雪地体验；通过短视频爆火的西安街头艺人不倒翁小姐姐，则让大唐文化成为西安旅游的核心吸引力。现如今，“一支短视频种草一种生活方式”已成为新的可能，一支爆款短视频也可能让一座城市跃居国内“网红城市”之列。如何讲城市“好故事”，并通过立体化、多元化的渠道传播城市“好声音”，成为城市营销的重要诉求。

永陵石棺上的二十四乐伎，讲述着歌舞升平的前蜀；司马相如和卓文君的千古佳话，谱成了一曲《凤求凰》。从超级女声的名噪一时到文艺民谣《成都》的感人至深……“有一种美学叫成都”，属于成都的烟火气与文艺范完美融合，雕琢出一座城市特有的音乐质感。成都打造“网红城市”已崭露头角，而最近落幕的抖音商业化文旅IP“众乐之城——成都街头艺人音乐季”，更是以街头艺人为着眼点，通过线上线下整合传播让成都再次续写爆红之路，给其他城市打造文旅IP带来了新思路。

“以爱乐之名，筑众乐之城”活动总触达人数已破亿。

本次活动由抖音、咪咕和成都街头艺术联合发起，成都市文化广电旅游局、成都市音乐影视产业推进办公室、巨量引擎成都直营中心、咪咕、成都市文化馆、成都市文化志愿者协会和成都城市音乐厅共同推进完成。

截至目前，活动话题“众乐之城”阅读量近8000万人次，抖音、今日头条和咪咕等平台800万次硬广告触达，城市线下地标和微博微信等站外渠道总触达量超过2000万人次，众乐星推官冯提莫携手抖音百万粉丝达人黄鑫、王宇，以及30多个成都街头艺人共同造势，热力爆棚阵势空前，众乐之城现场多账号直播累计观看总人数2万多人，线下活动人流量累计2万多人次。文旅中国、文旅成都、《人民日报》经济网、中华网、《中国日报》、凤凰网、红星新闻等60多家媒体报道，这

场抖音范儿十足的成都众乐盛宴，引爆了城市全网热度。

资料来源：旅行摘要．抖音打造亿级流量IP，“众乐之城”撬动成都文旅营销新势能［EB/OL］.（2020－10－21）. https：//www. sohu. com/a/287477725 _ 114029.

单元四　小红书营销

【学习目标】

1. 熟悉小红书平台的发展现状；
2. 理解小红书营销和旅游小红书营销的概念；
3. 熟悉旅游小红书营销的优势；
4. 掌握旅游小红书营销的策略。

【课堂导入】

2021年“五一”小长假期间，冲浪这一国内小众运动进入旅游者视野。《阿里巴巴2021五一黄金周消费观察》显示，去雨崩村徒步遥望圣山、去后海村冲浪品尝海水、去火星基地探索“外太空”，是年轻人解锁乡村旅游的新姿势。其中，冲浪胜地后海村的相关搜索量较清明假期增长400%。

因“冲浪”标签走红的后海村，成为旅游者眼中的冲浪圣地。在这个常住人口不到3000人的村子里，藏着全国近40%的冲浪俱乐部，据说已经成为中国目前最大的冲浪村。而在小红书上，冲浪相关笔记超过31万篇，吸引了大量的关注和转发，对后海村的一夜成名功不可没。

打开小红书App，查找“旅游攻略”，观察并分析：
1. 最近有哪些热门景点攻略？
2. 这些攻略被大量关注、评论和点赞的原因是什么？

【知识讲解】

一、小红书平台的发展现状

1. 小红书的诞生

小红书成立于2013年，最初只是一个购物攻略性质的海淘平台，解决用户在出境旅游时不知道买什么的问题。随着用户量的增加，运营团队逐渐发现了站内用户的种草能力，用户标记多的产品几乎可以瞬间卖光，于是开始发展电商业务，现在已经成为国内最具影响力的电商平台之一。

2. 小红书的发展历程

2016 年下半年，小红书拓展了第三方平台和品牌商家。直到现在，小红书一直沿用“自营电商 + 第三方平台”的业务模式。正是由于小红书自“内容社区”向“电商”的发展路径，它刚刚进入电商领域即拥有大量底层优质资源。这些用户不仅黏性高，且具备一定的购买力。外界对小红书的定义也越来越偏向电商，但小红书的创始人毛文超曾在多个场合公开说明，小红书不是一个电商产品，而是一个知识社区，是“生活方式”的入口。“标记你的生活”的口号也清晰地传达出了小红书首先是一个内容社区，而非电商平台。

3. 小红书的发展现状

相关数据显示，截至 2021 年底，小红书的用户超过 4.5 亿人。社区每天产生数十亿次的笔记曝光，内容覆盖时尚、护肤、彩妆、美食、旅行、影视、读书、健身等各个生活方式领域。在用户地域分布上，超过 50% 的用户位于一线和二线城市；在年龄维度上，“90 后”和“95 后”是最活跃的用户群体，24 ~ 35 岁的用户占了总用户的近 80%；在用户性别分布上，女性用户占 87.24%，男性用户仅占 12.76%。

课内阅读

小红书的华丽转身

小红书营销已经走出国门，越来越受到国际品牌的关注。随着小红书的转型，它已经不再仅仅是一个“种草”的平台，而是名副其实的“新品牌挖掘器”。许多尚未进入中国市场的小众品牌开始在小红书上进行宣传推广，意在聚集关注，提升用户口碑和知名度，为将来进入中国市场进行预先布局。中国消费者在小红书上关于一些产品的真实反馈，常常也会给国际知名品牌带来崭新的经营思路。

瑞士钟表制造商浪琴公司的 Prima Luna 表，问世已经有十余年，但在中国市场一直不温不火。2019 年左右，数位中国消费者在迪拜、香港和澳门等热门购物目的地购买了 Prima Luna 表后开始在小红书上晒图分享心得，并吸引了越来越多的关注。Prima Luna 表迅速在小红书上产生口碑传播，使更多的中国消费者开始到处寻找产品，甚至有些人直接联系浪琴表中国店铺，询问为什么在中国内地的销售渠道都找不到 Prima Luna 表。浪琴表捕捉到了市场的新变化，并且调整投放策略，迅速将 Prima Luna 表推向市场，并于 2020 年底发起了针对小红书用户的在线互动活动。通过播放中国演员和浪琴品牌大使赵丽颖的礼物推荐视频，该活动获得了很多中国消费者的喜爱。Prima Luna 表一夜之间成为爆红产品，真正进入了中国市场。

4～6 人为一组，认真阅读本篇文章，探讨国际品牌应该如何利用小红书平台推广自己的产品？

二、小红书营销概述

（一）小红书营销的概念

小红书营销指企业和品牌等利用小红书平台年轻和高购买力的用户群体、蓬勃发展的在线社区文化、较佳的口碑等，通过其特有的种草模式等方式进行产品营销，提高品牌的曝光率，提升市场渗透率，在广大受众中获得更高的认可度，提高产品销量。

（二）小红书营销的优势

1. 优质的社群运营

小红书的用户之间没有买卖关系，而是通过优质的社群运营，促使用户不断输出内容，展现产品的体验感。当这些内容形成良好的口碑积累后，使用户对平台产生信任。

2. 用知识和内容征服用户

社交营销的价值基础是分享知识和内容。在社交世界里，对消费者来说，最重要的不是“你卖什么”，而是“我需要什么”。小红书的路线就是用知识和内容征服用户，而不是用广告“轰炸”用户。

3. 不断升级核心竞争力

小红书正在从最初的以消费者为中心的思考方式升级到以竞争对手为中心的思考方式。小红书转型成为电商平台后，竞争对手众多，这就意味着用户的选择方向也更加多样化。为了应对这个局面，小红书尝试从用户的视角发现更美好的生活方式，这种方式对用户产生了很大的吸引力。

4. 满足群体的特性

小红书的产品展示并不像其他电商平台那样清晰、明确，而是在首页推出各种题材的内容。这一举动打破了常规化思维，制造了差异化。在每个用户的照片下方，都会有不同人对这个用户的评价，这一点很容易形成同理心，激发用户的购买欲。

课内阅读

小红书营销四大法宝

“红人种草”

“红人种草”本质上是口碑营销（场景沉浸营销）的一种，一般来自网络红人、直播平台传播出来的内容宣传。简单来说，指 KOL 在各种社交平台上生产原创内容来吸引用户，引发用户主动购买产品的一种营销方法。“种草”与传统广告有所区别，广告主体不再是商家，而是来自他人有意或无意的观点影响或经验分享，本质上是基于人际互动的信息传播模式。“种草营销”使品牌方更加直接地收到产品销售反馈状态，缩短品牌或产品的营销宣传周期，减少营业费用；使消费者获取产品的各项有用信息。

KOL 传播

小红书与其他电商平台不同，它树立的是一个以 UGC 为主的内容分享社区，其中掌握少量的粉丝流量和耐久的粉丝关注度的就是 KOL，他们拥有话语权和影响力。品牌方可应用小红书 KOL 的话语权和影响力，把品牌商品抽象植入粉丝印象中，从平台中取得热度和搜索量，增加曝光量和转化率。

“网红霸屏”

有统计数据显示，81%的消费者会因高频呈现的内容而影响购置决策。因此，如果想让品牌在小红书曝光，关键点是要结合 KOL 将高质核心内容为品牌营建“现象级刷屏”。首先，经过大数据剖析、目标人群画像及同行竞品关键词数据构思并发起话题；其次，请多位 KOL 一同发布“种草”笔记，吸引更多 KOL 参与，构成共同的 UGC 气氛；最后，借助粉丝将话题影响力更大化，层层联动。“霸屏”后将品牌商品购置链接植入 KOL“种草”笔记，进一步提高购买率。

明星引荐

明星引荐是小红书的一大特点，同时被引荐的商品赋予了带有明星专属引荐的标签，基本不必关心其点赞、排名等成绩，而且在明星的小红书引荐笔记里并没有很多商业气味，更多的是倾向团体化的引荐。这些团体化的商品经过明星以图文、视频等方式的笔记引荐进来，添加了用户对商品的信任度，转化为品牌的间接购买力。

资料来源：何婷．小红书的营销方式有哪些？有什么战略？［EB/OL］.（2022－03－23）. https：//pinkehao. com/infor/147426. html.

4～6 人为一组，认真阅读本篇文章，并思考：

1. 小红书的核心竞争力是什么？

2. 在小红书平台进行品牌营销时，应该如何充分使用这四大法宝获得最大回报？

三、旅游小红书营销概述

（一）旅游小红书营销的发展

2019 年旅游成为小红书仅次于美妆的第二大品类，也是平台各个板块中增速最快的品类。为了将这些流量变现，2020 年小红书开始在旅游相关的板块开展商业合作。2020 年 3 月，小红书与酒店民宿公寓 PMS 管理系统“订单来了”达成合作，为民宿企业号开通直接预订功能；6 月，小红书与旅游博主在上海、广州、西安、成都四座城市及周边，发起“端午种草周边游”直播活动，随后还发布了《2020 端午小红书旅游趋势报告》；7 月，小红书与小猪短租达成合作。以旅游市场受热捧的露营为例，小红书数据显示，2021 年 1－5 月，“露营”的搜索量比 2020 年同期增长 428%，2022 年清明假期比 2021 年同期大幅增长 427%，“露营”相关笔记发布量同比增长了 271%，浏览量则同比增长 170%。

（二）旅游小红书营销的优势

1. 庞大的用户数量

相关资料显示，小红书月活跃用户数超过 1 亿人，有过分享行为的关键意见消费者（KOC）超过 4500 万人。通过 KOC 的真实的旅游体验和分享，激发和带动网友线下旅游打卡，带火特色旅游线路和优质小众景点，越来越多的城市和景区、景点在小红书平台上走红，吸引了来自全国各地的游客，直接刺激和带动了当地旅游消费的增长。

2. 优质的内容产品

随着休闲旅游兴起，居民旅游成本降低、频次提高，内容种草引发需求的效率提升，比达咨询发布的《2020 年上半年度中国旅游行业发展分析报告》显示，2020 年上半年在用户旅游决策方面，小红书超越携程、飞猪、马蜂窝、同程等传统旅游决策平台，排名首位，在小红书搜索“旅行”一次，共有超过 1697 万篇笔记（见图 5－4－1）。小红书上众多的旅游笔记由于受众基础广、内容品质高，其关注度、评论、转发与其他平台相比都有较为明显的优势。

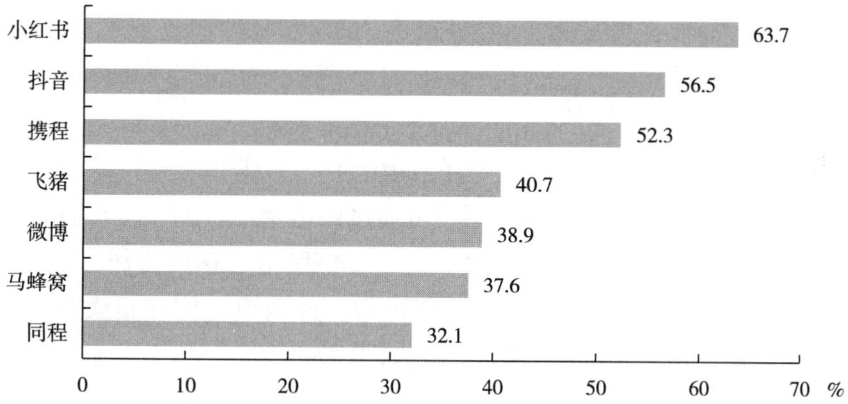

图 5－4－1　2020 年上半年用户常用的在线旅游出行决策平台

3. 强大的用户影响力

小红书积累的用户大多在一二线城市，且以年轻群体为主。一方面，这些用户消费能力强，乐于接受新事物和新挑战。另一方面，由于工作、生活节奏较快，这些用户往往会依赖口碑、数据等来进行消费决策。根据比达咨询发布的《2020 年上半年中国旅游行业分析报告》，受疫情影响，中短途周边游成为用户新选择。在出行决策方面，一二线城市的用户更愿意选择以小红书为代表的生活方式社区。数据显示，小红书已经成为 2020 年上半年最常用的出行决策平台。

四、旅游小红书营销的策略

作为最大的生活分享社区，小红书早已成为品牌和商家进行产品营销推广的必争之地。商家在小红书上进行营销的利器之一就是笔记，目前小红书中常见的旅游营销推广形式基本上都以旅游笔记为基础。随着人们旅游习惯的改变，越来越多的用户选择在小红书平台发现、搜索、购买和分享各种旅游信息，粉丝格外关注旅游攻略的内容。商家在创作笔记时，首先应该思考用户为什么来这里、是不是有网红进店、是亲子游还是情侣游等，然后才能有针对性地写出有价值、有吸引力的旅游笔记。以成功的笔记创作为基础，才会有成功的品牌植入。

（一）旅游攻略

小红书上的旅游攻略内容基本涵盖了旅游过程中的食、住、行、游、购、娱六大元素，如美食聚集地、旅游路线、打卡景点、特色民宿等。这部分的热门攻略主要出自旅游垂直领域的 KOL，巨大的阅读流量、关注、评论可以提升 KOL 自身的影响力，为商业变现打好基础。同时，相对专业的旅游达人也是商家进行营销笔记投放的首选目标，因为这些达人往往粉丝量巨大、有一定的公信力，线下商业转化率高。

（二）民宿、露营地推荐

民宿一直是小红书发力的重点，早在 2020 年，小红书与“订单来了”合作并为平台接入首批 200 多家民宿品牌，用户可通过民宿企业号的“立即预订”入口在相应的小程序预订房源。之后，小红书又与“小猪民宿”达成合作，不仅首次上线了民宿套餐，而且还引进了 2000 多家品牌民宿。这两项合作在很大程度上补充了小红书的民宿资源，也为小红书开展相应的业务做了铺垫。露营是最近兴起的旅游热点，随着露营经济井喷式增长，小红书正不断进行深入布局，并将触角进一步伸向旅游市场。小红书全资持股璞真乡里（上海）旅游文化有限公司，后者经营范围涵盖酒店管理、餐饮管理、露营地服务、游览景区管理、游乐园服务、旅游开发项目策划咨询和票务代理服务等。旅游者去民宿或者露营进行消费的目的除了传统的食、住、行、游、购外，还有强烈的远离都市、回归田园的心理。因此这类旅游攻略也与景区景点旅游攻略稍有不同，笔记更有针对性，食、住、行、游、购都是围绕民宿进行的，这是商家的主要种草形式。这类笔记中的图片以环境美图为主，内容以打卡、拍照分享为主。精彩的内容和精美的图片能吸引用户点击，同时参与话题活动还可以进一步提升笔记的曝光率和长尾流量。

（三）旅游穿搭

这一类笔记适合美妆穿搭类品牌进行种草营销。其策略是以旅游作为切入点，结合旅途中的景物、天气、活动等环境变化，从穿搭、出行防晒补水等角度出发进行营销种草。在笔记的标题和内容上适当布置旅游等关键词。结合产品特色进行营销，这是目前相对较少的笔记类型，也是美妆穿搭类品牌可以重点考虑的营销方向。在旅游出行场景中，兰蔻的乳液商业笔记针对熬夜、防晒问题，以产品成分进行营销；多芬的面膜商业笔记针对熬夜、补水问题，强调面膜的补水和皮肤快速修复功能；OPPO 手机商业笔记强调满足旅游途中拍摄的高级滤镜、电影感，并用电影名字和数据辅助说明；碧欧泉冻龄精华商业笔记表示其有“一瓶抵三瓶”的效果，半个月见效；摇滚动物园反光镜防晒霜商业笔记，先说明防晒的重要性，再通过朋友视角加强说服力，通过泰国旅游场景有力证明防晒的功效。

课内阅读

福建省文化和旅游厅首次与小红书战略合作 引爆2022福建美食“种草”季

近日，福建省文化和旅游厅与小红书首次战略合作落地，将通过借力包装营销事件，串联达人“种草”笔记，发布福建首份文旅电子书和首批“福建文旅推广大使”，进一步推动福建文旅消费。8月，围绕“来福建享福味，好吃好玩还不贵”主题的小红书达人采风团首站来到闽北建瓯，启动2022福建美食“种草”季。

本次小红书达人采风团，由旅游达人、美食达人、摄影师、资深媒体人、短视频创作者等各行各业代表构成，通过短视频、图文笔记、直播等方式，和天南地北的网友分享建瓯当地特色美食，体验好吃、好玩还不贵的“福味”趣玩线路。一是推出系列美食“种草”推广活动，一起发掘关于福建美食新体验、福建旅游的新玩法，进一步推动福建文旅和旅游美食消费结合发展，共同打造一个有文化、有温度、有灵魂的福建文旅IP形象。二是热门话题激活“种草”派送“好物体验”礼。共设置“#闽山闽水物华新”“#清新福建”“#来福建享福味好吃好玩还不贵”“#福建旅游”“#福建美食”等核心话题矩阵，供广大网友发布“种草”笔记时使用，使福建的文旅美食攻略笔记可通过话题聚合，更方便地分享给四方朋友。同时，还将推出“好物体验”活动，“种草”达人们可以通过主动申请获取福建各地优质的文旅礼品，一起参与福建文旅美食“种草”的活动，一起做热福建文旅宣传。三是百条美食旅行线路和福建首份福味文旅电子书。本次小红书“种草”活动，将通过小红书线上“种草”和“种草”笔记所产生的网友点赞、收藏、评论、分享等数据，来发现一批优质的“种草”笔记，发掘“百碗特色美食”“百个美食街区”“百条美食线路”，策划编辑“福建首份福味文旅电子书”，通过网民的力量，共同推动福建文旅消费，让人们充分感受福建文化旅游和福建美食的魅力。

资料来源：福建省文化和旅游厅资源开发处，福建省旅游宣传中心．小红书达人采风团首站建瓯 引爆2022福建文旅美食种草季［EB/OL］.(2022－08－12). https：//wlt. fujian. gov. cn/wldt/ppxc/202208/t20220812 _ 5974845. htm.

4～6人为一组，认真阅读课内阅读资料，分析地方政府与小红书平台进行的合作中，政府在合作中应该扮演的角色、平台的责任和目标，以及双方合作共赢的基础各是什么？

【思政之窗】

小红书上线《社区商业公约》

近日，小红书上线《社区商业公约》，首次系统地表达了社区的商业规范主张，倡导品牌和商家践行真诚经营、用心创造的价值观，开展有创造力的商业活动，实现商业与社区共生共赢。小红书社区生态负责人银时表示："数以亿计的用户，在小红书分享和发现自己的生活经验和生活方式，也激发了一批富有创造力、重视产品力的商家和品牌。随着越来越多的商家和品牌在社区生长，我们希望通过公约的明确和产品功能的不断优化，陪伴他们创造更大的用户价值，在社区取得成功。商业的繁荣是社区的重要组成部分，也是社区的使命和义务。"

《社区商业公约》是小红书在此前上线的《社区公约》基础上增设的有机组成部分。作为年轻人不可替代的生活方式平台和消费决策入口，小红书社区覆盖时尚、美食、美妆、个护、潮流、教育、知识、旅行、家居家装、母婴、宠物等多个领域，2021年10月，小红书月活跃用户突破2亿人。以此为基础，小红书平台上涌现出内容与商业之间不断流转的良性交互，也吸引着品牌商家入驻营商。目前，小红书社区汇聚了全球200多个国家和地区13万个品牌。

多位品牌和商家表达了对《社区商业公约》倡导内容的认可。小红书作为年轻人生活和消费决策的入口，真诚是建立信任的重要一环。在《社区商业公约》中，小红书从营销维度旗帜鲜明地反对虚假"种草"和借贩卖焦虑获取流量，让用心创造的商家和品牌收获用户，避免"劣币驱逐良币"。虚假"种草"指营销内容存在虚假宣传，往往伴随一些夸张的粉饰、修图、同质化的功效介绍等。夸大化的内容需要平台的规范。如果内容失去了真实性，品牌可信度以及用户认可度都会降低。北京德恒律师事务所合伙人、网络与数据研究中心主任张韬律师表示，"种草"行为促进了市场的良性竞争，消费者通过社交平台发布对商品的真实感受，作为他人消费的参考，如果商品出现质量或宣传不实等问题被消费者曝光，将影响品牌的口碑和销量。

资料来源：新榜官微．关于新上线的《社区商业公约》，小红书回答了这些关键问题［EB/OL］．(2022－05－06)．https：//k. sina. com. cn/article _ 5240327938 _ 138590f0201901toxb. html.

思考问题：如何看待小红书发布的《社区商业公约》？
提示：建设诚信社会就要坚决杜绝形形色色的虚假宣传。作为最有社会影响力的网络平台之一，建立一个风清气正的网络环境既是小红书企业长期发展壮大的根本保证，也是公司所应承担的重要的社会责任。

【任务执行】

小红书营销效果评价

系统了解小红书笔记营销的特点和运营方式，尝试进行营销方案的设计和编写。

第一步：要求学生在小红书中选取至少 3 个热点城市或景区的旅游攻略，如搜索重庆旅游攻略、海南旅游攻略、北京旅游攻略、环球影城旅游攻略、上海迪士尼旅游攻略等。

第二步：4 ~6 人为一组，找出最吸引人的攻略，从文案的基本数据（关注人数、点赞数、评论数等）、攻略中的亮点、不足之处等多层面对其进行系统分析并完成表 5 -4 -1。

表 5 -4 -1　热点城市或景区的旅游攻略

城市或地区	攻略作者	关注人数	点赞人数	评论数	攻略亮点	攻略最吸引你的地方	改进意见

第三步：以小组为单位，制作展示 PPT，进行 10 ~15 分钟的现场汇报，每位同学都要参与 PPT 制作和展示。

第四步：小组自评和互评，教师点评。

【课后作业】

扫码测试

【拓展阅读】

《人民日报》刊发小红书创始人署名文章

2020年11月9日，《人民日报》刊发了小红书创始人瞿芳的署名文章《让品牌更有温度》。瞿芳在文章中揭示了品牌面临的消费者和市场环境的深层次变化。一方面，内容平台崛起，直播带货等新形式快速发展；另一方面，中国一批热爱生活、热爱分享的年轻人崛起，他们在内容平台上对于消费和服务体验的分享，使互联网平台成为生活潮流发源地和消费趋势塑造者，为国际品牌提供了了解中国年轻一代生活方式和消费趋势的窗口。

品牌与用户的沟通，从此前基于曝光逻辑的单向“教学模式”，如今正在逐渐走向双向沟通和互动的“恋爱模式”。在这个过程之中，互联网新平台能够为品牌、KOC和用户的连接与共创提供新场景。

“我们坚信，随着数字生活方式不断深入，线上线下融合消费会双向提速，小红书倡导向上、真实的美好生活，其‘生活在线化’的特点，使用户通过线上分享，拉动线下消费，拉动实体经济增长。”瞿芳在文章中表示。

近年来，大量新国货品牌依靠内容平台和电商平台快速崛起，一些国际品牌也在内容平台上尝试与用户沟通的新方式，这一现象已经受到行业人士和研究者的高度关注。不少观点认为，内容平台已经成为品牌培养和发展的沃土，如何利用这些平台与年轻人进行沟通，成为品牌必须解答的新命题。

资料来源：瞿芳．让品牌更有温度［N］．人民日报，2020-11-09.

甘肃文旅联合小红书助力乡村振兴

小红书达人近日先后走进庆阳宁县、正宁、西峰、合水各体验目的地，利用短视频拍摄及直播、图文笔记发布、才艺代言展示等方式，深度体验庆阳乡村旅游及历史文化，助力庆阳乡村农特产品和文旅活跃起来。

活动中，小红书达人首先来到宁县兴宁镇井坳村贡品黄甘桃园欣慧合作社，并通过“如意甘肃”小红书账号进行了现场直播，对贡品黄甘桃和井坳村文化旅游资源进行了详细介绍。

接着，小红书达人到了“印象义渠·莲花池”景区，以舞蹈、武术为切入点，在景区进行了舞蹈、武术的拍摄宣传。

宁县春荣镇路户村甘肃谷和春农民专业合作社的金银花种植基地里，金银花挂满枝头，长势喜人。小红书达人跟随花农也进入金银花海中，亲身体验采摘的乐趣。

之后，前往正宁县西坡镇桃花源亲子乐园，连片的桃树郁郁葱葱，一个个沉甸甸的桃子挂在枝头，淡淡的果香萦绕鼻尖。据悉，该桃园占地147亩，种植黄桃、油桃等12个品种的桃子，从5月中旬开始成熟，一直到11月底结束。

8月15日，小红书达人到宁县石家及遇村遗址参观，实地体验考古的乐趣。本次活动的最后一站是子午花溪谷，来到这里就仿佛进入了五彩缤纷的童话世界。大面积的玫瑰、醉蝶花、马鞭草花香袭人，争奇斗艳，蝴蝶、蜜蜂在花海间尽情飞舞，观光、嬉水、露营、骑马、赛车等旅游项目吸引了大批游客前来避暑纳凉、观光游玩。

此次活动还开设推广了“相约甘肃　遇见最美的自己”“如意甘肃避暑之旅”等话题。截至发稿时累计完成直播4场次、短视频36条、活动全网宣传32条，为多角度宣传庆阳乡村旅游资源，助力乡村振兴发挥了积极的作用。

资料来源：李超．甘肃文旅联合小红书助力乡村振兴［N］．兰州日报，2022－08－19.

单元五　大数据旅游产品营销

【学习目标】

1. 了解旅游大数据的基本特征；
2. 掌握大数据在旅游产品营销中的应用；
3. 了解大数据应用对于智慧旅游发展的重要作用。

【课堂导入】

大数据助力旅游安全保障

《“十四五”旅游业发展规划》明确要求，“健全旅游统计指标体系，提高旅游统计的准确性、科学性，深化旅游统计应用和大数据决策支撑，加强旅游产业运行监测”。

突发的新冠疫情使全球的旅游业都遭受了重创，旅游业的发展也举步维艰。于是每个假期后，各政府、机构、涉旅企业统计得出科学准确的旅游相关数据，成为旅游决策依据和管理的重要工具。同时，旅游大数据也因此成为旅游行业讨论的热点话题。在新冠疫情期间，各地的旅游管理部门利用“文旅哨兵”“健康码”“智慧文旅广电云”等多个平台，及时收集游客健康状态，建设每日批量查询和主动预警的系统，对于异常游客健康状态进行预警提醒或拦截，有效协助景区、场馆、文旅活动场所等实时掌控游客健康状态与异常预警信息，及时排查风险消除隐患，有力保障了旅游者和旅游景区与城市居民的健康。

资料来源：赖盈盈，杨诗雨．发挥“智慧”力量　挖掘文旅潜力——贵州聚焦旅游产业化深入推进“大数据＋旅游”融合发展［N］．贵州日报，2021－02－17.

认真阅读课堂导入资料，借助网络工具，思考以下问题：

1. 如何有效利用大数据保障游客安全？
2. 如何根据工作目标来有效获取需要的大数据信息？

【知识讲解】

一、“大数据＋旅游”方兴未艾

大数据是一种在获取、存储、管理、分析等方面规模远远超出传统数据库软件工具能力范围的数据集合，包含大量的行业数据和资料信息，具备了数据规模大、数据流转速度快、数据类型多和价值密度低四大特征。大数据能够有效地对复杂的数据信息进行整理、分析和利用，不仅包含大量的文字信息，而且涵盖大量的图片、数据、视频信息等。

“大数据＋旅游”的应用热潮，在旅游行业掀起了一场转型升级的革命。将大数据与旅游业发展相结合，建立旅游数据平台和反馈机制，能够极大地促进旅游管理模式的优化与完善。旅游大数据应用真正的核心在于挖掘数据中蕴藏的价值。大数据有助于精确旅游行业市场定位、旅游品牌市场个性化定位、项目评估和可行性分析以及构建满足市场需求的旅游产品定位。旅游大数据的发展带动了旅游产业的全面升级，旅游大数据更加贴近消费者需求和高效分析信息作出的预判，为旅游目的地品牌的提升、营销推广和舆情监测等提供了可视化的数据服务。利用旅游大数据进行分析，对真正提高旅游服务满意度、了解游客喜欢的产品、开发迎合市场需求的产品线路、精确旅游行业市场定位都起到了极大的作用。

课内阅读

贵州推进“大数据+旅游”融合发展

近年来，贵州不断整合优势资源，深入推进“大数据+旅游”融合发展，积极培育旅游产业消费新业态，不断拓展旅游消费新模式，聚力开启智慧旅游新篇章，丰富了全域旅游内涵式发展，为贵州旅游产业高质量发展、多彩贵州旅游强省建设打开了新局面。2015年，《贵州省智慧景区建设指导规范（试行）》发布后，贵州各大景区积极探索，“互联网+旅游”已成为提升旅游业精细化、智能化管理水平，提高服务质量的重要手段。2021年1月，省委、省政府印发了《关于推动旅游业高质量发展加快旅游产业化建设多彩贵州旅游强省的意见》，进一步明确“统筹推动旅游产业化与新型工业化、新型城镇化、农业现代化协同发展，打造国际一流山地旅游目的地、国内一流度假康养目的地，推进多彩贵州旅游强省建设”。

“一码游贵州”是2020年5月上线的一个全域智慧旅游平台，以大数据、5G直播、新零售、区块链等多项前沿科技为支撑，以轻量化载体小程序为入口，一个二维码“广纳”贵州文旅信息资源，为广大游客提供食、住、行、游、购、娱等方面的智慧旅游服务，有力地提升了游客在黔旅游体验，构建了一个“科技革命+文旅创新”的贵州全域智慧旅游新模式。截至2020年12月31日，“一码游贵州”总访问量突破1亿人次，累计用户突破1000万人，入驻酒店和商户超过4万家，预约门票近180万张，已成为贵州旅游服务的一个重要数字化平台，也标志着贵州旅游产业智慧新格局正在形成。

黄果树景区于2013年搭建可视化智慧管理平台，为景区精准管理提供了强大智慧支持。在运营管理指挥调度中心，通过一面巨大的可视化智慧管理显示屏，景区地理事物、自然资源、旅游者行为、景区工作人员行迹、景区基础设施和服务设施清晰可见，工作人员进行着智慧调度。景区利用大数据后台生成的景区700余万游客的消费者画像，可精准获取游客需求，为游客提供新的旅游体验附加值。

贵州省博物馆依托互联网、大数据、多媒体、人工智能、微信公众号等技术和平台已逐步完成了智慧票务系统、语音数字导览、展厅流量监控、藏品管理系统、多媒体互动智慧展厅等博物馆智慧化建设。未来还将把游客微表情分析加入流量监控平台，捕捉游客观展时的真实反应，用于分析各个展览的游客喜爱程度和受众群体数据分析，便于博物馆及时调整展览时间及主题，不断提升参观游客的满意度。

资料来源：根据《贵州日报》等媒体文章编写。

4～6人为一组，认真阅读课内阅读资料，讨论完成以下问题：
1. 如何评价大数据对于贵州旅游业的助力作用？
2. “大数据＋旅游”与传统的旅游业形态相比有什么优势？

（一）旅游大数据的分类

通过大数据系统获取的海量信息纷繁复杂，其数据类型也可以大致划分为内部数据和外部数据。内部数据主要指在旅游体系范围内产生的数据，如来自景区门票闸机系统的游客入园数据、景区停车数据及景区导航数据等。外部数据主要指与旅游活动相关，但不局限于旅游体系的部分产生的数据，如游客在旅游前产生的搜索数据、通过互联网产生的预订或消费数据等。从获取的角度来说，内部数据的获取相对容易。然而，从价值的角度来说，由于旅游本身的综合性与复杂性，外部数据的价值对于行业和企业的发展具有更高的、战略性的指导意义，因此对外部数据的挖掘和利用已经成为大数据技术在旅游领域应用的重点。

（二）大数据的核心功能

1. 旅游消费数据分析

通过大数据对统计本省/外省各区县消费金额、交易卡数、交易笔数等进行分析，统计游客分时段消费数据，了解六大行业消费商户情况，形成详细的游客消费能力分析、消费偏好分析等，帮助旅游管理部门和企业掌握游客各种消费数据，为景区消费设施建设提供参考意见。

2. 旅游资源品牌评估

各个渠道采集游客对于旅游线路、周边产品、旅游企业服务质量、景区景点建设等全方位的反馈、意见、批评、点赞、转发、评论，通过分析软件将意见和建议进行分解量化，对旅游企业、景区景点的品牌影响力进行量化评估。

3. 游客画像分析

通过多维度大数据信息的采集和分析，可以对游客进行精准画像，准确掌握客户的性别、年龄段、学历、来源地、消费能力、旅游偏好、有无子女、有无汽车、健身偏好、理财偏好等多维度的信息，分析游客特征，从而帮助旅游企业、景区景点、管理部门建立精准的游客认知，协助实现精准旅游营销和管理。

4. 游客满意度分析

游客满意度分析模块用于监测在微博、微信、小红书、抖音以及各大论坛上对旅游企业、景区景点的评价数据，以不同的维度对采集到的数据进行量化分析，从而得到游客对于景区的全面评价，以便改善管理、提升服务以及进行营销定位。

5. 景区客流监测

利用大数据技术，实时监控各个景区客流量。通过游客趋势分析，合理调配客流，防止客流量暴增出现意外。通过游客迁移行为分析，对于游客出入域的情况进行实时回溯和延展追踪。主要分析游客来源地、目的地、来源地热度、去向地热度以及相关的交通方式，这样对于掌握和分析游客行为，分析关联旅游目的地的协同性指标、确定景区营销方案具有重要的意义。

6. 旅游舆情监控和传播分析

大数据支持下的旅游舆情监控和传播分析模块着重对新闻数据的传播追踪，设立媒体传播排行榜，可进行传播趋势、传播路径分析，帮助景区和旅游局分析新闻和事件的具体传播情况，包括首发媒体、声量曲线、主要影响力媒体等，有效监测与景区相关的预警、热点、负面事件，保证管理者及时获取事件发生反馈，并对事件严重程度进行分级处理，追踪事件传播势态，协助分析舆论倾向，制定更有效的媒体沟通策略，防止事态扩大，引导社会舆论。

课内阅读

大数据消费者画像的四大特点

大数据消费者画像与传统的消费者调查不同，具有全景式、高透明性、高精确性、动态化四大特点。

“全样本式”的画像

传统消费者调查的主要手段是市场调研，对目标客户进行抽样调查，通过样本考虑整体。而采样的方式、问题的设计、信息的筛选都会直接影响结果的偏差程度。这种方式高度依赖人的经验和判断力，需要人在获取数据之前就必须预设部分问题。而大数据时代的消费者画像处理的是与用户相关的海量数据。与之前的采样分析相比，消费者画像处理的样本量巨大，能够大幅缩小统计偏差。大数据消费者画像是对“所有数据”进行分析，这种海量样本比传统的随机抽样更能完整地代表复杂的集体多样性，可以被称为全样本。由于消费者画像采用的是大样本，我们能在原来极为有限的采样情况下洞察无法看到的细节，发现更多潜在的价值。

多层次、多维度呈现的透明性

随着信息技术的发展，消费者画像能采集到的数据维度也越来越广泛，不再局限于静态数据或简单的动态数据如交易记录等。一个用户在过去某个时间段内所有的移动记录、App使用记录、社交记录，甚至在社交媒体上表现出来的情绪等统统被采集。因此，大数据消费者画像可以根据使用需要，从各个维度呈现消费者的全貌。大数据消费者画像意味着在手段合法的情况下，企业应对客户各种相关信息进行分析。

深层次洞察的高精确性

大数据消费者画像解决了传统采样调研中精度不足的难题。无论是问卷调研、焦点小组还是专题工作坊，都需要预先设定问题。专业调研者会尽量避免带有主观倾向性地进行访谈，但毕竟在小组访谈或工作坊的过程中，调研方有人为的组织和引导。大数据画像发生在一个没有预设的环境中，"样本"不需要与采访者面对面，人是自在的、放松的，人的行为反应比在有预设环境中更真实可信。因此，大数据反映的人的特点和映射出的需求比传统采样调研的结果更客观、准确。

以变应变的动态化

传统消费者调查分析的是其现状，所获得的数据基本上是静态的、相对稳定的，这些数据是基于过去的。因此，从完成对消费的调研到产品上市、产品迭代前的再次调研，我们无法及时把握消费者的变化。大数据消费者画像所采集的数据不仅有相当大一部分是客户的动态行为数据，并且可以实时采集、分析，这有助于我们随时观察客户行为的转变。当销售出现变化，我们不需要重新进行市场调研，可以根据动态的消费者画像所体现出的变化来调整，重新校准营销策略。

资料来源：Convertla. 大数据消费者画像的特点和优点［EB/OL］.（2020－11－09）. http：//martechwiki. convertlab. com/industry/retail/66bb.

4～6人为一组，认真阅读课内阅读资料，讨论完成以下问题：

1. 大数据消费者画像的四个特点对大数据的实际应用有什么意义？
2. 如何有效利用大数据完成旅游消费者画像？

二、旅游大数据的具体应用

（一）为管理部门提供平台，实现智能化管理

大数据支持的文旅大数据中心实现了将可视化等多种高新技术引入，在整合、挖掘、分析旅游数据的同时，将海量旅游数据以内容清晰、表达力强、美观炫目的信息呈现出来，为旅游管理部门提供直观的、便捷的、真实的数据服务。管理部门可以通过深层次的数据挖掘，深入分析竞争格局，实现对多种数据维度的汇聚沉淀，准确展现宏观旅游市场状态。通过大数据对互联网上的旅游相关数据进行搜集和分析，可以科学有效地指导旅游企业针对客户与市场的最新变化来改进和创新产品，开发制定合理的价格及提高服务质量，从而提高市场竞争力和收益能力，促进旅游行业和旅游企业的健康发展。

（二）为旅游企业搭建平台，实施旅游产品的精准化设计与营销

大数据对旅游行业市场营销的价值主要体现在数据获取、积累、发掘及分析上。在当下旅游企业之间的竞争越发激烈的背景下，为旅游企业建设大数据支持的智慧平台，可以帮助企业实现全行业各类信息共享，有效降低企业获取各类信息的成本，避免浪费行业内部资源。通过大数据系统，旅游企业可以获得重要的旅游数据，尤其是基于分享行为的一些评论和游记等，更是因为包含了丰富旅游信息的非结构化数据而具有极高的参考价值。旅游行业在对顾客的消费行为和趋势分析时，收集和整理游客的消费行为方面的信息数据，建立游客大数据库，实时、精准地分析多维度旅游传播数据，提供丰富直观的数据查询、分析和预测服务。旅游企业可以从数据中了解目标市场构成、细分市场特征、游客特征和兴趣爱好等，从而形成完整的用户画像。通过统计和分析这些数据，可以科学、精准、有针对性地设计旅游产品，同时制订个性化的营销方案和营销战略，取得事半功倍的效果。

（三）为游客提供服务平台，提供智能化旅游服务

游客服务平台的搭建主要是为了使游客在旅游过程中获得良好的体验。在搭建这一平台时，需要充分考虑游客的各项需求，如车票预订、酒店预订、旅游线路选择等。游客服务平台还应准确、及时地反映景点的各种信息，实时监控景区各区域的客流量。平台将各项信息进行整合，协助游客了解旅游产品、目的地相关情况，根据游客的个性化需求制订合理的旅游方案，提供优质的旅游服务。游客通过平台能够提前制订合理的旅游计划，避免受到不良天气、不良交通、突发事件等负面因素的影响。

游客在旅游过程中遇到突发状况，也可以在平台上进行求助，还可以通过该服务平台及时联系到各类旅游服务部门、供应商，提出意见、建议，增强旅游体验。

【思政之窗】

大数据让智慧旅游插上翅膀

在信息化、网络飞速发展的大数据时代里，旅游业正在把握机遇，充分利用互联技能构建旅游信息化平台，使用平台突破传统的营销模式，利用有效的数据资源促进旅游的发展，开展有针对性的市场营销活动，打造旅游消费的新纪元，实现智慧旅游。

智慧旅游打造的旅游物联，利用物联网技术将景区、景点等旅游资源和交通、酒店、饮食等城市旅游设施建立相应关联，在吸引和引导游客方面提供多方位的信息支持，在互联网技术的辅助下让游客在旅游过程中获得更好的旅游体验。游客可以通过平台了解景点情况，选择行程，还可以在旅游过程中借助虚拟导游，获得景点讲解等旅游方面的服务。将大数据应用到智慧旅游中，能够提高智慧旅游的服务水平。人们应该利用大数据的优势建立智慧旅游服务平台，为用户提供多种形式的服务。平台可以根据用户的行为习惯，对不同的用户制定不同的旅游内容，为用户提供更便捷的服务。

值得注意的是，以大数据技术为主要支撑的智慧旅游，在迅速发展的同时也面临着更多的挑战。智慧旅游在发展过程中，需要对游客的信息进行登记，整理相关信息，构建旅游数据信息平台。不过在具体使用过程中，工作人员收集的信息可能缺乏真实性和可靠性，导致行业发展还没有可靠的数据信息作为依据。数据安全也是我们无法回避的一个问题，现在消费者对于数据安全的关注已经不亚于财产安全。但是，互联网病毒、网络犯罪、企业不规范使用都为数据安全投下了阴影，影响了消费者对大数据采集和应用的信心。这需要在进一步完善相关法律法规、加强政府部门监管、增强企业自律、提高消费者安全意识等方面继续协同努力。

大力推进智慧旅游的建设，对促进旅游业抓住机遇，转变发展方式，提升旅游产业的发展，增强旅游业的竞争力、发展力和创新力具有十分重要的作用。大数据既是实现智慧旅游的基本技术，也是推动旅游业转型的重要力量。大数据与旅游的有机融合使旅游业快速融入大数据时代，旅游业将具有更加旺盛的生命力和重要的影响力。

资料来源：成都远石 Farstein. 在大数据时代下，旅游业该如何实现智慧旅游?[EB/OL]. (2022－05－18). https：//www. sohu. com/a/548202110 _ 120857167.

思考问题：如何充分利用大数据来建设智慧旅游？

提示：智慧旅游是旅游业的发展方向。现在各地都在积极利用大数据打造智慧旅游，以便更好地提升服务质量、开发服务项目，为当地旅游事业的发展提供坚实可靠的保障。

【任务执行】

分析旅游大数据

搜索一份大数据报告，熟悉和了解旅游大数据的基本内容，了解如何将大数据应用在旅游管理或旅游产品设计与营销中。

第一步：实训前准备。要求学生通过网络等查找一份旅游大数据报告。

第二步：4～6 人为一组，讨论并分析旅游大数据的相关内容，作出分析结论。

第三步：研讨如何在旅游管理或者产品设计与营销中应用所获取的大数据。

第四步：以小组为单位，制作展示 PPT，进行 10～15 分钟的现场汇报，每位学生都需要参与并发言。

第五步：小组自评和互评，教师点评。

【课后作业】

扫码测试

2022 年重庆 7 月旅游大数据分析报告

2022 年夏季，热门市外客源地前五名依次是四川省、广东省、贵州省、浙江省和湖北省，占比分别为 30.3%、11.9%、8.2%、6.0% 和 6.0%。外地游客通过自驾和火车方式进入重庆的超过半数，且大多逗留 3 天以下，重庆市渝中区成为最受欢迎的住宿区域。在热门景区方面，在“一区”景区中，洪崖洞最受游客欢迎；而在“两群”景区，渝东南仙女山居首，渝东北石柱黄水国家森林公园登顶。对于夏季特色类型景区，仙女山成避暑首选，重庆江北科技馆成为最受欢迎的游乐类景区，洪崖洞位居夜景类景区榜首。景区游客过夜率排行中，武隆仙女山居首位，占比为32%，其次为石柱黄水国家森林公园和綦江横山景区。

在避暑胜地的热门景区的外地游客中，来源地前五名依次是四川省、广东省、浙江省、贵州省和湖北省，占比分别为25.6%、12.8%、6.9%、6.6%和5.1%；在本地游客中，来源地前五名依次是綦江区、两江新区、渝北区、南岸区和永川区，占比分别为9.7%、7.4%、6.9%、5.7%和5.6%。在最受欢迎的避暑景区排行中，仙女山成为游客心中最受欢迎的避暑胜地，其次为黄水国家森林公园、茶山竹海、横山镇和南天湖。7月游客量大多集中在中下旬，7月16日达峰值，且有57%的游客为自驾游，其次采用长途汽车、火车、轮船和飞机等交通方式。

2022年重庆“五一”、端午假日旅游消费分析报告

根据游客消费大数据分析，北京、上海游客表现突出，交替占领消费最高、住得最长、吃得最好等榜首。相比其他城市的游客，京沪地区的游客不仅客单价更高、停留时间更长，对重庆的美食兴趣也更高，餐饮消费在总消费中的占比高于其他地区的游客。湖北的游客则把更多的时间和金钱花在“玩”上，湖北游客游玩类消费在总消费中占比最高，显著超过其他地区游客。从景区等传统旅游吸引物来看，本异地游客的旅游兴趣点趋同，众多本地游客青睐的旅游景区，也越来越受到异地游客的喜爱。具有地域或者城市特色的景区对异地游客的吸引力更大，如长江索道、刘帅纪念馆等，在异地游客中的排位更高。

重庆市游客出行特征分析报告

外地游客在重庆出游景点类型前三名的是现代都市、山川峡谷、江河湖泊，占比分别为32.6%、26.37%、14.66%。游客出游方式以自驾游为主，自驾游占比为52.13%、自由行占比为26.7%、自助游占比为16.28%。同时，通过对景点周边交通设施类的POI分析，洪崖洞、湖广会馆、重庆动物园周边交通设施比较便利；通过对景点周边公共厕所、停车场、游客服务中心等POI设施进行排名，洪崖洞、湖广会馆、武隆的设施便利指数较高。

资料来源：新华网.2022年重庆文旅大数据发布　都市游、避暑游成热点［EB/OL］.（2022-08-23）. http：//cq. news. cn/2022-08/23/c_1128938639. htm.

思考题：根据这三份大数据报告，为重庆旅游者进行画像，帮助当地的旅游企业更好地设计旅游产品。

【拓展阅读】

腾讯和故宫携手，要将10万件文物数字化

让古人唱起动感的Rap，让丹青古画变成流动的音乐，让年轻人在小游戏中体验建造紫禁城……这些数字创意，吸引了更多年轻人关注和喜爱故宫，也激发了数字时代更多的可能性。

未来三年，腾讯将与故宫手拉手，一起建设“数字故宫”。

第一件要做的事情就是腾讯将全力支持10万件故宫文物的高清影像采集、精修工作。这里的精修可不是美颜界的精修，而是对实体文物进行纹理拍照、多维度建模复原，最后形成高清数字文物。

数字化文物有什么用?

其实是为了更好地对文物进行信息保存和管理展示。要知道，保护文物一直是世界尤其是文物工作者最紧张关注的事情。2018年巴西国家博物馆的一场大火，将已有200年历史、拥有超过2000万件珍贵藏品的博物馆烧成了空壳，令无数人遗憾唏嘘。好在通过数字化手段，能帮助巴西博物馆的部分文物进行修复。

数以万计的数字化工作要做的事情还有很多。腾讯希望共同探索文物数字化采集、保护、展览的最佳方案，推动数字化采集行业标准的建立，为全球文博行业的发展贡献中国智慧。

人工智能、云计算、大数据+故宫=? 答案是：在云上升级数字文物库。首先，助力打造线上博物馆平台。腾讯云为故宫提供技术支撑，打造线上博物馆平台，快速扩容，以符合故宫未来线上业务的增长需求。更重要的是，将文物影像以多备份机制存储于腾讯云端，确保数字文物的数据安全。

接着，升级数字文物库。腾讯云的云计算能力可以把文物的所有数据整合起来，利用大数据和人工智能，打造一个文化大数据引擎，相当于为每位故宫专家配备一台“超高清放大镜”。专家可以从海量数据中，根据年代、地理、人物等多重维度筛选信息，在云端检索研究文物。

腾讯将共同围绕数字文物库的云存储、运维、云数据灾备需求，制定“文博行业云服务标准”，并共同申报国家科技部课题，探索数字文物基于云服务的前沿合作范式。

人工智能也能帮助研究文物吗? 这不是畅想，而是腾讯人工智能等研究团队和故宫专家团队正在探索的内容。之前，腾讯运用各种前沿技术，例如，人工智能语音识别技术，进入故宫，通过“玩转故宫”地图导览小程序，能跟宫里的“福大

人”闲聊问路、畅聊历史趣闻逸事。以后，腾讯的人工智能、大数据、用户研究等智库专家及研究团队也将对故宫博物院的数字资源数据和产品服务进行研究改造，为建设“数字故宫”提供技术支持。

2019年8月，《故宫回声》漫画在腾讯动漫平台人气值超3000万人，让更多人重温了故宫文物南迁和西迁的艰难历程。未来，腾讯和故宫博物院将携手中国广播电视网络有限公司，共同践行“5G+新文创”战略方向。由腾讯影业出品的影视剧《故宫如梦》，由故宫博物院担任监制，将探索以“5G+4K超高清+互动多结局+场景沉浸”的创新形式，讲述年轻工匠蒯祥参与营建紫禁城的过程。将来，还可能以动漫、短视频等年轻人喜爱的表达方式，将故宫古建精髓、匠人精神等优秀传统文化内容传递给青少年。

资料来源：腾讯．腾讯和故宫一起，要将10万件文物数字化啦！还有……[EB/OL]．(2019-09-17)．https：//finance.sina.com.cn/stock/relnews/us/2019-09-17/doc-iicezueu6466118.shtml.

全面揭示旅游大数据的秘密

随着大数据成为我国国家发展战略，旅游大数据也受到政府、景区及企业的重视，旅游大数据在国内发展如火如荼。客观而言，旅游大数据在助力旅游产业发展方面取得了一定成就，但也存在诸多不足。

旅游大数据指旅游行业运行过程中产生的海量数据，包括旅游企业经营数据（如景区、酒店、餐馆、旅行社等）、旅游消费者及从业者数据以及涉旅业务相关的其他领域数据（如交通数据、宏观经济数据、遥感数据、环保数据等）。

目前，旅游大数据来源主要包括互联网公司、运营商、景区及企业自身产生的数据。其中，互联网公司大数据供应商主要包括百度、阿里巴巴、腾讯和在线旅游社交平台，运营商主要指移动、联通、电信。

百度搜索引擎平均每天搜索量可以达到上百亿次，大量的游客搜索数据构成了百度的大数据。同时，用户每一次通过百度地图定位、导航的数据都会被存储、记录，另外，百度旗下产品还包括手机百度、百度输入法、百度新闻等。因此百度大数据更加侧重搜索数据及LBS定位数据等。基于百度自身的海量数据资源，针对旅游行业百度推出了多项旅游大数据产品，包括游客画像、客流管理、搜索分析等。

阿里巴巴的数据主要基于淘宝、天猫等购物网站，以及高德地图、阿里云等平台产品。通过掌握游客的购物行为，阿里巴巴可以获取用户的消费数据，以及用户属性、收入水平、消费偏好等。目前，在旅游大数据领域，阿里巴巴重点关注云服务及旅游大数据的可视化方面。

腾讯凭借微信、QQ两大优势产品，可以获取用户的社交数据、消费数据等，以及用户属性、社会关系、性格禀赋等。目前，腾讯在旅游大数据领域的旅游大数据平台开发、客流迁徙等方面进行了拓展。

OTA 平台包括携程、去哪儿、同程、途牛等互联网企业，积累了大量的用户数据，包括酒店、机票、景区门票、旅行社等的交易数据，针对这些数据可以挖掘用户消费水平、消费偏好等信息。目前，OTA 平台在旅游大数据方面主要应用于政府营销监测及产业监管方面。

我国三大通信运营商包括移动、联通、电信，作为垄断性企业，运营商优势体现在用户渗透率高、数据获取量大。用户的注册信息、通话、短信以及通过运营商网络进行的上网行为是主要的数据来源。目前，在旅游大数据领域，运营商为政府提供包括旅游大数据中心建设、旅游大数据平台开发、客流监测系统建设以及云服务等。

景区及旅游企业通过自有软硬件，可以采集、存储自身的游客数据，包括票务平台数据、监控数据及物联网数据等，通过结合自身的数据与互联网公司及运营商数据，可以发挥更大的价值。

旅游大数据存在哪些不足?

第一，“数据孤岛”现象突出。目前，各级政府及各家旅游大数据公司各自为政，在数据源开放方面较为保守，数据共享及开放不足，“数据孤岛”现象突出，如顺丰速递和阿里菜鸟关于数据的争端问题，使旅游大数据应用价值难以发挥。

第二，旅游大数据应用不足。现阶段包括运营商、互联网公司等在内的各家旅游大数据的公司，重点都是旅游大数据的统计分析及可视化呈现等方面，而在旅游大数据应用方面的研究比较浅显。同时，部分 IT 企业缺乏对旅游行业的深入理解，在旅游大数据应用领域难免受限。

资料来源：大地云游．告诉我！关于旅游大数据你到底想知道啥！［EB/OL］．(2017－07－13)．https：//www. sohu. com/a/156745514_329606.